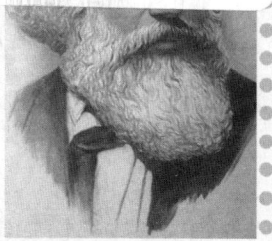

本书得到中央高校基本科研业务费专项资金资助（项目编号：2021TC093）

周东娜 ◎ 著

《建设》及其马克思主义传播

吉林大学出版社
·长春·

图书在版编目（CIP）数据

《建设》及其马克思主义传播 / 周东娜著. -- 长春:
吉林大学出版社, 2022.1
ISBN 978-7-5692-9881-9

Ⅰ. ①建… Ⅱ. ①周… Ⅲ. ①马克思主义 – 传播 – 中
国 Ⅳ. ①D61

中国版本图书馆CIP数据核字(2022)第020973号

书　　名：《建设》及其马克思主义传播
　　　　　《JIANSHE》JI QI MAKESI ZHUYI CHUANBO

作　　者：周东娜　著
策划编辑：马宁徽
责任编辑：马宁徽
责任校对：高珊珊
装帧设计：刘　强
出版发行：吉林大学出版社
社　　址：长春市人民大街4059号
邮政编码：130021
发行电话：0431-89580028/29/21
网　　址：http://www.jlup.com.cn
电子邮箱：jldxcbs@sina.com
印　　刷：长春市中海彩印厂
开　　本：787mm×1092mm　　1/16
印　　张：12.25
字　　数：210千字
版　　次：2023年3月　第1版
印　　次：2023年3月　第1次
书　　号：ISBN 978-7-5692-9881-9
定　　价：61.00元

版权所有　翻印必究

目　录

导　论 ·· 1
  一、研究对象与意义 ··· 1
  二、研究现状与述评 ··· 5
  三、研究方法与思路 ·· 15
  四、研究重点与创新 ·· 17

第一章　《建设》的创办与运作 ·· 20
  一、《建设》的创办背景 ·· 20
  二、《建设》的创办历程 ·· 24
  三、《建设》的运作团队 ·· 38
  四、《建设》的作者群体 ·· 51
  五、《建设》的同行合作 ·· 57
  六、《建设》的编读往来 ·· 63

第二章　《建设》传播马克思主义的现实动因 ··················· 68
  一、世势变迁下的思想变革 ······································ 69
  二、实践导向下的理论扩展 ······································ 75

第三章　《建设》对唯物史观的阐发与运用 ······················ 81
  一、唯物史观的初传和发展 ······································ 82
  二、《建设》传播唯物史观概说 ·································· 89
  三、胡汉民对唯物史观的理解和阐发 ························· 93
  四、戴季陶对唯物史观的思考和运用 ························· 98

第四章 马克思主义经济学在《建设》中的呈现 …… 105
 一、马克思主义经济学的初传和发展 …… 105
 二、《建设》传播马克思主义经济学概说 …… 118
 三、戴季陶对马克思主义经济学的译介和应用 …… 121
 四、林云陔对马克思主义经济学的研究和阐扬 …… 128

第五章 《建设》中的科学社会主义思想 …… 134
 一、科学社会主义的初传和发展 …… 134
 二、《建设》传播科学社会主义概说 …… 147
 三、林云陔著述中的科学社会主义观念 …… 150

第六章 《建设》学人对非难马克思主义声音的回应及其马克思主义观 …… 160
 一、积极回应非难马克思主义的声音 …… 160
 二、《建设》学人的马克思主义观 …… 165

第七章 《建设》马克思主义传播的再评价 …… 171
 一、马克思主义传播的早期阵地 …… 171
 二、"工具"导向下的思想传播 …… 174

附录1 《建设》所载马克思主义传播与研究重要篇目 …… 180

附录2 《建设》其他重要载文篇目 …… 182

主要参考文献 …… 185

导 论

一、研究对象与意义

对于马克思主义在中国的早期传播而言，五四运动爆发前后是一个具有标志性意义的时间节点。在五四运动之前，马克思主义在中国的传播，不仅传播主体鱼龙混杂，而且传播目的多种多样。就传播内容而言，这一时期的马克思主义传播，实际上是与笼统意义上的社会主义学说相混同的，而传播的主要着眼点，也不是在中国实现社会主义，而是工具性地尝试运用具有社会主义思想因素的"方案"来避免中国出现资本主义世界业已呈现的社会危机。事实上，这一传播状况和传播水平，自清末到五四运动之前并未发生明显的变化，直至十月革命一声炮响和五四运动爆发，马克思主义传播才真正迎来质变，从而正式开启了马克思主义在中国传播的历史进程。

回溯历史可以看到，19世纪末20世纪初，社会主义学说进入中国之后，先后受到以梁启超为代表的资产阶级改良派、以孙中山为代表的资产阶级革命派，以及刘师培、李石曾、江亢虎等无政府主义者的青睐。不过，因传播渠道、阶级立场、国内环境等条件的局限，此时社会主义思想只是作为西方社会思潮的一部分而进入人们的视野，并没有在思想界迅即掀起狂波巨浪，更没有成为社会改造的主旋律。与之形成鲜明对比的是，在新文化运动之后，随着人们思想的进一步解放，加之俄国十月革命的胜利以及第一次世界大战之后西方社会民主形象的坍塌，社会主义思想再次走进人们的视线，并以其狂飙突进之势在社会上掀起了新一轮的传播热潮。

五四时期，业已在中国传播的各类有关社会主义的学说日益得到廓清，科学的马克思主义或曰科学社会主义如日方升。在马克思主义的思想和内容得到越来越广泛传播的同时，其传播主体及传播载体也出现了分化并得到重新整合——留洋学生的海外译介活动在马克思主义传播层面的重要性渐趋下降；

以梁启超为代表的资产阶级改良派挑起"关于社会主义的论战",反对在中国发展社会主义;与此同时,无政府主义者与马克思主义者之间的矛盾亦愈显突出。值得注意的是,社会主义的早期传播群体之一——以孙中山为代表的资产阶级革命派,不仅没有与早期共产主义知识分子发生冲突,二者反而日益成为传播马克思主义的最主要人群。

具体说来,在新文化运动的影响下,早期共产主义先进分子和资产阶级革命派通过创办进步期刊、宣传新思想等方式推动了马克思主义的早期传播。早期共产主义者创办的《新青年》《每周评论》等进步期刊我们已然熟知,在资产阶级革命派方面,《星期评论》和《建设》的影响无疑最大,不过迄今为止,学界对这两种期刊的研究多少都有些浅尝辄止,比如有学者在考察《星期评论》时曾明确指出:"与同时期的《新青年》等刊物相比,《星期评论》这颗中国马克思主义传播史上的亮点,在新中国成立以后的学术研究中实在黯澹许多。"[①]同样的情况也见之于《建设》。笔者通过学术搜索引擎检索发现,在学界关于马克思主义在中国传播的诸多研究成果中,关注和讨论《建设》的并不多,而专以《建设》为对象的论著则更是屈指可数。有鉴于此,本书拟以《建设》为基本研究对象,着重围绕其对马克思主义的传播进行全面梳理和深入探讨。

事实上,早在《建设》创刊之后不久,对于这份横空出世的具有鲜明理论色彩的期刊,当时的学界名流胡适、傅斯年等就相继给出过很高的评价。胡适指出:

《建设》好极了。近来的杂志真能做研究的文章的实在不多,这是新思潮运动的一大缺憾。《建设》里的几位先生都是很能做这种文章,我读了《建设》的文章,使我自己惭愧。[②]

傅斯年也充分认可说:

就现在的出版刊物中,能仔细研究一个问题而按部就班的解决他,不落在随便发议论的一种毛病里,只有一个《建设》。[③]

当时甚至有学者把《建设》誉为同《新青年》和《星期评论》比肩而立

[①] 马先睿:《〈星期评论〉与马克思主义在中国的早期传播》,上海交通大学博士论文,2017年,第2页。
[②] 胡适等:《井田制度有无之研究》,《建设》第2卷第1期(1920年2月1日)。
[③] 傅斯年:《〈新潮〉之回顾与前瞻》,《新潮》第2卷第1期(1919年10月30日)。

的三大"有力量"的定期刊物之一①。

如果说当年胡适和傅斯年是从办刊风格和刊物质量的角度对《建设》作出评价,那么当今时代学者关注的重点则在于《建设》所具有的进步思想意义。如马光仁介绍称:

创刊于1919年6月和8月的《星期评论》和《建设》杂志,它们的宣传也不限于思想文化战线的辩驳,而注重劳工问题、社会改造等实际问题的探讨,为全国其他刊物所不及。②

白寿彝强调说:

《民国日报》副刊《觉悟》《星期评论》《建设》杂志等,用很多篇幅刊登介绍马克思主义、研究十月革命和劳动问题的文章。③

田子渝则肯认道:

《建设》成了五四时期传播社会主义、马克思主义的主要阵地之一。④

由此可见,学者们并非不清楚《建设》在马克思主义传播领域的重要地位和价值,只是尚且缺乏全面系统和深入翔实的研究。这种情况恰恰印证了开展以《建设》及其马克思主义传播为主题的专门性探讨的重要意义之所在。

毋庸置疑,《建设》对于考察和研究马克思主义在中国的早期传播乃至中国近现代社会思潮的发展,均有着重要的意义。笔者在此归纳为以下三个方面:

第一,研究《建设》对马克思主义的早期传播,有助于呈现马克思主义传播史的不同时段所具有的不同传播特点,从而进一步丰富并还原马克思主义在中国传播的早期思想图景。马克思主义在中国的初始传播阶段,西方各种学说被同时译介到国内,这一时期,马克思主义在中国的传播所呈现的是一种零散的、非系统性的传播状态。随着传播力度逐渐加大,这种零散的、非系统性的传播状态渐渐得到改观,而专门性、有针对性地探讨马克思主义的著述逐渐增多。就《建设》而言,从马克思主义传播史的历史进程来看,它所处的阶段正是从零散的、非系统性的传播向专门性、有针对性的传播过渡的时期。虽然

---

① 树声:《对于〈星期评论〉〈建设〉停刊的感想和期望》,《民国日报·觉悟》1920年6月7日。
② 马光仁:《上海新闻史(1850—1949)》(修订版),上海:复旦大学出版社,2014年版,第499页。
③ 白寿彝:《中国通史纲要》,北京:中国友谊出版社,2016年版,第399页。
④ 田子渝:《马克思主义在中国初期传播史(1918—1922)》,北京:学习出版社,2012年版,第346页。

《建设》传播马克思主义所处的这一阶段依然是一种过渡形态，但相较于初始传播时期，此时传播者的政治身份更加鲜明，传播内容与马克思主义的关系更加密切，传播者对马克思主义的理解与阐发不仅更加普遍而且也更具理论性和逻辑性。凡此种种，都意味着马克思主义在中国传播的深入和深化，标志着马克思主义在中国的传播得到了质和量的双重改观。从这个意义上说，作为一种并非以传播马克思主义为己任的期刊，《建设》之所以能够在中国马克思主义传播史上占有一席之地，主要原因就在于该刊在相当程度上较为典型地体现了马克思主义在中国传播的阶段性特征。同时，作为中国共产党成立之前由其他党派知识人士创办的期刊，《建设》所具有的马克思主义元素也给予了学界考察马克思主义早期传播史时所必不可少的新材料和新视角，这有助于在还原历史原貌的基础上丰富并扩展马克思主义在中国传播的思想图景。

第二，从宣传内容上看，《建设》不仅生动地反映了五四时期各种思想交融与互动的情状和态势，而且有力地呈现了马克思主义在五四时期思想界的重要影响力。据1978年三联书店出版的《五四时期期刊介绍》一书统计，五四时期可查考的公开出版的期刊就有上百种之多。期刊出版的繁盛，从一个侧面反映了各种思想的交流交融、碰撞互动的时代特征。作为百余种期刊中的一种，《建设》在新思想的宣传和研究上也颇费心思。从刊发文章的主题分类看，《建设》设置了"建设方案及学理""三大主义阐释""国际问题""社会主义研究讨论""新思潮介绍""社会改造问题""文学改革及小说"等多个栏目，其中，"社会主义研究讨论""新思潮介绍"和"三大主义阐释"这三个版块刊发的文章，不唯数量可观，每篇文章的篇幅也相对更长。这一刊文特点表明，《建设》已充分认识到了新思潮的巨大力量，也正因如此，该刊的编辑人员对当时流行的各种新的思想学说予以积极的关切，并以此为基础，进行了具体的栏目安排和内容策划。通览《建设》刊发的所有文章，不难发现，与社会主义相关的内容是刊物的登载重点。有学者统计表明，"《建设》刊载各类文章110多篇，其中宣传社会主义、马克思主义的文章有33篇，约占文章总数的30%"[①]；也有学者认为，"在杂志的所有文章中，关于社会主义的相

---

① 田子渝：《马克思主义在中国初期传播史（1918—1922）》，北京：学习出版社，2012年版，第346页。

关研究，在篇目总量上甚至比阐述三民主义的文章还要多。"①从这个意义上可以说，主要由孙中山及其革命伙伴组成的编辑群体主动对马克思主义和社会主义倾注热情，这一事实本身便充分印证了马克思主义在五四时期的重要影响力，而聚焦《建设》这份期刊来研究马克思主义在当时中国的传播和影响，一方面能够深化学界关于《建设》的整体研究水平，另一方面对于揭示马克思主义在五四时期的传播状况及其社会影响，也必定大有裨益。

第三，《建设》体现了救亡与启蒙双轨并行的办刊意旨，而将救亡与启蒙合二为一的思考范式，为我们今天研究五四思想史提供了可资借鉴的逻辑理路。救亡与启蒙不仅曾在现实的层面萦绕于爱国人士的心中，它也曾以概念、范畴的形式在学术界引发常论常新的探讨。围绕救亡与启蒙双轨并行抑或在特定时期、特定背景下救亡对启蒙的压倒性态势，学界曾展开过多次论争，应当说，五四时期特殊的社会历史条件是展开这一论题的重要参照。基于这一学术讨论背景，我们在考察《建设》的创刊动机、创刊缘由以及其后的实际办刊活动时，就会发现，在知识精英的心目中，救亡与启蒙在多数情况下一直占有同等重要的位置，即便这里所指涉的知识精英是以革命作标榜的孙中山及其革命同盟。对于《建设》来说，由于该刊由孙中山亲手创办，并且其主要编辑人员日后均为国民党要员，基于这一特殊情况，《建设》就有着超出一般期刊的研究价值和典型意义。因此，通过考察《建设》及其所刊文章，我们就能够对当时条件下资产阶级革命派围绕救亡与启蒙的双重任务而作出的选择，给出一种论点与论据兼备的思想史考察。

二、研究现状与述评

近年来，出于对初心的探寻和思索，马克思主义在中国的早期传播再度成为学界关注的一大热点，不论是"谋全局"的整体性研究还是"谋一域"的个案分析，都彰显了该研究领域在"求深""求全"的目标下所呈现出的新的生机。

学界围绕《建设》的相关研究即立基于这样的一种学术背景。不过如前所述，相比较而言，当前学界对《建设》的关注总体较少、研究层次总体不

---

① 苗清俊：《〈建设〉杂志的主义宣传与新潮因应》，中山大学硕士论文，2009年，第26页。

高，不仅尚未出现以《建设》为具体对象的研究专著，而且现有成果对《建设》中涉及马克思主义的思想资源，总体来看挖掘力度还不够大，同时研究的层面不够宽、程度亦不够深。当然，尽管如此，现有的研究仍然为接下来的继续研究奠定了不可或缺的学术基础。这里不妨就目前学界有关《建设》的研究概况作一番简要的述评。

（一）围绕《建设》本身的探讨

由于《建设》的创刊背景清晰、创刊时间确定、创刊目的明确，因而当前学界对《建设》的基本情况并无大的争议。在介绍《建设》时，研究者均能把握住《建设》杂志的基本要点，如创刊时间、主要创办者和撰稿人、刊文特点以及出版卷期等。具体来说，李松林主编的《中国国民党史大辞典》是大陆为数不多的将与国民党有关的基本内容汇为一编的著作。在这部辞典中，编者在《建设》条目下作了如下解释：

> 五四时期中华革命党的理论刊物。1919年8月创刊于上海。孙中山、朱执信、廖仲恺、戴季陶、胡汉民、汪精卫、吴稚晖、李石曾等人为该杂志的主要撰稿人。主要刊载宣传三民主义思想的论文、著作，也刊登过相当数量的介绍马克思主义的论文和译文。1920年8月停刊。①

田子渝在《马克思主义在中国初期传播史（1918—1922）》一书中则作了这样的介绍：

> 《建设》1919年8月创办，月刊，初为中华革命党的理论刊物，1919年10月中华革命党改组成中国国民党后，即为国民党的刊物。总编辑胡汉民，编辑及撰稿人朱执信、戴季陶、汪精卫、廖仲恺、林云陔等，设有论说、纪事、杂录、通讯等栏目。1920年12月停刊，共出3卷13号。②

谈敏在其鸿篇巨制《1917—1919：马克思主义经济学在中国的传播启蒙》一书中，对《建设》也作了简要介绍，其云：

> 《建设》1919年8月创刊于上海，月刊；孙中山撰发刊词，胡汉民、汪兆铭（即汪精卫——引者）、朱执信、廖仲恺、戴季陶为建设社社员和刊物主

---

① 李松林：《中国国民党史大辞典》，合肥：安徽人民出版社，1993年版，第573—574页。
② 田子渝：《马克思主义在中国初期传播史（1918—1922）》，北京：学习出版社，2012年版，第345页。

笔；最后一期为1920年12月1日出版的第3卷第1期，共13期。①

不论是李松林、田子渝还是谈敏，他们均是大陆学界研究国民党人传播马克思主义乃至马克思主义早期传播领域的知名学者，他们的相关著作也是从事该领域研究所必不可少的重要参考文献。从各自著作的表述中也可以看出，三位学者对《建设》的基本认知总体看来是较为一致的——当然，细微的不同也还存在，就拿以上引述文字来说，关于《建设》的停刊时间，就有"1920年8月"和"1920年12月"两种说法，至于该刊主要创办者和撰稿人，在具体表述上也存在人物多寡和先后顺序的明显差异。相比较来说，其他一些专门性著作虽然涉及的内容未必如上述著作那般全面，却也提供了一些值得重视的信息，而这些信息对于我们更加全面客观地认识和了解《建设》颇有助益。

比如周策纵在所著《五四运动：现代中国的思想革命》一书中指出，1919年8月，"孙又派人在上海创办了《建设月刊》，由戴季陶任编辑、朱执信任经理。戴邀请归国留日学生、狂热的马克思主义者李汉俊作其助手。1919和1920年，这两个刊物（指《星期评论》和《建设》——引者）除了介绍一些西方的民主理论和有关教导外，还发表了许多关于社会主义、无政府主义和马克思主义的文章。"②在这段介绍文字中，周策纵提供了两条前人未曾提及的信息：一是《建设》"由戴季陶任编辑、朱执信任经理"；二是戴季陶邀请马克思主义者李汉俊"作其助手"，协助编辑《建设》杂志。

东莞市政协编著的《李章达》一书对《建设》是这样介绍的：

《建设》创刊于1919年8月1日，为月刊，刊物内设论说、纪事、杂录、通讯等栏目，宗旨是"从精神上物质上图国家及社会之改造"。孙中山亲自担任《建设》社社长，胡汉民为总编辑，朱执信、戴季陶等为编辑，朱执信还担任"印刷者"。由于人手少，工作量大，纷繁的事务往往使他们应接不暇。章达抵达上海后，就给他们当助手，为《建设》杂志办理印刷、发行等业务工作。③

---

① 谈敏：《1917—1919：马克思主义经济学在中国的传播启蒙》（中），上海：上海财经大学出版社，2016年版，第1366页。
② [美]周策纵：《五四运动：现代中国的思想革命》，周子平等译，南京：江苏人民出版社，1996年版，第341页。
③ 东莞市政协：《李章达》，广州：广东人民出版社，2016年版，第195—196页。

在该书的记载中，朱执信不是经理，而是"印刷者"，且该书并未提及戴季陶邀请李汉俊协助一事，但却提到了李章达在《建设》出版过程中付出的辛劳和作出的贡献。事实上，就朱执信的身份看，两本书所叙述的经理和印刷者当为同一意思，因为在《回忆亚东图书馆》一书所收录的《〈建设〉杂志与朱执信》一文中，曾明确讲到朱执信是代表孙中山和《建设》杂志来与亚东图书馆进行出版业务对接的人士[①]。由此也可确认，朱执信是在《建设》编辑部具体负责印刷工作的编辑人员。

吕芳上在其所著《革命之再起——中国国民党改组前对新思潮的回应（1914—1924）》一书中这样介绍说：

在《星期评论》创刊后不久，中山先生命胡汉民、汪精卫、戴季陶、廖仲恺、朱执信组织"建设社"，以"从精神上、物质上谋国家及社会之建设及革新目的，经营译著出版事业"。它的第一桩出版事业就是出版月刊杂志。……民国八年八月一日，《建设》杂志正式创刊，前后出版十三期，至民国九年十二月三卷一期后，因革命党人大都离沪赴粤从事实际革命工作方告停刊。[②]

在该段介绍中，吕芳上提及了《建设》的停刊原因，即"革命党人大都离沪赴粤从事实际革命工作"，而这一解释也让读者知晓了《建设》在经营顺利的情况下突然停刊的直接原因所在。

由于《建设》是国民党人的理论刊物，这使得早些年的两岸学者在看待《建设》时评价颇不一致。比如台湾地区学者李云汉在所撰《中国近代史》中，认为五四新文化运动时期孙中山最重要的一步行动，就是"指派胡汉民、汪兆铭、戴季陶、廖仲恺、朱执信等五人组织建设社，于八月一日创刊了《建设》杂志"。李云汉认为，《建设》所用之刊名"具有积极性之启发意义"，究其原因，乃在于"五四以后，各种杂志如雨后春笋，率多以破坏社会秩序为立论的基点，《建设》杂志则主张于大破坏后必须继之以大建设，才有意义，才有进步"[③]。而与李云汉的论调几乎截然相反，许焕隆所著《中国现代新闻

---

① 参见《回忆亚东图书馆》，上海：学林出版社，1983年版，第40—41页。
② 吕芳上：《革命之再起——中国国民党改组前对新思潮的回应（1914—1924）》，台北："中央研究院"近代史研究所，1999年版，第61—62页。
③ 李云汉：《中国近代史》，台北：三民书局，1985年版，第361页。

史简编》则认为,《建设》的内容"相当全面地反映出中国国民党所代表的资产阶级的两面性与软弱性。《建设》的发刊辞及《实业计划》说明这一时期的孙中山还没有找到正确的方向和真正可以依靠的社会政治力量,他对中国民主革命的一些根本问题的看法仍是模糊的、动摇的、不彻底的"①。与许焕隆观点较为一致的是中央编译局于1978年编写的《五四时期期刊介绍》一书,该书在介绍《建设》时指出:

一九一九年八月,在他(指孙中山——引者)的领导下创办了《建设》杂志,这可以说是中华革命党(一九一九年十月后改组为中国国民党)的理论刊物,在其中发表了孙中山的"实业计划"(后编为《建国方略》的第二部:物质建设)的初稿和他的亲密助手们的重要著作,表述了他们关于中国革命的理论与方针。国民党中长于写作的人差不多都是《建设》的撰稿人:《建设》杂志社的最早的社员就是朱执信、廖仲恺、戴季陶、胡汉民、汪精卫等五人,后来吴稚晖、李石曾、林云陔等人也写了不少文章。……(孙中山)对中国民主革命的一些根本问题的看法仍是模糊的,动摇的,不彻底的。这可以从他为《建设》所写的发刊词以及他的"实业计划"中看出来,而《建设》杂志的全部内容则相当全面地反映出中国国民党所代表的资产阶级的两面性与软弱性。②

近年来,部分学位论文也开始聚焦《建设》,取得了一定的研究成果,中山大学苗清俊的硕士论文《〈建设〉杂志的主义宣传与新潮因应》是其中较具代表性的一篇。

总的来看,目前学界对于《建设》杂志本身的考察和介绍,探讨的深度和广度都比较有限,而从我们现在能够搜集到的与《建设》有关的史料数量来看,朝着更宽领域、更深层次的挖掘、研究是完全可能且完全应该的。

(二)有关《建设》传播马克思主义的研究

唐宝林主编的《马克思主义在中国100年》对《建设》和该杂志当时主要撰稿人的思想倾向作了一定的介绍,该书指出:

据统计,从1919年8月至1920年4月半年多时间,《建设》杂志共登载过

---

① 许焕隆:《中国现代新闻史简编》,郑州:河南人民出版社,1988年版,第236页。
② 《五四时期期刊介绍》第1集,北京:三联书店,1978年版,第221—222页。

有关马克思主义和社会主义的各类文章20余篇（次），占其全部篇目的15%—20%。其中朱执信、戴季陶、胡汉民于此着力尤多，瞿秋白曾说："戴季陶先生、胡汉民先生及朱执信先生，都是中国第一批的马克思主义者。"中共早期理论家施存统认为，其转向马克思主义，最主要的就是戴季陶的指导。戴季陶本人表示："执信先生是尼采和马克思的合成人格。……展堂先生是马克思主义研究者，我只可算是马克思主义的介绍者罢。"戴氏此言，尚属中肯。①

这里需要注意的是，对于《建设》登载的有关马克思主义和社会主义文章的数量，田子渝有不同的统计。他在《马克思主义在中国初期传播史（1918—1922）》一书中认为，"《建设》成了五四时期传播社会主义马克思主义的主要阵地之一，据笔者粗略统计《建设》刊载各类文章110多篇，其中宣传社会主义、马克思主义的文章有33篇，约占文章总数的30%。"②并且该书还详细列出了这33篇与社会主义、马克思主义有关的文章的题目、作者和发表时间。蔡丽在其博士论文中对田子渝的这一统计表示认可。另外，王贵仁认为："《建设》在仅存在的一年多时间里，总共发表的各类文章有110多篇，其中涉及社会主义与唯物史观宣传的文章（包括译文）约20余篇（次），占该杂志全部篇（次）的20%左右，从刊载的比例与分量看，超过同一时期的《新青年》。"③相比较之下，王贵仁的统计与唐宝林的统计数字相近，田子渝估计的数字最多，由此可见他对社会主义和马克思主义的理解最为宽泛。

唯物史观是《建设》刊文讨论的重点内容，也是当前学界在研究《建设》与马克思主义早期传播时最为关注的一个问题。围绕这一主题，学者们也发表了各自的意见。蔺淑英充分肯定了戴季陶、胡汉民二人在运用唯物史观上的贡献，指出：

戴季陶曾撰写《从经济上观察中国的乱原》（《建设》第1卷第1号，1919年9月1日）、《致陈竞存论革命书》（《建设》第2卷第1号，1920年1月13日）等，试图用唯物史观"社会生活决定精神"这一基本观点分析中国社会历史与现状。胡汉民的《唯物史观批评之批评》（《建设》第1卷第5号，1919

---

① 唐宝林：《马克思主义在中国100年》，合肥：安徽人民出版社，1997年版，第92页。
② 田子渝：《马克思主义在中国初期传播史（1918—1922）》，北京：学习出版社，2012年版，第346页。
③ 王贵仁：《从传播"唯物史观"到建构"民生史观"——解析1920年代国民党人对唯物史观态度的转变轨迹》，《社科纵横》2009年第11期。

年12月1日）在节译马克思恩格斯原著的基础上，详细地说明了唯物史观的创立和发展历程，最早肯定了唯物史观的阶级性，认为它"实是平民哲学、劳动阶级的哲学"，反驳了对唯物史观的非难，对当时中国人正确地理解唯物史观具有十分重要的意义。《中国哲学史之唯物的研究》（《建设》第1卷第4号，1919年10月、11月）则提出研究中国哲学史的新的方法，即从经济事情和社会生活来说明学术思想，开应用唯物史观研究中国哲学史之先河。①

杨河、胡海涛、张炳奎编著的《马克思主义哲学的传入与研究》一书则围绕"胡汉民论唯物史观"进行了详细的阐述。该书指出：

> 胡汉民自己也撰写和发表了许多研究和应用马克思主义理论的文章，重要的有：《中国哲学史之唯物的研究》（1919年10月、11月）、《唯物史观批评之批评》（1919年12月）、《阶级与道德学说》（1920年1月）、《孟子与社会主义》等，为马克思主义哲学在中国的传播作了重要的理论贡献。《唯物史观批评之批评》是胡汉民论述唯物史观最重要文章，也是这一时期在介绍马克思主义哲学中颇有理论深度的文章。……如此详细地说明唯物史观创立和发展的过程，胡汉民在当时是第一人，尽管从现在看起来，他的说明还过于简单，但是其概括还是基本得当的。在一定意义上，《唯物史观批评之批评》的发表，可以说是马克思主义哲学史研究在中国的开篇。②

除了《唯物史观批评之批评》外，该书还深入分析了胡汉民的另外一篇文章《中国哲学史之唯物的研究》，并认为这篇文章"是应用唯物史观研究中国哲学史的开篇"。基于对胡汉民多篇文章的分析，该书较为深刻地概括了胡汉民的唯物史观思想，指出：

> 可以看到，胡汉民已经相当自觉地在应用唯物史观，联系世界经济发展的趋势，分析中国的历史与现状，力图在理论联系实际中找到中国的出路。遗憾的是，胡汉民没有在这条路上走下去，他后来的政治倾向中止了他的这种探索。从他接受马克思主义哲学的条件上看，与他曾经两次留学日本有关。日本京都大学教授，著名的唯物论专家河野田对他思想的影响很大。还需要指出的是，根据唯物史观，社会经济关系的变化的确是社会思想变化的根本原因，但

---

① 蔺淑英：《"五四"前后中国先进分子选择唯物史观探源》，《中共党史研究》2009年第11期。
② 杨河、胡海涛、张炳奎：《马克思主义哲学的传入与研究》，福州：福建人民出版社，2006年版，第104—105页。

是不是唯一的原因，特别是对于中国哲学史这一复杂过程的分析，更需要有历史的、全面的态度。胡汉民虽然在这方面有所注意，但尚有欠缺，似乎给人有"矫枉过正"的印象。但是这并不影响他在传播马克思主义哲学初期阶段的重要地位。在理论的把握上，他是当时比较全面和比较深刻的。①

由于胡汉民是《建设》杂志的总编辑，也是同时期对唯物史观掌握较为精深的研究者之一，因而在考察《建设》时，针对胡汉民的研究就成为学界讨论的重点。谈敏在所著《1917—1919：马克思主义经济学在中国的传播启蒙》一书中，也对胡汉民展现出的唯物主义思想作了分析，认为胡汉民"在宣传和维护马克思的唯物史观方面，当时站在国内的前沿地位"。该书分析了胡汉民的《孟子与社会主义》《中国哲学史之惟（唯）物的研究》《阶级与道德学说》等文章，并对可以说是代表胡汉民马克思主义研究最高水平的《唯物史观批评之批评》一文作了相当详细的分析，指出：

> 胡汉民在1919年最后一季度到1920年初，依托《建设》杂志，连续发表数篇颇有分量的文章，紧扣唯物史观的基本原理，或者用来说明中国古代哲学的历史演变过程，或者用来反驳对唯物史观的各种非难，或者用来阐释道德学说的阶级属性，特别是《唯物史观批评之批评》，达到本时期传播唯物史观的一个理论高峰。像这样专注于研究马克思主义学说的一个理论组成部分、给予积极正面的评价、前后一致保持其理论逻辑的连贯性、达到一定的理论深度并运用于分析中国历史者，在那个时期，恐怕只有屈指可数的少数几个人。②

由上可见，不论是杨河、胡海涛、张炳奎合著的《马克思主义哲学的传入与研究》，还是谈敏独著的《1917—1919：马克思主义经济学在中国的传播启蒙》，均对胡汉民在编辑《建设》时期发表的唯物史观论文给予了相当高的学术评价。其他学者同样注意到了这一情况。何以如此？有学者从胡汉民自身的角度进行了分析，认为他"中过举人，又留学日本，参加过革命实践，是集旧学与新学，国学与西学于一身，集知识分子与政治活动家于一身的人物。他的思想较敏锐，视野较开阔，学识较渊博，对新的思潮理解和接受也较

---

① 杨河、胡海涛、张炳奎：《马克思主义哲学的传入与研究》，福州：福建人民出版社，2006年版，第110—111页。

② 谈敏：《1917—1919：马克思主义经济学在中国的传播启蒙》（中），上海：上海财经大学出版社，2016年版，第1384页。

快。面对革命党的困境，他更容易选择一种全新的、对现存社会冲击最大的理论"①。

前文曾提及，胡汉民、朱执信和戴季陶均是《建设》杂志的主要编辑者和撰稿人。因此，在考察《建设》对马克思主义的传播时，学界绕不过要对朱执信、戴季陶展开一定的讨论。谈敏在《1917—1919：马克思主义经济学在中国的传播启蒙》一书中围绕《"给一心社友白"的复信》和《国家主义之发生及其变态》这两篇文章，对朱执信的马克思主义观作了分析。就《"给一心社友白"的复信》来说，谈敏认为：

朱执信曾是我国最早介绍马克思经济学说的先行者，他在此复信中也坚信，消除资本主义痕迹的关键在于避免马克思所说的掠夺剩余价值的行为。但是，他早期评介《资本论》，已经透露其理解资本原始积累学说从而理解资本掠夺实质方面的摇摆性，希冀不从根本上触动现存阶级的既得利益，便能"改善调和"资产阶级与无产阶级的关系，甚至期望资本家阶级能够自觉放眼未来以响应社会革命的号召。看来，他一直怀抱这个美好愿望而未改，所以才会在这封公开复信里，一边谈论马克思所说的掠夺剩余价值行为，一边又相信资本家和工人都能够洁身自好，出现存剥削之淤泥而不染，凭着纯洁的动机变成自觉的共产主义者。②

张顺昌所著《朱执信社会政治思想研究》一书，首先揭示了在朱执信等人的努力下，"《建设》杂志发行数量由最初的三千份逐渐上升到一万三千份，出版费用从需要党人资助到盈余"，其次对朱执信在"认真总结过去经验教训的同时，也在积极钻研革命理论，努力探讨五四运动后新形势下中国革命的发展方向"③方面作出了一定的研究，揭示了朱执信所主张的"现在观察中国情形，以为非从思想上谋改革不可。故决心以此后得全力从事于思想上之革新"④。

对于戴季陶来说，他在五四时期传播马克思主义的声望和名气，从某种

---

① 周聿峨、陈红民：《胡汉民评传》，广州：广东人民出版社，1989年版，第122页。
② 谈敏：《1917—1919：马克思主义经济学在中国的传播启蒙》（中），上海：上海财经大学出版社，2016年版，第1429—1430页。
③ 张顺昌：《朱执信社会政治思想研究》，贵阳：贵州人民出版社，2005年版，第101页。
④ 广东省哲学社会科学研究所历史研究室：《朱执信集》（上册），北京：中华书局，1979年版，第321页。

程度上说甚至比胡汉民还要高,但是从学术研究的角度来说,却又是另外一回事。以《从经济上观察中国的乱原》为例,谈敏认为:

> 这篇文章给人们留下最深的印象,试图运用马克思主义的唯物史观来观察和分析中国经济发展的历史与现象。这也显示孙中山一派的骨干成员受五四运动的影响,比起十余年前大论战时期他们一面谈论社会革命和社会主义,一面又在理论上表现得有些迷茫的状况,是一个进步。以戴季陶的文章而论,其进步之处,在于提出马克思、恩格斯发现的唯物史观,是一种"很深邃的""精确的学理",依据这种"历史观察法",可以使中国历史上那些看起来杂乱无章的事实现象,"都容易明白了"。然而,这种进步,从此文表达的理论内涵看,又建立在比较粗浅和脆弱的基础上。……如此运用唯物史观,虽然把着眼点投向基础的经济领域,但有庸俗化之嫌,未能理解唯物史观的真意。……这些曲解,未必有意为之,但由此可以看出,戴季陶当时追求以马克思学说剖析中国历史与现实的探索,其积极精神值得称许,其理论功底却较为薄弱。①

而关于戴季陶的阶级观念,张文涛则撰文认为:"戴季陶在理智上接受阶级斗争并致力于唤醒劳工阶级觉悟,但他感情上惧怕阶级斗争的'惨烈'后果,他始终是一个心物二元论者。"②

通过以上述评可以看出,当前学界对《建设》的研究已取得不少突破,出现了诸多亮点,但还不够全面、系统和深入。推进《建设》及其马克思主义传播研究的继续拓展和深化,可以从以下几个方面着力:其一,对《建设》杂志的创办、发行过程以及它的作者群体作更为精细的历史考察和梳理,以在充分挖掘相关史料的基础上尽可能客观地还原《建设》的办刊历史。其二,重视对《建设》及其马克思主义生长与传播的整体性研究。目前见到的具有整体研究性质的成果多是硕士论文,更具学术厚重感的专著尚未出现。然而,考虑到《建设》的内容、地位及其贡献,围绕《建设》作整体性的研究从而结撰学术专著是完全应当且必要的。因此,这是学界接下来可以努力的方向之一。其三,重视从五四时期中国社会思想发展转变的角度考察《建设》所受思潮流变

---

① 谈敏:《1917—1919:马克思主义经济学在中国的传播启蒙》(中),上海:上海财经大学出版社,2016年版,第1433页。
② 张文涛:《可能与限度:论五四后期的戴季陶与马克思主义》,《理论月刊》2013年第1期。

的影响以及《建设》为这一转变所作出的思想贡献。当前,这一研究领域已越来越受到学界的重视,近年来已经不断有相关成果出现。因此,保持这一研究势头,继续围绕这一主题展开探讨是十分有价值的。其四,更加全面、系统和深入地考察《建设》所载有关社会主义和马克思主义的文章,揭示其理论贡献,衡估其社会影响,评定其传播史地位。当前这方面的研究尚局限于胡汉民、戴季陶、林云陔等人及其相关文章,今后的研究一方面可以拓宽视野,将目光投向其他作者的相关文章,另一方面还可以加大对《建设》所载相关译文的研究,即在有条件的情况下,将译者的译文与原作者的原文结合起来进行比较研究,以客观地展现当时《建设》的作者对西方思想的选择性接受情况。

三、研究方法与思路

(一)研究方法

本书的选题是较为典型的个案研究题目,众所周知,研究个案的目的一方面在于"深耕细作",即充分挖掘个案的意义和价值;另一方面则在于以小见大,即通过研究个案达到"窥一斑而知全豹"的效果。基于个案研究的基本特点,本书拟重点采取统计分析、史论结合和比较分析的研究方法展开论述。

所谓统计分析,是指借助数据统计的方式为内容的推进、论证的展开和论点的得出提供富有说服力的佐证材料。就本书而言,数据统计将主要围绕《建设》的刊文篇数、涉及马克思主义和社会主义的文章的篇目、具有进步意义的文章在全部文章中的排列组合、撰写相关进步文章的作者及他们在其他期刊发表的进步著述、《建设》的作者群及主要作者的刊文情况等内容展开。统计分析的优势在于能够将散布于期刊各个层面、各个角落的有用信息加以集中,并以直观易懂的方式呈现出来,通过这种方式,纷繁庞杂的信息得以最大化的利用并服务于全书内容的展开。此外,统计分析除了服务于内容之外,其本身也是一种观点的阐明且具有鲜明的思想导向。因此,对于包括本书在内的个案研究来说,统计分析是一种理应受到重视的研究方法。

史论结合是在历史学的研究中常用的一种论证方法。本书兼具马克思主义理论学科和中国近现代社会思想史的学科属性,因此,历史学研究中的相关方法也应该得到合理的利用。就本书来说,《建设》传播马克思主义的内容、结论、评价和意义都必须来自对《建设》所刊进步文章进行深入分析的基础之上,即所谓"有一分材料说一分话"。唯有通过深入研读一手文献、梳理基本史实,本书所要研究的问题的思想本质、独特特征和重要价值才能得到实事求是的呈现。在使用史论结合的方法时,本书还将注意避免单纯的"以史带论"和"以论带史"这两种不全面、不客观的倾向。之所以不能够"以史带论",原因在于本书的研究重点是《建设》杂志,但是假如仅以《建设》所具有的材料来推导结论而不参照其他相关材料,那么这样的结论即便建立在史料之上,事实上也很难保证其全面公正;而不能够"以论带史",原因则在于开展历史研究时需注意避免将基于历史后馈性的结论作用于原始史料和论文写作之上,从而产生既非历史又非当代的"四不像"之作。

本书拟采用的第三种研究方法是比较分析法。这里所说的比较分析,包括横向比较分析和纵向比较分析。从横向比较的角度来说,本书拟将《建设》与同时期的《星期评论》《新青年》《闽星》,以及《民国日报》副刊《觉悟》等进步期刊加以比较,以展现马克思主义和社会主义思想在《建设》上的发生、发展及其独特特点;从纵向比较的角度来说,鉴于《建设》的编辑者主要以孙中山、胡汉民等资产阶级革命派为主,他们大多经历过兴中会、同盟会时期,也曾经创办、编辑过诸如《民报》等更为早期的进步期刊,因此将《建设》与《民报》等进行比较来展现拟研究对象的思想脉络的发展演变,在本书中也是具备现实的可能性的。

除上述所举研究方法外,本书还将根据情况灵活使用分析、归纳、推理等方法。通过对上述方法适当的、组合式的利用,力争使本书成为史料翔实、内容丰富、具有一定学术价值的扎实之作。

(二)研究思路

本书的研究将围绕"《建设》"和"马克思主义传播"这两个关键词展开。就第一个关键词"《建设》"来说,在论文中需要阐释清楚以下问题:其一,《建设》创办时中国的政治、经济、社会、思想状况如何,创办《建设》杂志的主体力量——以孙中山为代表的资产阶级革命派在五四前后的基本状况及其社会活动的开展情况等。其二,以孙中山为代表的资产阶级革命派创办《建设》杂志的思想动机、创刊经过、刊物定位和刊物的基本思想倾向。其三,《建设》的核心编辑者具体系何人,他们的思想旨趣、思想发展演变以及他们在担任《建设》的编辑时的基本思想倾向是什么。其四,《建设》在其存续的一年多时间里究竟刊登了哪些人的文章，这些文章的基本观点是什么，其思想内容与作者本人的思想倾向有何关联，等等。通过对以上问题的研究和解答，力求使《建设》杂志的主要内容能够得到比较客观翔实的呈现，而就目前学界的研究现状看，这方面的内容依然是较为薄弱的部分。从这个意义上说，本书对这一问题的展开具有重要的学术意义。

就第二个关键词"马克思主义传播"来说，本书将以《建设》刊发的相关文章为基本对象，着重考察唯物史观、阶级斗争学说、剩余价值理论和科学社会主义思想的具体体现和表达。众所周知，上述概念均是马克思主义理论的核心概念，因此，考察《建设》对马克思主义的传播，本质上就是考察该杂志所刊文章对马克思主义核心概念的接受程度和传播情况。在《建设》中，对相关问题发表观点的作者不一，角度亦各有不同，有鉴于此，本书将对相关作者的相关文章展开具有针对性的学理分析，同时进行一定程度的比较研究，以展现《建设》及其作者群体在传播马克思主义层面的具体作为和所取得的主要成绩，并在此基础上作出实事求是的学术评价。

本书将从上述两个方面着力，围绕"《建设》"和"马克思主义传播"这两个关键词展开研究。同时，从思想史的角度作出把握和考察是开展专题研究的核心要素，这一研究思路将贯穿于本书研究的全过程。

四、研究重点与创新

（一）研究重点

就本书来说，其研究重点无疑是《建设》杂志所载与马克思主义相关的文章。就该内容来说，又可以分为两个部分：

其一是从具体的思想内容阐发角度，考察《建设》载文中的马克思主义思想因素。我们知道，《建设》并非专以传播马克思主义为目标，其最主要的目的，用孙中山的话说乃是"鼓吹建设之思潮，展明建设之原理，冀广传吾党建设之主义，成为国民之常识，使人人知建设为今日之需要，使人人知建设为易行之事功，由是万众一心以赴之，而建设一世界最富强最快乐之国家，为民所有、为民所治、为民所享"[①]。然而在这一专事"建设"的期刊中，马克思

---

① 孙文：《〈建设〉杂志发刊词》，《建设》第1卷第1期（1919年8月1日）。

主义的思想内容却有着颇高的"出镜率"。那么,围绕这么多与马克思主义有关的思想内容,《建设》的诸位作者阐述了哪些内容,他们对马克思主义的思想内容是如何理解的,为什么他们特别关注对唯物史观等内容的阐发和运用,他们又何以会对与阶级斗争相关的学说抱有复杂、矛盾的心态,……诸如此类的问题都将成为本书的研究重点。而研究这些问题的前提,就是对刊载于《建设》中的每一篇相关文章的思想内容作出梳理和阐发。

其二是将《建设》置于近代以来西学东渐和五四新文化运动的视域下,考察在中国近现代社会思想发展变迁的历史背景下,《建设》在其中受到的影响、发挥的作用以及所作出的思想贡献。事实上,《建设》杂志创刊本身就是近代以来思想文化变迁的结果。在《建设》创刊半年后,孙中山就曾有言:"吾党欲收革命之成功,必有赖于思想之变化,兵法'攻心',语曰'革心',皆此之故。故此种新文化运动,实为最有价值之事。"[①]对《建设》来说,它出现于五四时期、存在于五四时期,也停刊于五四时期,因此,《建设》必然有着属于那个时代的鲜明思想烙印。而作为一本在五四时期颇具知名度和代表性的进步期刊,我们对其进行考察,也有利于通过"解剖麻雀"的方式以小见大地获得对中国近现代社会思想发展变迁的实质性认知,从中,《建设》的思想特点、理论贡献等相关问题也将得到阐释和呈现。

(二)学术创新

就本书来说,其创新意义大致包含以下几个方面:

从选题的角度来看,当前学界对《建设》的重视程度尚且不高,不仅专门性的论著稀少,而且在涉及五四时期思想文化发展变迁的相关论著中,围绕《建设》所作的深入、细致的研究亦不多见。但是,鉴于《建设》之于马克思主义在中国早期传播的价值、作用和理论贡献,对其展开较为细致的讨论又是十分有必要的,基于此,本书试图在这一方面加以努力,通过较为深入细致的研究,立体呈现五四时期马克思主义在中国早期传播的思想图景,厘清《建设》与马克思主义在中国早期传播的联动关系,从而使"马克思主义在中国的早期传播"这一概念具有更为丰厚的思想内容和实质性内涵,而不仅仅停

[①] 孙中山:《致海外国民党同志书》,蔡尚思主编:《中国现代思想史资料简编》第1卷,杭州:浙江人民出版社,1982年版,第553页。

留于宽泛的、抽象的认知层面。因此，从选题的角度来说，本书具有一定的创新意义。

从研究内容的角度来说，本书将以第一手文献资料为依据，系统梳理《建设》杂志中与马克思主义传播有关的思想内容。实事求是地讲，当前对于这方面的工作，学界的关注程度和研究力度都是明显不够的，究其原因，可能主要在于两个方面：其一，《建设》从创办到停刊仅仅一年有余，较短的存续时间使得其与五四时期存续时间更长的其他大报大刊相比，处于显而易见的劣势地位，因而不容易受到学界的重视；其二，《建设》是由包括孙中山在内的国民党人创办和编辑发行的，相比于《新青年》等直接孕育产生了早期共产主义者和中国共产党的期刊，它在思想启蒙、政治动员上的贡献并不突出，这或许也是《建设》未受到学界重视的另一个重要原因之所在。当然，《建设》未受到重视，并不意味着它的思想内容不重要，从学理的层面来说，系统地考察《建设》杂志的相关载文，对于书写马克思主义早期传播史有着重要的学术价值，毕竟就马克思主义在中国的传播来说，从思想史、发展史的角度作出学术揭示是该研究的一大重要任务，就此而言，本书在研究内容上具有一定的创新意义。

从总体架构的角度来说，本书将注重从时间维度和内容维度两方面展开研究。就时间维度而言，即注重考察和研究传播过程中的历时性因素，通过时间维度的考察和研究，使《建设》从创办到停刊的客观历史过程及其马克思主义传播的生动样貌得以彰显。就内容维度而言，即对《建设》所载马克思主义相关文章的思想内容加以梳理和分析，进而力求从学术理论层面作出全面客观的评价。时间维度和内容维度两方面的相互呼应与配合，将有助于勾勒出《建设》及其马克思主义传播的历时画卷。因此，从总体架构上注重时间维度和内容维度的交互研究、相互配合，也将成为本书的创新点之一。

第一章 《建设》的创办与运作

在新文化运动如火如荼蓬勃发展的时代大潮中，国内各地雨后春笋般地涌现出了一批立足现实国情、顺应时代需要、追踪世界潮流、洋溢现代气息的新式报刊。这些报刊尽管所处地域不同、立场宗旨各异、读者对象有别，但是它们也有一个共同之处，这就是充分重视并积极致力于对域外新知识、新思想、新思潮的介绍和宣传。在这批新式报刊中，《新青年》以及《民报》《星期评论》等期刊已经家喻户晓，针对它们的不同视角的个案性研究成果十分可观且仍在不断推出，相较之下，《建设》所受到的重视程度明显不足，全面系统的研究成果非常少见，这也正是本书选择把《建设》及其马克思主义传播作为研究对象的动因所在。本章即结合《建设》杂志的创办历程及办刊特点，对刊物的整体概况作一介绍。

一、《建设》的创办背景

《建设》杂志的创办，直接原因在于以孙中山为首的中华革命党人的积极谋划和运筹，但是我们如果把视野放得更开阔一些，不难发现，在这背后，有着更为复杂而深刻的历史背景。对此，我们大致可以从现实政治、社会经济和思想文化等几个方面进行考察。

（一）现实政治背景

如果说对于有着五千年文明史、在农耕时代曾长期领跑世界、为人类社会的发展和进步作出过巨大贡献的中国而言，1840年的鸦片战争是在西方列强坚船利炮的野蛮攻击之下一步步坠入半殖民地半封建社会深渊的开端，那么在经历了半个多世纪的屈辱之后，伴随着20世纪的到来，灾难深重的中华民族终于迎来了命运的重大转机。此时，资本主义世界经济发展的不平衡所导致的既有国际秩序的日益紊乱，以及新旧殖民主义矛盾的不断积累和激化，造成了西方列强彼此之间剑拔弩张的严峻形势，他们为重新瓜分世界和争夺全球霸权而不惜兵戈相向，最终引爆了人类历史上前所未有的一次大规模世界性战争，这便是席卷欧亚非三大洲的第一次世界大战。

"一战"的中心虽然在欧洲，但是地处东亚的中国却不能够置身事外。一方面，德国、日本等资本主义列强继续在中国争夺和攫取各种利益和财富，压榨中国人民的血汗；另一方面，"一战"结束之后，在为善后而召开的巴黎和会经过长达6个月的谈判终于达成的《凡尔赛和约》中，欧洲列强无视作为胜利方的协约国之成员的中国的正当权益，在条约中载明将德国在山东的特权全部转让给日本，与此同时，对中国代表团提出的取消列强在中国的各项特权、取消日本帝国主义与袁世凯订立的"二十一条"等不平等条约，以及归还"一战"期间日本从德国手中夺去的山东各项权利等要求却不予理会。《凡尔赛和约》的达成，既证明了"公理战胜强权"不过是一个美丽的童话，同时也证明了"弱国无外交"乃是自古而然的历史铁律。北洋政府准备在《凡尔赛和约》上签字的消息很快传到国内，北京学生群情激奋，迅速组织集会和游行示威，从而点燃了反帝爱国的五四运动的熊熊烈火。

"落后就要挨打"是世界资本主义列强留给我们的惨痛教训，要想摆脱落后，我们就必须致力于发展经济、实现民富国强，与此同时，也要致力于发展文教、开启民智，而创办新式报刊以传播近代各种新知识和新思想，遂成为一个重要的选项。包括《建设》在内的诸多报刊就是在这样的现实政治背景之下创办起来的。

（二）社会经济背景

"一战"期间，西方列强深陷于战争的泥沼之中，不得不暂时放松了对各自殖民地和势力范围的控制，这就使中国赢得了宝贵的喘息之机和发展空间，我们的民族工商业从而得到了较快的发展。对此，还在1939年，毛泽东在《中国革命和中国共产党》一文中就曾明确指出："第一次帝国主义世界大战时期，由于欧美帝国主义国家忙于战争，暂时放松了对于中国的压迫，中国的民族工业，主要是纺织业和面粉业，又得到了进一步的发展。"[1]相关统计资料无可辩驳地证明了毛泽东的这一论断。

---

[1] 《毛泽东选集》第2卷，北京：人民出版社，1991年版，第627页。

就纺织业而言，据记载，1913年，全国共有纺织工厂231家、资本3254.7万元，到1920年，纺织工厂增至475家、资本则增至8275万元，较前均翻了一番还多；纱锭数量，1913年为651676枚，1919年则达到了1173012枚，照这样的增速计算，1920年实现翻番应该是没有问题的①。有学者根据《民国经济史》所载华商纱厂联合会的相关统计数据指出："1915年到1922年八年间，私人资本的纱厂，厂数和纱锭都增加了近二倍，布机增加且不止二倍，除了棉纺织业外，缫丝、丝织、针织等业这一时期都有显著发展。因此，这几年被认为是民族纺织业的'黄金时代'。"②

就面粉业而言，1896年至1912年的17年间，全国新设面粉厂合计90家，其中民族资本开设的为47家，而1913年至1921年的9年间，全国就新开了123家面粉厂，其中民族资本开设的为105家。不仅如此，新开面粉厂的规模和产能也一改过去明显不如外资工厂的状况，基本上做到了与它们平起平坐，这从有关学者的下述统计分析中可以得到印证：民族资本开设的105家面粉厂在全部新开123家面粉厂中的占比为85.4%，它们的产能则占全部新开123家面粉厂产能的82.2%。两个百分数之间的差距非常之小，说明民资工厂与外资工厂在规模和产能上的差距已经显著缩小③。而与民族资本面粉厂家的增多、规模的扩大和产能的提高成正相关关系，当时的中国在数年之间就实现了从面粉入超国向着出超国的根本性转变——1913年尚且入超240多万担面粉，1919年则已出超240多万担面粉④。

此间，我国的煤矿、铁矿、钨矿等重工业也取得了不俗的发展成绩。比如随着新开办的临榆柳江煤矿、铜山贾汪煤矿等的投产，煤炭产量从1913年的1337.9万吨增至1919年的2005.4万吨。尤其值得一提的是，1915年至1918年，短短四五年间，江西、湖南、广东等地就相继开设了多家钨矿企业，产钨4000多吨，位居世界第二⑤。

---

① 参见《中国近代史》编写组：《中国近代史》，北京：中华书局，1979年版，第522—523页。
② 胡绳：《从鸦片战争到五四运动》（下册），北京：人民出版社，1981年版，第948页。
③ 参见《中国近代史》编写组：《中国近代史》，北京：中华书局，1979年版，第522—523页。
④ 参见周秀鸾：《第一次世界大战时期中国民族工业的发展》，上海：上海人民出版社，1958年版，第39页。
⑤ 参见《中国近代史》编写组：《中国近代史》，北京：中华书局，1979年版，第523页。

轻重工业的发展带动了电力、交通运输和金融业等的发展。1913年，全国的电力工业厂家不过30家，1914—1918年的5年间就相继注册成立了51家。交通运输业，以轮船为例，1913年为133230吨，到1919年则增至287592吨①。金融业，以银行为例，1913年，全国的华资银行总共不过15家，1912—1919年新设银行合计66家②。

　　当然，当时作为半封建半殖民地的旧中国，广大农村地区仍然延续着传统的农业生产方式，占全国人口绝大多数的农民基本上仍然过着日出而作、日落而息的生活。尽管如此，工业、交通运输业和银行业的发展已开始或即将开始对至少是他们中的一部分人造成实实在在的影响，原本板结、固化的农村社会结构于是逐渐松动，农村人口向城镇、厂矿的流动日益频繁。相对而言，二、三产业的发展对城镇居民的生产和生活所造成的影响则是更为普遍和直接的，尤其是那些头脑灵活的军阀、官僚和工商业主，他们凭借灵敏的嗅觉和过人的胆识以及不错的运气，迅速积累起可观的财富，除了购买田产、进行商业投机和高利贷剥削之外，他们仍有不少金钱苦无出路，而"在外资银行全盛时期，国人存款，多数无息，且有收取保管费者"③，因而把其中的一部分直接或间接用于办报办刊，便成为一种可行的选择。"一战"期间及其后国内报刊出版业的空前繁荣，其更深刻的背景无疑就在于当时社会经济的这种长足的发展，而《建设》创办之初的各项运营费用，除了少部分系朱执信等从友人那里得到的"赆仪"即赠别的礼金而外，"所有社款，都是……向党外的人……筹来"④亦即来自社会捐助。建设社不用为经费问题忧心，故此朱执信前往亚东图书馆"接洽《建设》的印刷、发行"事宜时，主动表示"不要垫款"，钱可以由"他们拿出来"⑤，所以亚东图书馆也就很痛快地答应下来。显然，《建设》的创办直接得益于当时社会经济的发展和民间财富的积聚。

（三）思想文化背景

　　《建设》等报刊的创办，其直接的原因在于知识界的形成以及与之俱来

---

① 参见《中国近代史》编写组：《中国近代史》，北京：中华书局，1979年版，第523—524页。
② 张郁兰：《中国银行业发展史》，上海：上海人民出版社，1957年版，第27、51页。
③ 洪大里：《民元来我国之工业》，朱思煌主编：《民国经济史》，银行学会编印，1948年版，第237页。
④ 朱执信：《复居正函》，《建设》第1卷第2期（1919年9月1日）。
⑤ 汪原放：《回忆亚东图书馆》，上海：学林出版社，1983年版，第41页。

的思想活跃和文化进步。鸦片战争失败后，面对西方资本主义列强高度发展的器物、制度和文化，不少曾经陶醉在"天朝上国"迷梦中的国人真切地感知到了自身所存在的差距，而"先进的中国人"更是开始"开眼看世界"，主动地以西人为师，积极学习西方的科技和文化。从19世纪70年代到20世纪初，数以万计的幼童和青少年先后被选派或自费出国留学，其中1906年这一年，在日本留学的人数即达12000人之多。1911年前后，美国退还的庚子赔款被用来选派中国学生赴美国各高等学校深造，并兴建清华学堂，作为中国学生赴美深造的预科。这样，以清华学堂为中坚力量，形成了清末民初中国学生赴美留学深造的热潮。

一方面，前往美欧和日本等的留学生群体蔚为壮观，另一方面，随着国内各地高校的创办和发展，本土大学生也迅速成长为一支浩浩荡荡的队伍，这从五四时期北京、上海等地数以千计的高校学生集合起来走上街头游行示威的阵势中即可见其一斑。数以十万计的高校教师和学生、数以万计的新闻报道、报刊出版和文学艺术等行业的从业人员，构成了当时中国知识界的主体[①]。中国留学生、来华外国人等则成为中外文化交流的主力军，他们把大量原产于西方的各种新知识、新思想通过各种方式和载体带进国内，再经过编译加工进行传播，从而促进了报刊业和出版业的繁荣发展。据有的学者统计，20世纪最初20多年全国的报刊数量，1901年为100多种，1913年为139种，1918年为221种，随着五四运动的爆发和新文化运动的高涨，"新式报刊的大量创办，到1921年全国共有报刊550种"[②]。另有学者给出的统计结果是，"1886年，全国有报刊78种；到1921年，全国共出版报刊1134种"[③]。《建设》正是在这样的一种时代氛围和文化背景中创办起来的。

二、《建设》的创办历程

《建设》从1919年8月1日出版创刊号即第1卷第1期，到1920年12月1日出

---

① 据《第一次中国教育年鉴》（丁编）提供的统计数据估算，"如果以接受中等教育作为知识分子的界限，那么20年代末，中国知识分子队伍至少在110万人之上"。参见朱汉国主编：《中国社会通史·民国卷》，太原：山西教育出版社，1996年版，第256—257页。

② 黄兴涛主编：《中国文化通史·民国卷》，北京：北京师范大学出版社，2009年版，第471页。

③ 朱汉国主编：《中国社会通史·民国卷》，太原：山西教育出版社，1996年版，第257页。

版第3卷第1期即最后一期，总共存在了不到一年半的时间。《建设》尽管存续时间不长，但却具有独特的地位，产生了重大的影响，并在五四时期乃至整个中国近现代报刊发展史上写下了浓墨重彩的一笔。

（一）创办动因

《建设》是孙中山领导的中华革命党及1919年10月10日改组后的中国国民党的机关理论刊物。它的创办不仅是孙中山经过深思熟虑而作出的决定，而且在具体办刊过程中也不断得到孙中山的具体指导和鼎力支持。

《建设》的创办，可以说是发轫于孙中山，而孙中山之所以要创办这份杂志，又与他对当时社会状况和革命斗争需要的判断密切相关的。

辛亥革命胜利之后，胜利果实很快便被袁世凯窃取。袁世凯大开历史倒车，推翻共和、复辟帝制，变中华民国为中华帝国，激起全国人民的强烈反对。唐继尧、蔡锷等在云南宣布独立，并兴兵讨伐袁世凯，护国战争爆发。袁世凯的不少属下见状，也对他称帝表示反对。内外交困之下，袁世凯不得不在当了83天皇帝之后宣布退位，不久便因病而一命呜呼了。不过，袁世凯复辟帝制的闹剧虽然以失败告终，但是在他之后，封建军阀统治仍在延续，孙中山主持制定并颁布的《中华民国临时约法》遭到践踏。见此情景，孙中山挺身而出，高举起护法斗争的大旗。1917年夏，孙中山到达广州，发出"护法"号召。随后，拥护革命的国会议员们举行"非常会议"，通过了《中华民国军政府组织大纲》，同时选举孙中山为军政府大元帅。但是由于西南各省军阀各怀鬼胎，与北洋军阀相妥协，并相互勾结排挤孙中山，从而导致了这次护法运动的失败。无奈之下，孙中山于1918年夏离开广州，前往上海。

到上海后，孙中山最初是租住在环龙路上一处破旧的房子里，不久因得到几位旅美华侨的接济，才搬到莫利爱路29号的一幢住宅中。在这里，孙中山暂时收起奋斗的激情，沉下心来回顾总结革命事业屡屡遭受困顿和挫折的经验教训，"埋头于革命和建国理论的研究"[①]，专意著书立说。1918年12月，他在《建国方略之一——心理建设》篇前的"自序"中，曾如是表达自己内心的所思所想：

[①] 白寿彝总主编：《中国通史》第12卷《近代后编（1919—1949）》（上册），上海：上海人民出版社，2015年版，第32页。

溯夫吾党革命之初心，本以救国救种为志，欲出斯民于水火之中，而登之衽席之上也；今乃反令之陷水益深，蹈火益热，与革命初衷大相违背者，此固予之德薄无以化格同俦，予之能鲜不足驾驭群众，有以致之也。然而吾党之士，于革命宗旨，革命方略，亦难免有信仰不笃，奉行不力之咎也，而其所以然者，非尽关乎功成利达而移心，实多以思想错误而懈志也。①

随后又言：

夫心也者，万事之本源也。满清之颠覆者，此心成之也；民国之建设者，此心败之也。夫革命党之心理，于成功之始，则被"知之非艰，行之惟艰"之说所奴，而视吾策为空言，遂放弃建设之责任。如是则以后之建设责任，非革命党所得而专也。迨夫民国成立之后，则建设之责任，当为国民所共负矣。然七年以来，犹未睹建设事业之进行，而国事则日形纠纷，人民则日增痛苦。午夜思维，不胜痛心疾首！夫民国之建设事业，实不容一刻视为缓图者也。②

《心理建设》又名《孙文学说》，是孙中山于1917—1919年撰写的一部哲学巨著，与《民权初步》和《实业计划》同为其《建国方略》的重要组成部分。该书从认识论的高度分析了革命失败的原因，从而奠定了三民主义的理论基础。值得注意的是，"建设"已然成为孙中山笔下的一个积极词汇。马君武于民国十七年（1928）3月21日发表在《广州民国日报》上的一篇演讲稿中曾提到："孙总理在时，常对兄弟说，我们本党人才能破坏，少能建设，所以在民国六年以后，孙总理就勉励大家，此后须努力于建设方面，所有孙总理关于建设的著作，如《建国方略》等，都是在这个时候作成的。"③民国六年（1917年）及之后孙中山关于建设的思考和阐述，无疑为《建设》杂志的创办作了思想意识方面的铺垫和精神心理上的准备。

1919年五四运动的爆发，为孙中山决定创办《建设》杂志提供了难得的契机。据时人回忆："孙先生为迅速把握这一新文化运动，于五四运动发生后，立即嘱党先创刊《星期评论》及《建设》杂志，孙且自任《建设》杂志

---

① 《孙中山选集》（上卷），北京：人民出版社，1956年版，第104—105页。
② 《孙中山选集》（上卷），北京：人民出版社，1956年版，第105—106页。
③ 引自李高南、黄牡丽：《马君武教育文集》，桂林：广西师范大学出版社，2016年版，第23页。

社社长。是年八月一日,《建设》创刊。"①另据1919年6月22日出版的上海《民国日报》记载,此前数日,孙中山曾与戴季陶谈话,言及当时的社会思潮状况,他指出:

> 中国的社会思想和生活还没有发达,人民知识没有普及,国家的民主的建设,还没有基础的时候,……不健全的思想,的确是危险。不过这也是过渡时代一种自然的事实,如果要去防止他,反而煽动人的好奇心,助成不合理的动乱。②

个中就蕴含了要采取适当方式对民众进行知识教育和思想启蒙的态度和倾向。同年7月2日,戴季陶在写给胡适的一封信中告知说:"现在(胡)展堂、朱执信、廖仲恺和我试办了一个月刊,题名《建设》,定八月一号出版。我想出版以后或者更可以帮助中国人一点新知识。"③两相对照,可以推知,大约半个月前孙中山在同戴季陶进行的那次谈话中,显然已经提出了创办《建设》杂志的要求,而创办《建设》杂志的一个基本考虑,就是戴季陶所谓"帮助中国人一点新知识"。有学者指出:"(1919年)6月8日,戴季陶、沈玄庐、孙棣三等国民党人创办了《星期评论》周刊,同时,孙中山又委派朱执信、廖仲恺、胡汉民等国民党要人开始筹办《建设》杂志,创刊号于8月1日问世。"④可见,创办《建设》杂志的动议,最迟也当不晚于1919年6月上中旬。

《建设》杂志创刊大约半年过后,孙中山在《致海外国民党同志书》中写道:

> 自北京大学学生发生五四运动以来,一般爱国青年,无不以革新思想为将来革新事业之预备。于是蓬蓬勃勃,发抒言论。国内各界舆论,一致同倡。各种新出版物,为热心青年所举办者,纷纷应时而出。扬葩吐艳,各极其致,社会遂蒙绝大之影响。虽以顽劣之伪政府,犹且不敢撄其锋。此种新文化运动,在我国今日,诚思想界空前之大变动。推原其始,不过由于出版界之一二觉悟者从事提倡,遂至舆论放大异彩,学潮弥漫全国,人皆激发天良,誓死为

---

① 唐德刚等:《我们的朋友胡适之》,长沙:岳麓书社,2015年版,第257页。
② 引自《孙中山年谱》(上),北京:中华书局,1976年版,第171—172页。
③ 唐德刚等:《我们的朋友胡适之》,长沙:岳麓书社,2015年版,第252页。
④ 刘永明:《国民党人与五四运动》,北京:中国社会科学出版社,1990年版,第292页。

爱国之运动；倘能继长增高，其将来收效之伟大且久远者，可无疑也。吾党欲收革命之成功，必有赖于思想之变化，兵法"攻心"，语曰"革心"，皆此之故。故此种新文化运动，实为最有价值之事。①

这里，孙中山对"革心"的重视和对"吾党欲收革命之成功，必有赖于思想之变化"这一真理性认识的阐发，以及对出版界和出版物重要作用的揭示，无疑就是关于他"嘱党先创刊《星期评论》及《建设》杂志"的动因所在。

犹有可言者，1935年4月7日，傅斯年是日在天津《大公报》发表了一篇题为《论学校读经》的文章，其中有言：

记得十七八年以前，内因袁世凯暴压后之反动，外因法兰西一派革命思想和英吉利一派自由主义渐在中国知识界中深入，中国人的思想开始左倾，批评传统的文学，怀疑传统的伦理。这风气在当时的先锋重心固然是北京，而中山先生在上海创办《建设》杂志，实给此运动以绝大的政治动向。我们从他当时所表现的议论中清楚地看出，他是觉得专是一种文化的革新是不足的，必有政治的新生命，中国才能自立，必有政治的新方案，中国才能动转。中山先生提倡"把中国近代化"之功绩是后来中国人所不能忘的。②

半个世纪过后，李云汉在论及孙中山与《建设》杂志的创办时也称：

杂志之名为"建设"，是具有积极性之启发意义的。五四以后，各种杂志如雨后春笋，率多以破坏社会秩序为立论的基点，《建设》杂志则主张于"大破坏"后必须继之以"大建设"，才有意义，才有进步。③

傅斯年和李云汉所说的这两番话，显然是对孙中山创办《建设》杂志之时代背景和思想动因所作的一种客观和准确的解读。概而言之，开启民智、革易人心，把革命事业的重心从军事转向政治、从破坏转向建设，便是孙中山创办《建设》杂志的初衷所在。

必须指出的是，关于孙中山在《建设》杂志创办过程中的发起者的地位与作用，从现存文献中尚未发现直接的证据，而朱执信的四弟朱秩如在所撰回忆文章《朱执信革命事迹述略》中曾明确写道："为了唤起群众，执信又向孙

---

① 《孙中山选集》（上卷），北京：人民出版社，1956年版，第429页。
② 傅斯年：《中国人的德行》，北京：中国工人出版社，2016年版，第259页。
③ 李云汉：《中国近代史》，台北：三民书局，1985年版，第361页。

中山建议重新恢复从前规划过而尚未办的'建设'杂志"①，似乎朱执信在创办《建设》杂志这件事上也有一定的动议之功。不过，朱秩如在此只是简单一提，并未给出更进一步的解释和说明，考虑到其人与朱执信乃一奶同胞，故而在回忆文字中对自己的胞兄有所溢美，完全可以理解，但不足为凭。

通过查阅多种相关人物传记、年谱和历史著作，本人发现，在创办《建设》杂志的发起者这个问题上，意见具有高度的一致性，即都指向了孙中山。举其要者，比如以胡汉民为传主或谱主的著作称："五四运动发生以来，引起国内思想界极大之动荡。国父乃命展堂先生与戴传贤、廖仲恺等在沪创办《建设》杂志，以为革命力量之滋养"②，"《建设》于1919年8月1日在上海创办，……由孙中山亲自倡导创刊"③，均明确肯认《建设》杂志的创办系出于"国父"孙中山之"命"和由他"亲自倡导"。又如以朱执信为传主的著作称：朱氏"受孙中山委派参与创办《星期评论》《建设》杂志"④；以廖仲恺为传主的著作称："（1919年）6月至8月，根据孙中山的授意，与朱执信、胡汉民等在上海创办《星期评论》和《建设》杂志"⑤，把朱执信、廖仲恺参与《建设》杂志的创办这一事实皆归因于孙中山的"委派"或"授意"，孙山的发起者的身份无可置疑。再如以孙中山为传主或谱主的著作称：1919年8月，"命同志创办《建设》杂志，先生时亦著论于其中"⑥；"命朱执信、廖仲恺等人创办的《建设》月刊出版"⑦；"指派胡汉民等创办的《建设》杂志，在上海出版创刊号"⑧；"1日，派胡汉民等创办的《建设》杂志，是日在上海出版"⑨；等等，诸如"命""指派""派"之类的用语，生动地反映和体现了孙中山作为创办《建设》杂志发起者的身份。此外，张海鹏主编的

---

① 朱秩如：《朱执信革命事迹述略》，见《广东辛亥革命史料》，广州：广东人民出版社，1981年版，第452页。
② 蒋永敬：《民国胡展堂先生汉民年谱》，台北：商务印书馆，1981年版，第239页。
③ 周聿峨、陈红民：《胡汉民评传》，广州：广东人民出版社，1989年版，第121页。
④ 林家有：《朱执信》，北京：团结出版社，2011年版，第105页。
⑤ 尚明轩：《廖仲恺》，北京：团结出版社，2011年版，第197页。
⑥ 贺岳僧：《孙中山年谱》，上海：世界书局，1929年版，第62页。
⑦ 魏宏运：《孙中山年谱》，天津：天津人民出版社，1979年版，第65页。
⑧ 陈锡祺主编：《孙中山年谱长编》（下册），北京：中华书局，1991年版，第1192页。
⑨ 茅家琦：《孙中山评传》，南京：南京大学出版社，2001年版，第967页。

《中国近代通史》第1卷也明确写道：1919年8月1日，"孙中山指派朱执信、廖仲恺等人在上海创办理论刊物《建设》杂志"①，同样把孙中山肯认为创办《建设》杂志的发起者。

（二）办刊宗旨

孙中山不仅提出了创办《建设》杂志这一动议，而且亲自点将，指派了多位党内理论家具体负责这份杂志的撰稿和编辑工作。杂志的创办进入实质性运作阶段之后，在组织稿件的过程中，孙中山应朱执信等人之请，决定把自己所撰《实业计划》拿来连载，而在创刊号即将交付印刷，需要对杂志的目标、宗旨和任务加以明确之际，"中山先生虽著书繁忙，仍亲为《建设》杂志撰写发刊词"②。要知道，作为中华革命党的第一份机关理论刊物，《星期评论》在1919年6月出版创刊号时，其发刊词并非出自孙中山之手而是由沈玄庐撰写，由此亦可见出他对《建设》杂志非同寻常的看重和关注。

孙中山所撰《〈建设〉杂志发刊词》全文如下：

我中华民国，以世界至大之民族，而拥世界至大之富源，曾感受世界最进化之潮流，已举行现代最文明之革命，遂使数千年一脉相传之专制为之推翻，有史以来未有之民国为之成立。然而八年以来，国际地位犹未能与列强并驾，而国内则犹是官僚舞弊、武人专横、政客捣乱、人民流离者，何也？以革命破坏之后而不能建设也。所以不能者，以不知其道也。吾党同志有见于此，故发刊《建设》杂志，以鼓吹建设之思潮，展明建设之原理，冀广传吾党建设之主义，成为国民之常识，使人人知建设为今日之需要，使人人知建设为易行之事功，由是万众一心以赴之，而建设一世界最富强最快乐之国家，为民所有、为民所治、为民所享者，此《建设》杂志之目的也。兹当发刊之始，予乐而为之祝曰：建设成功！中华民国之建设迅速成功！③

---

① 张海鹏主编：《中国近代通史》第1卷，南京：江苏人民出版社，2009年版，第350页。
② 曾祥进：《护法之战（1916.6—1921.9）》，作者自印，1996年版，第210页。
③ 孙文：《〈建设〉杂志发刊词》，《建设》第1卷第1期（1919年8月1日）。按：篇题原作《发刊辞》，以大号字体排在《建设》杂志创刊号的目录与正文之间。为全文统一起见，笔者谨采用《孙中山全集》第5卷和学界惯用的《〈建设〉杂志发刊词》这种表述方式。另外，该发刊词存在相关文集或选本之间的某些文字歧异，鉴于《建设》杂志为全文首发，故以此为准；原文无断句和标点，《孙中山全集》第5卷以及其他文集或选本的断句和标点则又不尽一致且均非完全可取，这里亦在博采众长的基础上参以己意。

这篇发刊词虽然篇幅不大，只有不到300字，但是视野宏大、立意高远，言简意赅、内容丰富，令人回味无穷。

首先，孙中山揭示了当时的社会政治现状。这就是：作为世界上人口最多、地大物博的文明古国，中华民国顺应人类历史发展之大势、融入世界文明进步之潮流，通过"举行现代最文明之革命"即使用非暴力的手段，一举使得在中华大地上实行了数千年的封建专制制度成为了历史的陈迹，有史以来未曾出现过的人民当家做主的国家政权屹立在了世界的东方。然而尽管如此，中华民国成立八年以来，其国际地位仍未得到应有的提高，仍不能与世界列强平起平坐；而环视国内，官僚弄权舞弊、胡作非为，军阀气焰嚣张、专横跋扈，政客兴风作浪、捣乱破坏，人民背井离乡、无家可归。概而言之，一盘散沙、混乱无序便是当时的社会政治现状。

其次，孙中山提出了改变现状之策。在孙中山看来，之所以会造成这样一种社会政治现状，根本原因就在于实现了革命的成功、完成了对旧制度的破坏之后，未能把工作的重心转移到国家的建设上来，即所谓"革命破坏之后而不能建设也"，因而要想使局面得到根本性扭转，就必须把建设当作头等大事来抓，通过建设把伴随着"革命破坏"而出现的问题逐步加以解决。这里已经逻辑地得出了建设为治本之策的观点和主张。

复次，孙中山明确了中华民国的建设目标。作为"起共和而终两千年封建帝制"的中国资产阶级民主革命的伟大先行者，作为中华民国和中国国民党的缔造者，孙中山对国家建设方方面面的重大任务和具体内容进行了较为全面系统而深入的思考，1917至1919年间陆续完成的《民权初步》（即《社会建设》）、《心理建设》（即《孙文学说》）和《实业计划》（即《物质建设》）等重要论著，分别反映了他对国家社会政治、思想文化和物质生产力建设和发展的基本观点和看法，是其着眼当下、聚焦建设，殚精竭虑而创造的思维结晶。至于中华民国的建设目标，孙中山在《〈建设〉杂志发刊词》中也作了明确的阐述，这就是："建设一世界最富强最快乐之国家，为民所有、为民所治、为民所享"。这里，"世界"是孙中山所选取和确立的坐标系，体现了他放眼天下的眼光和视野；"最富强最快乐之国家"和"为民所有，为民所治，为民所享"是目标本身，前者偏重于社会物质财富和民众精神生活状况，两个"最"的表述清晰地传达出了孙中山对于中华民国在世界强国之林中的目标定位，后者则偏重于国家政治制度，三个"为"的表述赋予了人民对于国家的所有权、治理权和享有权，肯认了人民的主体和主人的地位。

最后，孙中山阐明了《建设》杂志的办刊宗旨。建设"为民所有、为民所治、为民所享"的"世界最富强最快乐之国家"，不可能一蹴而就，需要全党上下、全国人民共同努力、久久为功，而要建设这样的一个国家，绝大多数人尚且懵懵懂懂、"不知其道"，怎么办呢？孙中山并不自我标榜，而是谦称"吾党同志有见于此"，故而作出了创办《建设》杂志的决定。随后，孙中山便用简明扼要的语言，阐明了《建设》杂志的办刊宗旨："鼓吹建设之思潮，展明建设之原理，冀广传吾党建设之主义，成为国民之常识，使人人知建设为今日之需要，使人人知建设为易行之事功。"就是说，创办《建设》杂志的目标、宗旨和任务就在于，通过不遗余力地进行以建设为内容主题的知识传播和通过对建设之基本原理的阐发说明，求得中华革命党关于建设的基本思想和理论的家喻户晓，从而在潜移默化中使之成为全体国民的常识性认知，并懂得建设不仅是今天的现实需要，而且是不难完成的功业。由此可见，宣传动员人民，使他们明确目标、树立信心、凝聚力量、共同奋斗，是孙中山创办《建设》杂志的出发点和落脚点。

（三）办刊理念

《建设》虽然是中华革命党及改组后的中国国民党的机关理论刊物，虽然是重在开启民智、革易人心，但是它并不极力去为三民主义作论证，也未曾刻意去作装腔作势的吹捧和宣扬，不仅如此，它更是以开放的姿态，为社会上方方面面的人士提供发表各自思想观点的版面，故而在《建设》杂志发表文章的作者，固然有为数较多的中华革命党和国民党人，同时也有李大钊、李汉俊等中国早期马克思主义者和胡适等具有自由主义思想倾向的人，以及易白沙等激进知识分子、孔祥柯等社会活动家、任鸿隽等大学教授、许贯三等青年学生，在一定意义上可以说，《建设》是国民党的重要党刊，同时也是整个知识界乃至全社会的理论阵地，"是知识分子一个共同公开讨论的园地"[①]。《建设》杂志的这样一种开放风格和特征，不是歪打正着、种瓜得豆的结果，而是

---

① 吕芳上：《革命之再起——中国国民党改组前对新思潮的回应（1914—1924）》，台北："中央研究院"近代史研究所，1989年版，第66页。

与该刊的办刊理念直接相关的,即是说,其办刊理念是因,办刊特点是果,由于提供了开放包容的环境和土壤,方开出了异彩纷呈的花朵,结出了形形色色的果实。

对于《建设》杂志的办刊理念,《建设社章程》有具体、明确的阐述,其第一条云:"本社以从精神上物质上谋国家及社会之建设及革新为目的,经营译著出版事业。"这一条阐明了创办《建设》杂志的目的在于谋求国家和社会的物质与精神的建设发展和改革创新,可以说是对孙中山在《〈建设〉杂志发刊词》中所说"建设一世界最富强最快乐之国家"这一目标的进一步肯认和落实。其第二条云:"本社由现社员照后开人名分担筹集社费,以后有赞成本社乐与捐助者一律欢迎。"这一条明确了《建设》杂志的经费来源,主要是由该章程最后一条所列5位社员即胡汉民、汪精卫、戴季陶、廖仲恺、朱执信分别负责出资和筹集,同时欢迎并接受赞成建设社的社会各界人士的自愿捐助。正因为作为社员必须履行"分担筹集社费"之义务,并且章程第六条还作出了"杂志行销所有赢余,即移以办理其他出版事业,以传播建设革新之理论计划"的规定,故而其第三条强调:"本社非得全社员赞同,不能承认新社员,但社员有退社之自由";第四条则要求"社员提供撰述并请当代学者寄稿,由编辑主任汇编交发行主任印行"[1]。这其实对社员的责任意识和奉献精神提出了更进一步的要求。曾有读者看到《建设社章程》后,批评道:"阅孙先生的《发判(刊)词》,狠(很)堂皇,狠(很)正大,分明是一个大大的范围,后面载的《建设社章程》,却是狭隘得狠(很)","对于现在时局,毫无只字谈及",不啻是一份"滑头杂志";另有读者根据多位社员都是粤籍之后,凭借丰富的联想而给《建设》杂志扣上了一顶"广府杂志"的帽子[2]。听到这些批评乃至嘲讽的声音后,《建设》杂志不仅在"通讯"栏把信函中的相应内容刊登出来,而且由朱执信执笔作了正面的回应。朱执信在对"这位——或者不止一位——讥诮我们的先生"表示了感谢之后,先是针对"滑头杂志"的批评进行解释,指出:"滑头借不论时局来掩藏他的滑头,是有的。不过我们所论的还是时局,是时局所以有今日之缘故,是把这不满意的时局,变做满意的

---

[1] 《建设社章程》,《建设》第1卷第1期(1919年8月1日)。
[2] 居正:《致朱执信》,《建设》第1卷第2期(1919年9月1日)。

将来时局之方法，都是现在拿着政权的人不爱听的话，不过不是替这派人攻那派人，所以觉得狠（很）不动火气的样子。"他进而对社会上那种盛气凌人、不可一世的学阀做派表示了不满，其云："现在有一种言论范式，要把世界上所有的人类，都攻击完了，就剩了他自己，这不是叫人相信他的主张，只是叫人疑心他的攻击靠不住。我们觉得太无聊了，不愿意学他，大概学了他，吾兄也许骂我们无聊的。"真挚恳切的言辞娓娓道来，却把那种平等、包容的心胸和气度彰显了出来。随后，朱执信又针对"广府杂志"的嘲讽作出说明。他先是坦陈了5名社员的里籍，以此证明彼此"不是拿地方来结合的"，接着表明社员数量并非以5名为限，"社员不在乎多，有了志同道合的人，五个人都同意自然请他进社，如果有一个人不愿他进社的，用多数决（定）来承认了他做社员，将来不是两个社员就会冲突了么"。朱执信在此还明确指出："社员本来只有义务，没有什么特别权利，至于发表意见，凡是合了本志宗旨的，我们是欢迎投稿，并且分请学者寄稿，都登了在杂志上面，不见得多认几个社员就是大大的范围，少请了几位入社，就算狭隘。"他郑重表示："宗旨，我们不会变的；恭维人，我们是不来的；排斥人，尤其是不会的。……看我们的杂志，是不是公道，是不是诚实，如果不是专替一部分人说话，就算刚刚是社员全体都是广府人，那有什么要紧，……何况不是广府杂志。"①其中，"凡是合了本志宗旨的，我们是欢迎投稿，并且分请学者寄稿，都登了在杂志上面"的明示、"不是专替一部分人说话"的表态和"恭维人，我们是不来的；排斥人，尤其是不会的"的声言，以及"不愿意用党的界限来画住自己在圈里"、就像不排斥孙先生一样不排斥"其他当代名人党中旧友"文章的话语，均透显出《建设》杂志开放办刊、大度包容的理念和姿态。

无论是《建设社章程》表示的"请当代学者寄稿"还是《建设》杂志醒目位置刊登的"欢迎投稿"启事和"本志为公开讨论机关，勿视为一家"的提示，都昭示了该刊的开放性和包容性。如果说这些都不过是纸面上的文字，未必完全可信，那么我们通过该刊与当时学名卓著之胡适先生的频繁互动，便可确证此言不虚了。还在《建设》创刊号筹备之初，确切地说，1919年7月2日，戴季陶就曾写信给胡适，告诉说"现在（胡）展堂、朱执信、廖仲恺和我，办

---

① 朱执信：《复居正函》，《建设》第1卷第2期（1919年9月1日）。

了一个月刊，题名《建设》，定八月一号出版"，随后便诚恳地表明了约稿之意——"大家极盼望先生和大学的各位同志，给我们寄些有价值的著作。每月收稿截止期大约是十五"①。时隔整整一个月，廖仲恺又修书给胡适，先是告知《建设》创刊号已出版，"封寄先生一本"，接着提出了"有空的时候，很希望赏光寄篇大文"的请求②。1919年10月20日，当廖仲恺见到胡适在《星期评论》上发表的《谈新诗》这篇长文后，又忍不住提笔给他写了封信，内称："前月林云陔君由北京回来，对我们说，先生答应定规有篇文章，寄给我们《建设》杂志。我们听这话，实在了不得的高兴。后在《星期评论》的国庆纪念号上，见先生整万字的文章，更相信先生肯替《星期评论》增怎（这）么大的光采，断不会让《建设》杂志辜负这两个月来的希望，而使季陶受我们的妒忌的。若是有了稿子，请先生赶紧寄来，否则也请先生有工夫的时候，回我几个字，说甚么时候可有稿子，我们立刻就登预告。"③请求赐稿心情之迫切，跃然纸上。此后，胡适与廖仲恺、胡汉民、朱执信有多番书信往来，并各就井田制度有无问题展开讨论。这些书信被原样发表在了《建设》杂志第2卷第1期上，其中还包括廖仲恺1919年12月19日写给胡适的又一封约稿信。由上可知，《建设》杂志的同人向胡适专函约稿，在该刊创办最初的半年间几乎是每月一次。盛情之下，胡适终于成为《建设》的作者，并将几篇关于井田制度的书信交由《建设》刊载。不仅如此，胡适还曾热心为《建设》推荐稿件，季融五探讨井田制度的文章便是经他之手交由该刊发表出来的。组约名家稿件，不弃新秀之作，《建设》就是以这样的实际行动生动诠释了它开放包容的办刊理念。

（四）从创办到停刊

前已述及，《建设》杂志的创办动议于1919年6月。此时，《星期评论》刚刚创办并推出创刊号。在《星期评论》的出版走上正轨之后不久，创办《建设》杂志即被提上议事日程。"孙中山指定胡汉民、汪精卫、戴季陶、朱执

---

① 中国社会科学院近代史研究所中华民国史研究室：《胡适来往书信选》（上册），北京：社会科学文献出版社，2013年版，第44页。

② 中国社会科学院近代史研究所中华民国史研究室：《胡适来往书信选》（上册），北京：社会科学文献出版社，2013年版，第48页。

③ 中国社会科学院近代史研究所中华民国史研究室：《胡适来往书信选》（上册），北京：社会科学文献出版社，2013年版，第53页。

信、廖仲恺五人组成建设社编辑出版"①，他本人"还生平第一次挂名担任《建设》杂志社的社长"②。不过，关于刊物的名称，胡汉民"原欲命名'改造'，国父不以为然，乃谓：'建设为革命之唯一目的，如不存心建设，即不必有破坏，更不必言革命。'遂定名为'建设'"③。孙中山亲自为这份杂志确定名称，亲自担任杂志社的社长，并且同意把自己用英文撰写的"最近著作"——《实业计划》④译为中文交由《建设》杂志连载，这是其他任何一种报刊都不曾得到的待遇，由此亦可见孙中山对《建设》杂志是何等的重视和关注。

1919年8月1日，《建设》杂志创刊号即第1卷第1期正式推出。该期杂志共设"论说""记事""通讯"三个栏目（其后各期间有"杂录"专栏），其中，"论说"栏目篇幅最大、分量最重，占了创刊号全部208个版面中的172个，此外还有几个版面的书刊广告，依次为第24页上的《星期评论》杂志广告、第36页上的《少年中国》杂志介绍以及该刊第1—4期要目、第102页上的《建设》杂志第1卷第3期和第4期目录、第134页上的《新青年》杂志第6卷第5期要目和《时事新报》广告、第150页上的北京大学《新潮》杂志第1卷第1期篇目介绍、第178页上的亚东图书馆出版发行的胡适翻译《短篇小说》第1集书讯，以及第208页上的北京大学《新潮》杂志第1卷第1—5期的第3版订购预告。

《建设》杂志为月刊，每月的首日出版一期，每期一般为200多页。该刊"原定全年十二册为一卷，后因图订装便利起见，改为半年六册一卷"⑤，故第1卷为总第1—6期，第2卷为总第7—12期。1920年7月1日，《建设》杂志在出版了第12期、同时出满了两卷之后暂停出刊，4个月过后，也就是到了当年

---

① 《孙中山全集》第5卷，北京：中华书局，1985年版，第89页。
② 许焕隆：《中国现代新闻史简编》，郑州：河南人民出版社，1988年版，第230—231页。
③ 胡汉民：《革命理论与革命工作》（下册），上海：民治书局，1932年版，第967页。
④ 按：在《建设》杂志创刊号上本作《建国方略之一——发展实业计划》，后来孙中山的相关文集和选本大都名之曰《实业计划》。为统一起见，本书径称之为《实业计划》。
⑤ 汪原放：《回忆亚东图书馆》，上海：学林出版社，1983年版，第41页。

的12月1日方又恢复出刊①，不过只是出版了一期即第3卷第1期便告终止。统算起来，《建设》从创办到停刊，总共出版了13期②。

《建设》的停刊来得非常突然，因为就在1920年12月1日出版的最后一期杂志上，还以建设社的名义刊登了"欢迎投稿"的"同人谨白"和"本志照常出版。本志自二卷六号起，发行上一切事宜，完全委托上海亚东图书馆经理。凡各处定报派报者，请与亚东图书馆接洽"的"特别启事"。至于《建设》停刊的直接原因，据悉是由于当年8月盘踞广州的桂系军阀陆荣廷与驻扎闽南的陈炯明粤军为争夺广东地盘而爆发了粤桂战争，粤军因得到广东各地民众的支持而所向披靡，大获全胜，他们恳请孙中山回到广州主持军政府，于是孙中山不得不启程回粤，并于11月25日抵达广州，组织军政府，发起第二次护法运动。孙中山离开了上海，他身边的国民党要员也"大都离沪赴粤从事实际革命工作"③。建设社全员离去，《建设》杂志遂告停刊。

《建设》在办刊过程中，一向重视知识普及和思想启蒙，务求"从精神上、物质上谋国家及社会之革新"，因而提请学者"本其研究所得，就于思想上、制度上应行改革之点，指出受病原因，提出救济方法"，并表示"所有此项投稿，至为欢迎"；同时，该刊还明言"本志为公开讨论机关，勿视为一家"④，表明了开放办刊、鼓励真正的学术争鸣的立场和态度。为便于读者阅

---

① 按：有学者指出："该杂志共发行两卷又一期（一九一九至一九二〇年）"（《孙中山全集》第5卷，北京：中华书局，1985年版，第89页），太过笼统；另有学者认为："《建设》杂志……于1919年8月创刊，至1920年10月终刊"（胡为雄：《马克思主义哲学在中国传播与发展的百年历史》上册，南昌：百花洲文艺出版社，2015年版，第131页），等等，有失准确。

② 关于《建设》杂志的总出版期数，另有24期之说。据汪原放回忆，亚东图书馆创始人汪孟邹在回顾亚东图书馆的发展历史时曾说："'五四'来了，我们由朱执信介绍，替孙中山印过《孙文学说》，发行过《建设》杂志（一至二十四期）。"见汪原放：《回忆亚东图书馆》，上海：学林出版社，1983年版，第40页。张静庐也持此说，称："《建设》杂志月刊，……先后刊行两年共二十四期。"见张静庐：《中国现代出版史料·甲编》，北京：中华书局，1954年版，第24页。当代学人也有人以讹传讹，写道："《建设》杂志于1919年8月1号出版，……在出版至第二卷第六期后，中间停刊数月；1920年12月《建设》发行了第三卷第一号，随后停刊。《建设》杂志先后历时两年刊行共二十四期。"见苗清俊：《〈建设〉杂志的主义宣传与新潮因应》，中山大学硕士论文，2009年，第5页。事实上，《建设》从1919年8月1日创办到1920年12月1日出版最后一期，只有不到一年半的时间，而且其间还曾暂停出刊3个月。

③ 黄华：《语言革命的社会指向——对中国近代史的一种传播学考察》，桂林：广西师范大学出版社，2016年版，第249页。

④ 《欢迎投稿》，《建设》第3卷第1期（1920年12月1日）。

读，《建设》杂志积极采用新式标点，并在声言各随其便的基础上提倡作者使用白话文。这一切，都给杂志造成了很好的社会影响。在当时学名卓著的胡适称赞它是"能做研究文章的好杂志"，时任《新潮》杂志主编的傅斯年亦肯定其为"在现在出版物中能仔细研究一个问题，而按部就班的解决他，不落在随便发议论的一种毛病里"的唯一刊物①。正是缘于这种以读者为中心的办刊理念和思路，《建设》面世不久即大受欢迎，成为热销刊物，"海内外都很流行"②。至于具体的销量和经营状况，有学者给出的答案是："发行数量由最初的三千份逐渐上升到一万三千份，出版费用从需要党人资助到盈余。无论是在发行数量方面，还是在出版经费自给方面，可以说《建设》杂志创下了革命党经营定期刊物的新纪录。"③

三、《建设》的运作团队

作为中华革命党（1919年10月10日改组为中国国民党）的机关理论刊物，《建设》杂志还在筹办期间就组建了实力强大的运作团队，并且随着该刊编辑、发行工作的进一步发展，团队的力量不断得到有针对性的充实和增强。《建设》杂志之所以很快就能够站稳脚跟、在社会上特别是知识阶层中迅速造成较大影响并赢得了广大士庶的肯定和称赞，是与这个团队各位成员的辛勤付出分不开的。

（一）团队之首——社长

《建设》杂志的编辑出版发行机构是《建设》杂志社，通称"建设社"。该社社址位于上海法租界环龙路46号，与孙中山在莫里爱路的住所相去不远。建设社主要由社长、社员等成员组成。

孙中山"自任《建设》杂志社的社长"④。有学者认为孙中山对于建设社和《建设》杂志的事务基本上都是不闻不问，他的社长职务只是"平生第一次挂名"而非实际担任⑤。诚然，作为一党领袖，孙中山不会也不可能把太多的

---

① 引自林家有、张金超：《文武兼备的革命家：朱执信》，广州：广东人民出版社，2008年版，第113页。
② 张珊：《辛亥安徽人物传系列：群英传》，合肥：安徽大学出版社，2012年版，第323页。
③ 张顺昌：《朱执信社会政治思想研究》，贵阳：贵州人民出版社，2005年版，第100—101页。
④ 唐德刚等：《我们的朋友胡适之》，长沙：岳麓书社，2015年版，第257页。
⑤ 许焕隆：《中国现代新闻史简编》，郑州：河南人民出版社，1988年版，第230—231页。

精力用于处理作为本党多种报刊之一的《建设》杂志的具体事务性工作中，但这并不意味着他"徒具虚名"。事实上，在《建设》杂志从动议、筹备到创办、运营的整个过程中，孙中山都发挥了举足轻重的作用，作出了独特的贡献。他不仅是创办《建设》杂志的发起者，而且是该刊的命名者；不仅是《建设》杂志工作团队——建设社的领导者，而且是该刊办刊宗旨的阐明者。除此而外，孙中山还为《建设》杂志想方设法筹措办刊经费、源源不断提供稿件支持、不失时机向党内外和国内外人士推介，且在确定该刊的出版厂商、指导载文的体裁取舍和加强与其他刊物的交流合作等方面做了大量卓有成效的工作。可以说，对于《建设》杂志，"孙中山"始终是一个熠熠闪光的标志性符号。关于孙中山在《建设》杂志筹办过程中所作出的贡献以及其对《建设》杂志办刊宗旨所进行的阐发，前面已作了比较具体的考察和分析，这里拟着重就孙中山在其他几个重要方面对《建设》杂志的关注和运作加以论析，以确证他作为建设社社长并非"徒具虚名"而是名副其实。

首先，孙中山是《建设》杂志的命名者。孙中山不仅是创办《建设》杂志的提议者和发起者，而且还是这份杂志的命名者。有学者指出，作为"五四时期革命党的代表性刊物"，《建设》杂志和《星期评论》"都是在中山先生指导下恢宏革命理论、反应（映）党人思潮的园地"，当然它们也各有侧重，《星期评论》"是立刻反应（映）党人时局主张的周刊"，《建设》杂志"则是倾向于提出长远建设国家计划的理论性月刊"[1]。这个观点应当说是客观准确的。孙中山在吩咐戴季陶等创办《星期评论》之后不久即授意胡汉民等再创办一种杂志，这肯定不是他一时的心血来潮，而必然是经过了深思熟虑。马君武曾于民国十七年（1928）3月21日在《广州民国日报》发表了一篇演讲稿，其中有言："孙总理在时，常对兄弟说，我们本党人才能破坏，少能建设，所以在民国六年以后，孙总理就勉励大家，此后须努力于建设方面"[2]。就据此可知，最迟从民国六年即1917年开始，孙中山就已把政治思维的着力点，从"破坏"转向了"建设"。

1919年五四运动的爆发，为孙中山把创办《建设》杂志的打算付诸实施

---

[1] 吕芳上：《革命之再起——中国国民党改组前对新思潮的回应（1914—1924）》，台北："中央研究院"近代史研究所，1989年版，第60—61页。

[2] 引自李高南、黄牡丽：《马君武教育文集》，桂林：广西师范大学出版社，2016年版，第23页。

提供了难得的契机。据时人回忆："孙先生为迅速把握这一新文化运动，于五四运动发生后，立即嘱党先创刊《星期评论》及《建设》杂志，孙且自任《建设》杂志社社长。"①也有学者指出："（1919年）6月8日，戴季陶、沈玄庐、孙棣三等国民党人创办了《星期评论》周刊，同时，孙中山又委派朱执信、廖仲恺、胡汉民等国民党要人开始筹办《建设》杂志，创刊号于8月1日问世。"②这些都表明，孙中山安排党内要人筹办《建设》杂志，与《星期评论》的最初编辑出版几乎是同一时间的事情。1919年6月15日出版的《星期评论》第2号所载《〈建设〉告白》和6月22日出版的《星期评论》第3号所载戴季陶《访孙先生的谈话》，恰好可以证明我们的这一推断。前者称："《建设》这个月刊在今天出现，正是应运而生的。"③后者写道：6月中旬的一天，吃罢早饭坐在书斋里读书的戴季陶，由于"头脑被霉雨时令的低气压压得慌"，便"信步走了出去"，"走到了中山先生的寓所"。埋头著书的孙中山抬头看到了他，询问道："你这几天研究甚么东西？"戴季陶在讲了编辑《星期评论》的事情后，回答说："一天总要写一点文章。而且《建设》月刊的出版也近了，我已经担任了的著作和翻译都要准备起来。"④可见，至迟不过6月中旬，《建设》这一刊名便已确定下来。

关于杂志的名称，受命主持筹办事宜的胡汉民等人主张叫"改造"，孙中山听罢，毫不迟疑地表达了自己的不同意见，他说："建设为革命之唯一目的，如不存心建设，即不必有破坏，更不必言革命。"遂决定名之曰"建设"。正是由于孙中山的力排众议，这份尚处于筹备之中的月刊方得"定名为《建设》"⑤。相应的记述出自当事者之一的胡汉民的演讲而非道听途说，其可信度显然非常之高。蒋永敬在《民国胡展堂先生汉民年谱》中也对此作了

---

① 吴相湘：《中山先生敬重胡适教授》，见唐德刚等：《我们的朋友胡适之》，长沙：岳麓书社，2015年版，第257页。
② 刘永明：《国民党人与五四运动》，北京：中国社会科学出版社，1990年版，第292页。
③ 《〈建设〉告白》，《星期评论》第1卷第2期（1919年6月15日）。按：吕芳上所著《革命之再起——中国国民党改组前对新思潮的回应（1914—1924）》一书第62页，将该篇文字的出处标作"星期评论，号1（民国8年6月8日刊出）"，显系讹误。
④ 唐文权、桑兵：《戴季陶集》，武汉：华中师范大学出版社，1990年版，第890页。
⑤ 胡汉民：《今后的革命军人》，见胡汉民：《革命理论与革命工作》第5辑，上海：民智书局，1932年版，第967页。按：该文系胡汉民1928年11月26日对中央军校学生所作演讲的讲词。

一五一十的客观记录。

时隔半个多世纪,李云汉在论及孙中山对于《建设》杂志的命名之功时称:"杂志之名为'建设',是具有积极性之启发意义的。五四以后,各种杂志如雨后春笋,率多以破坏社会秩序为立论的基点,《建设》杂志则主张于'大破坏'后必须继之以'大建设',才有意义,才有进步。"①这番话,无疑是对孙中山命名《建设》杂志之时代背景和思想动机的一种深刻而准确的解读。

其次,孙中山是建设社组成人员的指定者。《建设》杂志的编辑出版机构是建设社。建设社主要由社长和社员组成,孙中山当仁不让,"自任《建设》杂志社的社长"②,同时指定了胡汉民、汪精卫、戴季陶、廖仲恺、朱执信等5人为社员。对此,罗家伦主编的《国父年谱》明确记载:"先生指定胡汉民、汪兆铭、戴传贤、廖仲恺、朱执信等五人组织'建设社',创办《建设》杂志"③。其中,"先生"是对孙中山的尊称,汪兆铭即汪精卫("精卫"系笔名),戴传贤即戴季陶("传贤"为改用名,"季陶"系其字)。吕芳上的相关著作亦称:"中山先生命胡汉民、汪精卫、戴季陶、廖仲恺、朱执信组织'建设社'"④。蒋永敬所编胡汉民年谱则作如下表述:"国父乃命展堂与戴传贤、廖仲恺、朱执信等在沪创办《建设》杂志,以为革命力量之滋养。"⑤显而易见,在建设社的社员组成上,孙中山未再像稍前《星期评论》创办时那样持一种超然的态度,而是亲自点将和"组阁",这无疑反映了他对《建设》杂志的异乎寻常的高度重视和期许。

然而,稍加对比便不难发现,上述文献关于建设社社员的记述并不完全一致,而最大的差异就在于蒋永敬的表述中未具汪精卫的名字。检诸《建设社章程》,其第8条云:"本社现社员如左:胡汉民、汪精卫、戴季陶、廖仲

---

① 李云汉:《中国近代史》,台北:三民书局,1985年版,第361页。
② 吴相湘:《中山先生敬重胡适教授》,见唐德刚等:《我们的朋友胡适之》,长沙:岳麓书社,2015年版,第257页。
③ 罗家伦主编:《国父年谱》(下册),台北:中国国民党中央党史史料编纂委员会,1965年版,第707页。
④ 吕芳上:《革命之再起——中国国民党改组前对新思潮的回应(1914—1924)》,台北:"中央研究院"近代史研究所,1989年版,第61页。
⑤ 蒋永敬:《民国胡展堂先生汉民年谱》,台北:商务印书馆,1981年版,第239页。

恺、朱执信。"①由此可见，汪氏被孙中山指定为建设社社员无可置疑，蒋永敬的表述显系出现了缺略。不过，这种缺略并非无心之失，而是蒋永敬的有意为之——他对此曾作了专门解释，其云："国父与胡汉民、汪兆铭、戴传贤、廖仲恺、朱执信五人组织'建设社'。时汪不在上海。"②据此可知，蒋永敬之所以要把汪精卫的名字略去，乃是因为当时汪氏"不在上海"，未曾真正承担建设社的具体工作。戴季陶曾于1919年7月2日写信给胡适，内称"现在展堂、朱执信、廖仲恺和我，办了一个月刊，题名《建设》，定八月一号出版，也可以说就是我的《新生命》月刊的继续"③，亦未提及汪精卫的名字，可证蒋永敬所言不误。尽管如此，蒋永敬把汪精卫从建设社社员的名单中直接予以剔除，终归有失严谨。

孙中山指定的建设社5名社员，个个都是中华革命党及改组后的国民党的理论骨干，因此有学者强调指出，《建设》杂志"汇集了当时的实力派笔杆子"④。有孙中山亲任社长，再有胡汉民、戴季陶、廖仲恺、朱执信等"实力派笔杆子"分工协作、共襄盛举，《建设》杂志面世之后迅速产生影响、打开局面，也便顺理成章了。

再次，孙中山为《建设》杂志提供了源源不断的稿件支持和选稿用稿指导。民国时期，伴随着经济的发展、社会的进步、文化的昌明和思想的解放，办报办刊蔚成风气，大量报刊如雨后春笋一般涌现出来，彼此之间的竞争因之也异常激烈。任何一种报刊要想在激烈的竞争中脱颖而出，就必须找准定位、形成特色，同时不断推出既具有创新性、又具有可读性的优质文章。《建设》杂志的各位成员早已认识到了这一点，还在筹办阶段，他们就开始积极地联系学界名流，诚恳地组约稿件。比如，在《建设》创刊之前的7月2日，戴季陶即写信给胡适，于告知了"（胡）展堂、朱执信、廖仲恺和我，办了一个月刊，题名《建设》，定八月一号出版"的信息后，诚恳地表明了约稿之意——"大

---

① 《建设社章程》，《建设》第1卷第1期（1919年8月1日）。
② 蒋永敬：《民国胡展堂先生汉民年谱》，台北：商务印书馆，1981年版，第239页。
③ 中国社会科学院近代史研究所中华民国史研究室：《胡适来往书信选》（上册），北京：社会科学文献出版社，2013年版，第44页。
④ ［日］武上真理子：《全球史中的〈实业计划〉——孙中山的中国经济发展计划与工程学》，宋玉梅译，上海中山学社：《近代中国》第24辑，上海：上海社会科学院出版社，2015年版，第91页。

家极盼望先生和大学的各位同志，给我们寄些有价值的著作。每月收稿截止期大约是十五"①；7月11日和19日，廖仲恺也接连给胡适写了两封信，先是询问："《建设》杂志八月一日可出世，第二期能赐宏文否？"后又告知"《建设》第二期八月十日截稿"，表示"企候鸿文"②。8月2日，廖仲恺第三次写信给胡适，请其注意查收"封寄先生"的《建设》创刊号，恳请"有空的时候，很希望赏光寄篇大文"③。是月，刚刚从国外归来加入《建设》编辑团队的林云陔更是曾当面去向胡适约稿。

孙中山深知《建设》创办之始求得优质稿件的难度之大，同时也出于对"鼓吹建设之思潮，展明建设之原理"办刊宗旨的阐扬和建设"世界最富强最快乐"之国家的使命感，决定把自己用英文撰写的"最近著作"——《发展实业计划》④交由建设社组织力量译为中文，并拿到《建设》杂志上连载。这是其他任何一种报刊都不曾得到的待遇，由此亦可见孙中山对《建设》杂志是何等的厚爱和支持！《建设》从创刊号到最后一期，该连载文章期期打头且从未中断，创造了民国时期报刊载文的历史纪录，在世界报刊史上恐怕也是绝无仅有的。除了《发展实业计划》之外，孙中山还在《建设》第2卷第1期发表了《地方自治开始实行法》一文，再加上创刊号刊载的那篇《〈建设〉杂志发刊词》，孙中山在《建设》杂志发表的文章计有15篇。据本人统计，孙中山的这15篇文章，就数量而言仅次于朱执信的46篇、胡汉民的21篇、林云陔的19篇和戴季陶的16篇而位居全部49位作者的第5位⑤。须知，位居前四的朱执信、胡汉民、林云陔、戴季陶都是《建设》杂志的骨干编辑和"撰述"亦即写手，孙中山作为建设社社长，能够源源不断地为《建设》杂志提供稿件，这对《建设》杂志来说，无疑是莫大的支持和厚爱。曾有自称"看《建设》杂志的人"

---

① 中国社会科学院近代史研究所中华民国史研究室：《胡适来往书信选》（上册），北京：社会科学文献出版社，2013年版，第44页。
② 中国社会科学院近代史研究所中华民国史研究室：《胡适来往书信选》（上册），北京：社会科学文献出版社，2013年版，第45—46页。
③ 中国社会科学院近代史研究所中华民国史研究室：《胡适来往书信选》（上册），北京：社会科学文献出版社，2013年版，第46页。
④ 按：《建设》杂志各期连载的孙中山《发展实业计划》，后来收录进孙中山的相关文集和选本时大都名之曰《实业计划》。
⑤ 按：本书所依据的《建设》载文统计标准，与吕芳上等人有所不同，详见后文。

写信给朱执信,表示"对于孙中山先生的言论思想尤为注意"①,可见,孙中山的文章对于提升和扩大《建设》杂志在社会上的影响,发挥了不可替代的重要作用。

孙中山不仅以自己的文章充实着《建设》杂志的版面和内容,而且对它的选稿用稿也有自己的深刻思考和明确主张,并指导办刊人员及时纠正偏差、做好取舍。杨玉清曾在一篇文章中写道:1942年6月5日下午,受命主办《三民主义半月刊》的他被陈布雷介绍去向戴季陶"请示办刊物的方针",戴季陶口若悬河地讲了很多,其中有这么一条,就是"少登或者不登文艺作品"。杨玉清不明就里,戴季陶便举了当年编辑《建设》杂志时的一个事例来作解释和说明,其云:

> 过去办《建设》杂志时,孙中山先生为社长,胡汉民、廖仲恺、朱执信和我为编辑。有一次,曾登载过朱执信一篇小说,孙先生大不以为然;后来又登了一篇,孙先生即大发脾气,并说,以后绝不许登小说。过了很久,问孙先生不许登小说的理由,先生说,"行有余力,则以学文"。当时既无余力,而所载的小说,又不足以称文,所以还是不登为好。②

以本人之见,真正的原因恐怕是,在孙中山看来,小说只是人们茶余饭后用来自娱的东西,而《建设》杂志刊载的文章应服务于"广传吾党建设之主义,成为国民之常识"这一根本目标和任务,彼此风马牛不相及,如果让小说充斥于版面,势必会冲淡"建设"这一主题,同时使刊物的性质和品格发生改变。孙中山"绝不许登小说"的要求所反映出的他对《建设》杂志选稿用稿的具体指导,也雄辩地证明了孙中山的建设社社长绝非"挂名"。

最后,孙中山想方设法为《建设》杂志解决各种困难和问题。俗语云:巧妇难为无米之炊。《建设》创刊之初,遇到的第一个困难便是办刊经费严重不足。经费不足,且不说支付作者的稿费和出版者的印刷发行费用,就是维持建设社的正常运转都将无法做到。当此之时,孙中山一方面要求建设社成员"分担筹集社费"和接受"赞成本社"之社会人士的捐助③,另一方面则亲自

---

① 许贯三:《致朱执信函》,《建设》第2卷第2期(1920年3月1日)。
② 杨玉清:《蒋介石的密友与谋士戴季陶》,见《杨玉清文史著述选》,北京:中国文史出版社,1990年版,第76页。
③ 《建设社章程》,《建设》第1卷第1期(1919年8月1日)。

出马，争取各方的慷慨解囊。据记载，孙中山当时曾向表示"竭诚拥护"自己、拥兵盘踞闽西南的陈炯明开口，请他对《建设》杂志提供资助，而陈炯明不但答应了孙中山之请，"资助孙文等创办《建设》杂志"①，而且还主动对孙中山等人按月寄送津贴。当年在陈炯明身边工作的莫纪彭曾回忆称：陈炯明令马育航等筹助孙文、廖仲恺、胡汉民等在沪创办《建设》杂志，并对他们有所津贴，津贴数为孙文每月一千元，胡汉民、廖仲恺、戴季陶等则从五百元到三百元不等②。正是得益于孙中山的不懈努力，海内外的捐款源源不断地汇到了建设社，正如朱执信在一封信中所说："所有社款，都是……向党外的人……筹来的"③。《建设》办刊经费短缺的状况得到了根本性扭转，这从朱执信前往亚东图书馆"接洽《建设》的印刷、发行"事宜时主动表示钱可以由"他们拿出来"而"不要垫款"这一事实中可以得到印证④。有学者指出："出版费用从需要党人资助到盈余"，"在出版经费自给方面，可以说《建设》杂志创下了革命党经营定期刊物的新纪录"⑤。

编印期刊，需要充足的经费和稿件，同时也需要联系和落实出版厂商。孙中山不做甩手掌柜，亲自出面办理。或许是基于对《建设》杂志未来发展的莫大期望和坚定信心，他把地处上海的顶级出版厂商视为了合作的首选目标，亲自去"同那些大出版家商量代为印刷和发行"。但是，令他倍感失望的是，"那些大出版家不免畏首畏尾"，"每家都拒绝了"。无奈之下，孙中山只好降格以求，把规模小一些的亚东图书馆选为了合作对象，并指派朱执信前去洽谈。"朱执信先生来同我们商量，我们答应下来"⑥。这才有了《建设》杂志与亚东图书馆合作共赢的一段佳话。可见，在《建设》杂志的出版印刷问题上，孙中山也是费心劳神，付出了不少的心血和汗水，至于《建设》杂志与亚东图书馆这段合作佳话的达成，孙中山的事前安排和当机决断自然是极为关键的。

---

① 段云章、沈晓敏：《孙文与陈炯明史事编年》，广州：广东人民出版社，2012年版，第253页。
② 王聿均：《莫纪彭先生访问纪录》，台北："中央研究院"近代史研究所，1997年版，第22页。
③ 朱执信：《复居正函》，《建设》第1卷第2期（1919年9月1日）。
④ 汪原放：《回忆亚东图书馆》，上海：学林出版社，1983年版，第41页。
⑤ 张顺昌：《朱执信社会政治思想研究》，贵阳：贵州人民出版社，2005年版，第100—101页。
⑥ 汪孟邹：《我与新书业——答萧聪先生》，上海《大公报》1947年8月24日。

犹有可言者，孙中山还有意识地利用各种机会，积极为《建设》杂志代言，以扩大其在国内外的影响。一个最典型的例子是，寓居罗马的美国艺术家安得生（Hendrick Christian Anderson）创造性地提出了一个建立集世界各国优秀的文化、艺术、科学、经济成果于一公共都市的"世界交通中心之计划"。他把自己的计划书寄给了孙中山，由此，在1918和1919年间，安得生与孙中山多次发生信函往来。在1919年8月30日致孙中山的信中，安得生开篇便称："六月十九日赐书，已由罗马敝事务所转到"，后文则写道："先生于我世界交通中心之计划辱予赞助，且将以先生所经营之《建设》杂志绍介此思想于贵国人民，使我益加奋厉矣。"①据此可知，孙中山在6月19日写给安得生的信中，已然把《建设》杂志向他作了郑重介绍，须知，此时的《建设》杂志尚处于筹办之中。

《建设》正式创刊后，孙中山更是不失时机地加以宣传和推介。比如，1920年1月29日，孙中山致函海外国民党人，呼吁他们捐资设立印刷机关，以利于更好地传播本党声音、唤起民众觉悟，其中两度言及《建设》杂志：一是称"本党同志设立之言论机关，如《建设》月刊、《星期评论》、《民国日报》，以及海外各支分部所办之日报等，大声疾呼，功效显著"；再是说"最近本党同志，激扬新文化之波澜，灌溉新思想之萌蘖，树立新事业之基础，描绘新计划之雏形者，则有两大出版物，如《建设》杂志、《星期评论》等，已受社会欢迎"②。这两番话，不但均对《建设》杂志作了充分的肯定和积极的推介，而且无一不把它列在国民党几种机关报刊的第一位，由此亦可证知其在孙中山心目中的地位。

《建设》杂志赢得了读者的广泛认可和同行的一致好评，许多报刊希望能与《建设》杂志建立合作关系，对此，孙中山也给予了明确的鼓励和支持。比如，北平私立中国大学的王统照、祁大鹏等青年学生决定创办《曙光》杂志。在《曙光》创刊号出版前夕的1919年10月21日，祁大鹏致函身为建设社社长的孙中山，内称：

近同三五好友办一《曙光》杂志，定于下月一号出版。同人等学力绵

---

① 桑兵主编：《各方致孙中山函电汇编》第5卷，北京：社会科学文献出版社，2012年版，第42页。
② 孙中山：《致海外国民党同志书》，《中山全书》第4册，上海：大中书局，1929年版，第17—19页。

薄，尚望先生时赐大教。至于交换、广告、杂志代派三事，若得《建设》杂志同意，尤所感盼。①

孙中山即令朱执信等人作出回应。经过双方的积极沟通，《曙光》杂志第1卷第2期的目录便在1920年3月出版的《建设》杂志第1卷第6期上刊登出来。在孙中山支持下，《建设》杂志不仅和《星期评论》《民国日报》等国民党报刊，而且同《新青年》《新潮》《北京大学月刊》《少年中国》等总共49种不同地域、不同党派和机构主办的报刊建立了互登广告、相互推介的关系，从而使自身的社会影响不断扩大。

由上可见，孙中山对《建设》杂志的关心和支持，可以说既是不遗余力的，同时也是全方位的。当然，《建设》杂志社的日常社务，孙中山不会也不可能"事必躬亲"，交由团队中的其他人具体处理是非常正常的，但并不能因此就认定孙中山只是"挂名"。

（二）主体力量——社员

前已述及，《建设》杂志的创办团队叫建设社，建设社的成员叫作社员，社员共有5人，具体就是胡汉民、汪精卫、戴季陶、廖仲恺、朱执信②，他们均出自孙中山的"钦点"。建设社的这5名社员，个个都是国民党及其前身中华革命党的理论骨干，因此有学者称，《建设》杂志"汇集了当时的实力派笔杆子"③。

不过，在一些当事人的书信和回忆中，5名社员并非都被提及且谁先谁后的顺序也颇不同。比如戴季陶于1919年7月2日写给胡适的一封信中称："现在展堂、朱执信、廖仲恺和我，办了一个月刊，题名《建设》，定八月一号出版，也可以说就是我的《新生命》月刊的继续。展堂、执信、仲恺三位都是很努力作研究工夫的，我想出版以后或者更可以帮助中国人一点新知识。"④其中并无汪精卫的名字，且廖仲恺、朱执信二人的顺序作了颠倒；再如胡汉民在

---

① 桑兵主编：《各方致孙中山函电汇编》第5卷，北京：社会科学文献出版社，2012年版，第150页。

② 《建设社章程》第8条云："本社现社员如左：胡汉民、汪精卫、戴季陶、廖仲恺、朱执信。"见《建设》第1卷第1期（1919年8月1日）。

③ ［日］武上真理子：《全球史中的〈实业计划〉——孙中山的中国经济发展计划与工程学》，宋玉梅译，上海中山学社：《近代中国》第24辑，上海：上海社会科学院出版社，2015年版，第91页。

④ 中国社会科学院近代史研究所中华民国史研究室：《胡适来往书信选》（上册），北京：社会科学文献出版社，2013年版，第44页。

《革命过程中之几件史实》这篇自传中写道:"民国八年,我和朱执信先生在上海办《建设》杂志①,更是只提及了朱执信一人,当然这或许是因为随后所写故事只与朱执信有关所致。

一些学者的著作则对建设社几名社员的具体职责作了进一步的考察和阐述。张静庐认为:"《建设》杂志……由朱执信、廖仲恺、胡汉民等主编。"②李卫生写道:"《建设》杂志是中国国民党中央早期机关理论刊物,由国民党左派廖仲恺、朱执信主编。"③曾祥进指出:"胡汉民任总编辑,朱执信、廖仲恺、戴季陶任编辑。"④张顺昌则称:"胡汉民为总编辑,朱执信、戴季陶、廖仲恺为编辑。朱执信当时虽挂名'印刷者',但他是实际上的主编。"⑤白寿彝任总主编的《中国通史》第12卷《近代后编(1919—1949)》在谈及孙中山指导创办的《建设》杂志时,亦明言该杂志"由朱执信、胡汉民等主编"⑥。在建设社的5名社员中,胡汉民、廖仲恺和朱执信确实担负着更为具体和重要的职责。亚东图书馆的骨干成员汪原放曾回忆说:"建设社来到我们店里接洽一切的总是朱先生。……我还记得,那时在他们社里主编《建设》的是廖仲恺先生,接洽排印等等的是朱先生,到结账时打支票给我们的是胡汉民先生。"⑦就是说,胡汉民、廖仲恺和朱执信三人各有相对明确的分工:一个主管经费支出,一个主管内部编务,一个主管印刷发行。另据何香凝的回忆,"民国八年(1919),孙中山先生在上海筹办《建设》杂志,仲恺和执信等担任撰写及编辑,仲恺负责对外宣传的工作"⑧。就是说,廖仲恺除了"担任撰写及编辑"之外,还负责对外宣传。当然,社员之间的这种分工并不是"楚河汉界"、泾渭分明,而只具有相对的意义,朱执信应当是在主管印刷发行之外必定还承担了相当一些具体的编辑以及内部事务的管理职

---

① 《胡汉民自述》,北京:人民日报出版社,2013年版,第78页。
② 张静庐:《中国现代出版史料·甲编》,北京:中华书局,1954年版,第24页。
③ 李卫生:《现代革命史上250个第一》,天津:天津人民出版社,1993年版,第37页。
④ 曾祥进:《护法之战(1916.6—1921.9)》,作者自印,1996年版,第210页。
⑤ 张顺昌:《朱执信社会政治思想研究》,贵阳:贵州人民出版社,2005年版,第100页。
⑥ 白寿彝总主编:《中国通史》第12卷《近代后编(1919—1949)》(上册),上海:上海人民出版社,2015年版,第32页。
⑦ 汪原放:《回忆亚东图书馆》,上海:学林出版社,1983年版,第41—42页。
⑧ 何香凝:《回忆章达同志》,东莞市政协:《李章达》,广州:广东人民出版社,2016年版,第3页。

责,甚至是较其他社员更具有关键性、核心性地位的人物,正因如此,《建设》杂志在1920年7月1日出版了第2卷第6期之后,才会"因为朱执信先生到广东去了,又牺牲了"而突然停摆,三个月过后,"一直到12月才出第三卷第一号"①。

(三)其他骨干成员

建设社的5名社员,应当说都是《建设》杂志筹办和创办过程中各个方面的干将,正是由于孙中山的知人善任和他们之间的齐心协力、团结合作,才确保了《建设》杂志从筹办到创刊再到社会影响不断扩大和销量快速增加的良性发展。不过,在他们之外,林云陔、李章达等也是不可忽视的骨干,特别值得一提。

那个时代的杂志社骨干人员,往往都是一身数任。前述建设社的5名社员,除了各自主管的《建设》杂志某项或某几项管理事务以及党内其他工作任务(如戴季陶奉孙中山之命担任《星期评论》杂志主编)之外,还都承担着组稿和编辑任务,至于外文水平较高者如朱执信、廖仲恺等,更需兼任文稿翻译之责。比如《建设》杂志连载的孙中山所著《实业计划》,"此书原稿为英文,其篇首及第二第三计划及第四之大部分为朱执信所译;其第一计划为廖仲恺所译"②。《建设》杂志作为一份大型连续出版物,每月出版一期,每期一般不少于200页,仅靠5名并非全职的社员来完成所有的组稿、编辑、通联、财务和印刷、发行等事宜,对于他们来说显然有些勉为其难、力有不逮,因而延揽人才、充实力量便成为情理之必然。林云陔、李章达等人就是在这样的一种情况下被吸收进了《建设》杂志的办刊队伍。

林云陔早年就加入了中国同盟会,长期追随孙中山参加反清革命斗争,1912年后被孙中山派往美国留学,学习法律和政治,获得硕士学位。1918年学成回国后,因当时的广东为军阀所盘踞而隐居乡间,不久即被孙中山招往上海,充任《建设》杂志编辑。廖仲恺于1919年10月20日写给胡适的一封信中有言:

适之先生:

---

① 汪原放:《回忆亚东图书馆》,上海:学林出版社,1983年版,第42页。
② 《孙中山选集》(上卷),北京:人民出版社,1956年版,第187页。

前月林云陔君由北京回来，对我们说，先生答应定规有篇文章，寄给我们《建设》杂志。我们听这话，实在了不得的高兴。后在《星期评论》的国庆纪念号上，见先生整万字的文章，更相信先生肯替《星期评论》增怎么大的光采，断不会让《建设》杂志辜负这两个月来的希望，而使季陶受我们的妒忌的。①

察此，则林云陔充任《建设》杂志编辑，应是当年8月该刊创刊号出版不久之后的事。另外有学者称："林云陔方从美回国，任（《建设》杂志）译述。"②而孙中山的《实业计划》，"其第四之一部分及第六计划及结论，为林云陔所译"③。可见，林云陔除了充任《建设》杂志编辑而外，还兼做英文翻译的工作。

李章达早在1906年，即还是一名青少年学生的时候，就与受孙中山委派到广东进行革命宣传的朱执信结识。在朱执信的引导和影响之下，李章达很快就成为了革命思想的信从者，不久之后，由朱执信介绍加入了孙中山领导的中国同盟会，走上了革命的道路。1915年，李章达与蒋光鼐等迫于形势来到香港，他们在九龙塘边租下一间木屋。辛亥革命前后，国内各地兴起了办报办刊的热潮，仅广东一省最多时就有156种，"至1912年8月，广州至少有日报22种"④。有鉴于此，李章达提出了通过办报讨伐倒行逆施的袁世凯、继续革命事业的主张，得到蒋光鼐等的一致赞成。经过一番筹备，在完成了登记注册、缴付保证金之后，李章达、蒋光鼐等开办的"平民印务馆"宣告开张，旨在宣传革命、声讨袁世凯的《平民日报》横空出世，几个年轻人从拿枪的战士一变而成为执笔的文人。这份以普通民众为对象的报纸大受欢迎，李章达他们从新闻采访到撰写文稿，从编辑校对到排版付印，从上街售卖到核算收支，日复一日亲力亲为，坚持了将近一年，直到香港的反袁机构正式成立之后，为集中力量、统一宣传，他们才将这份报纸移交给了反袁机构。这段报人生涯，练就了李章达在写作、编辑、通联、发行等多个方面的过硬本领。因此，当《建设》杂志正式创办、人手捉襟见肘之际，朱执信当即想到了他，一封信就把他召了

---

① 尚明轩、余炎光：《双清文集》（上册），北京：人民出版社，1985年版，第293页。
② 曾祥进：《护法之战（1916.6—1921.9）》，作者自印，1996年版，第210页。
③ 《孙中山选集》（上卷），北京：人民出版社，1956年版，第187页。
④ 许锋：《李章达评传》，广州：广东人民出版社，2015年版，第35页。

过来。李章达的外孙潘铭萱在《高格倍饶丘壑意，孤芳不入洛阳时》一文中写道："早在1919年夏天，外公接到朱执信来鸿，邀请他到上海，辅助孙中山、廖仲恺、朱执信、戴季陶、胡汉民、汪精卫等创办《建设》杂志，宣传民主救国理论"[①]；"李章达于杂志创刊后抵达上海，从事杂志的发行工作"[②]，具体"办理各项杂务，出力甚多"[③]。毫无疑问，来到《建设》杂志后的李章达成为了朱执信的得力助手。《建设》杂志的发行份数能够持续增加，与他这位曾经成功经营《平民日报》的报人肯定有直接关系。

四、《建设》的作者群体

与《建设》杂志作为中华革命党及改组后的中国国民党的机关理论刊物这种较为鲜明的党派阵地与喉舌的属性相适应，其作者群体中，相当大的一部分都具有中华革命党和中国国民党的身份印记和特征，此外，也有少数文章出自其他学者之手。

（一）群体构成

1980年，人民出版社影印出版了《建设》杂志的全部3卷13期。根据该影印本所载各卷总目录，笔者对全部文章的作者作了统计，得出以下结果：

第1卷第1—6期，按发稿期次和文章（含译文、来往信函）先后排列，依次是：孙文、廖仲恺（仲恺）、孙科、胡汉民（汉民）、戴季陶（戴传贤）、朱执信（民意、执信、大符、琴生、前进）、林云陔、古湘芹（湘）、沈仲九、马君武（君武）、陈群、孔祥柯、汤苍园、易白沙、汪精卫（兆铭）、沈觐鼎、耿佐军、李汉俊（李人杰）、吴敬恒（敬恒）、邹海滨、一心社友、黄世平、徐佛苏（佛苏）、刘凤鸣、居正（正）、人鹤、林直勉与李南溟、杨肇彝、查光佛（光佛），凡29位（组）。

第2卷第1—6期，按发稿期次和文章（含译文、来往信函）先后排列，依次是：孙文、任鸿隽、易白沙、许崇清、吴敬恒、林云陔、汪精卫、廖仲恺、胡适、戴季陶（季陶）、朱执信（民意、朱大符）、姚伯麟、孙科、杨庶堪、

---

① 潘铭萱：《高格倍饶丘壑意，孤芳不入洛阳时》，东莞市政协：《李章达》，广州：广东人民出版社，2016年版，第594页。
② 许锋：《李章达评传》，广州：广东人民出版社，2015年版，第44页。
③ 何香凝：《回忆章达同志》，东莞市政协：《李章达》，广州：广东人民出版社，2016年版，第3页。

许贯三、于树德、吴尚鹰、马君武、李石曾、谭常恺、谭熙鸿、来庭、李大钊、胡汉民（汉民）、李汉俊（汉俊）、马伯援、叔平、季融五、江绍原、徐苏中（苏中）、吕思勉，凡30位。

第3卷只出版了第1期即告停刊，按照本期目录，各篇文章的作者依次是：孙文、朱执信、江绍原、戴季陶（季陶、戴传贤）、徐苏中、林云陔（云陔）、马君武、易白沙、醴元，凡9位。

删重去复，得出的统计结果是：《建设》杂志全部3卷13期，合计发表了49位（组）作者的文章。

（二）作者信息

《建设》全部3卷13期发表文章的49位（组）作者，由于相关信息的缺失，有些目前难以作出明确的认定，比如黄世平、刘凤鸣、人鹤、杨肇彝、来庭、叔平、醴元，以及林直勉与李南溟中的后者，还有一心社友等，这些只能留存待考；其余41位作者的基本情况大致都可以厘清。这41位作者，无论是就党派、籍贯归属而言，还是就年龄段分布而论，都具有相当明显的集中度。

首先，关于党派归属。孙文（即孙中山）、廖仲恺、孙科、胡汉民、戴季陶、朱执信、林云陔、古应芬、马君武、陈群、汪精卫、邹鲁、居正、林直勉、查光佛、杨庶堪、吴尚鹰、李石曾、徐苏中，凡19人，他们都是国民党的元老或重要成员，在全部41位作者中占了46.3%。当然，作为中华革命党及改组后的中国国民党的机关理论刊物，《建设》杂志大量刊发本党成员的文章是不足为怪的。不过，值得注意的是，作为共产党之前身的上海共产主义小组和北京共产主义小组，它们的主要发起人——李汉俊和李大钊也都曾在《建设》杂志发表文章。上述除外，其他20位作者则以著名学者、大中学校师生和其他知识人士居多，这也从一个侧面表征和印证了《建设》杂志厚重的学术理论成色。

其次，关于地域归属。《建设》杂志的这41位作者，籍贯为广东和福建的有12人，即孙文、廖仲恺、孙科、胡汉民、林云陔、古应芬、邹鲁、林直勉、许崇清、吴尚鹰（以上为粤籍）和陈群、沈觐鼎（以上为闽籍），占比约为29.3%；浙江和江苏的有10人，即戴季陶、朱执信、汪精卫、沈仲九、任鸿隽（以上为浙籍）和耿佐军、吴敬恒、谭熙鸿、季融五、吕思勉（以上为苏籍），占比约为24.4%；湖南和湖北的也是10人，即汤苍园、易白沙、徐佛苏、许贯三、谭常恺（以上为湘籍）和马君武、李汉俊、居正、查光佛、马伯援（以上为鄂籍），占比亦为约24.4%；其他是河北3人（于树德、李石曾、李大钊）、安徽2人（胡适、江绍原）、山东1人（孔祥柯）、陕西1人（姚伯麟）、四川1人（杨庶堪）、江西1人（徐苏中），此6省合计9人，占比约为22%。若以湖广和华东地区而论，则这41位作者中的35人被囊括其中，占比则达到了近85.4%。

最后，关于年龄段分布。假如我们以1920年为基准，把这41位作者分作50岁以上、31—49岁、30岁以下三个年龄段，则属于50岁以上年龄段的只有1865年出生的吴敬恒和1866年出生的孙文2人，占比为5%；属于31—49岁年龄段的则有1873年出生的古应芬，1876年出生的居正，1877年出生的廖仲恺、姚伯麟，1878年出生的季融五，1879年出生的胡汉民、徐佛苏，1880年出生的李石曾，1881年出生的林云陔、马君武、汤苍园、杨庶堪，1883年出生的汪精卫，1884年出生的马伯援、吕思勉，1885年出生的朱执信、邹鲁、查光佛，1886年出生的易白沙、任鸿隽、徐苏中，1887年出生的沈仲九、林直勉，1888年出生的孔祥柯、许崇清，1889年出生的李大钊，1890年出生的陈群、李汉俊，凡28人，占比为68.3%；属于30岁以下年龄段的有1891年出生的孙科、戴季陶、胡适、谭熙鸿，1892年出生的吴尚鹰，1893年出生的沈覲鼎、于树德，1896年出生的许贯三，1898年出生的耿佐军、江绍原，1899年出生的谭常恺，凡11人，占比为26.8%。可见，50岁以下的中年在《建设》杂志的作者群体中占了最大的比重，而30岁以下的青年也已超过了总数的四分之一。

为便于把握，本人对《建设》杂志作者的生年、籍贯、身份等信息作了列表处理，详见表1。

表1 《建设》作者的基本信息

序号	姓名	出生年份	文章署名	籍贯	党派或身份
1	孙中山	1866	孙文	广东香山	国民党
2	廖仲恺	1877	廖仲恺、仲恺	广东归善	国民党
3	孙科	1891	孙科	广东香山	国民党
4	胡汉民	1879	胡汉民、汉民	广东番禺	国民党
5	戴季陶	1891	戴季陶、季陶、戴传贤	浙江吴兴	国民党

续表

序号	姓名	出生年份	文章署名	籍贯	党派或身份
6	朱执信	1885	朱执信、执信、民意、朱大符、大符、琴生、前进	浙江萧山	国民党
7	林云陔	1881	林云陔、云陔	广东信宜	国民党
8	古应芬	1873	古湘芹、湘	广东番禺	国民党
9	沈仲九	1887	仲九	浙江绍兴	湖南第一师范教师
10	马君武	1881	马君武、君武	湖北蒲圻	国民党
11	陈群	1890	陈群	福建长汀	国民党
12	孔祥柯	1888	孔祥柯	山东曲阜	社会活动家
13	汤苍园	1881	汤苍园	湖南长沙	复旦大学教授
14	易白沙	1886	易白沙	湖南长沙	激进知识分子
15	汪精卫	1883	汪精卫、兆铭	浙江山阴	国民党
16	沈觐鼎	1893	沈觐鼎	福建闽侯	外交家
17	耿佐军	1898	耿佐军	江苏海门	中学教师
18	李汉俊	1890	李汉俊、李人杰	湖北潜江	上海共产主义小组发起人
19	吴敬恒	1865	吴敬恒、敬恒	江苏武进	教育家
20	邹鲁	1885	邹海滨	广东大浦	国民党
21	一心社友	?	一心社友	?	?
22	黄世平	?	黄世平	?	?
23	徐佛苏	1879	佛苏	湖南善化	政客
24	刘凤鸣	?	刘凤鸣	?	?
25	居正	1876	正	湖北广济	国民党
26	人鹤	?	人鹤	?	?
27	林直勉 李南溟	1887 ?	林直勉 李南溟	广东增城 ?	国民党 ?
28	杨肇彝	?	杨肇彝	?	?
29	查光佛	1885	光佛	湖北蕲州	国民党
30	任鸿隽	1886	任鸿隽	浙江湖州	北京大学教授
31	许崇清	1888	许崇清	广东番禺	留日学生

续表

序号	姓名	出生年份	文章署名	籍贯	党派或身份
32	胡适	1891	胡适	安徽绩溪	著名学者
33	姚伯麟	1877	姚伯麟	陕西三原	《改造与医学》杂志创始人
34	杨庶堪	1881	庶堪	四川巴县	国民党
35	许贯三	1896	许贯三	湖南长沙	南洋公学学生
36	于树德	1893	于树德	河北静海	留日学生
37	吴尚鹰	1892	吴尚鹰	广东开平	国民党
38	李石曾	1880	李石曾	河北高阳	国民党
39	谭常恺	1899	谭常恺	湖南长沙	复旦大学学生
40	谭熙鸿	1891	谭熙鸿	江苏吴县	北京大学教授
41	来庭	?	来庭	?	?
42	李大钊	1889	李大钊	河北乐亭	北京共产主义小组发起人
43	马伯援	1884	马伯援	湖北枣阳	中华留日基督教青年会主任干事
44	叔平	?	叔平	?	?
45	季融五	1878	季融五	江苏常熟	上海爱国女校校长
46	江绍原	1898	江绍原	安徽旌德	留美学生
47	徐苏中	1886	苏中	江西清江	国民党
48	吕思勉	1884	吕思勉	江苏武进	江苏省立第二师范学校教师
49	醴元	?	醴元	?	?

说明：（1）《建设》杂志所载各类文章和书信，凡具名者均予以统计；（2）各位作者的党派或身份，大致以1920年底为时间节点加以确定，而不考虑此前或之后的变化。

（三）核心作者

《建设》杂志作者群体中的每一位成员，都对它的组版成刊作出了自己的贡献。当然，作者群体中的全部49位成员，各自的贡献多少不同，作用大小有异，如果加以分类，多数属于普通成员，少数属于重要成员，而重要成员中的少部分可称作核心成员。判断各位作者究竟属于普通成员还是重要成员抑或是核心成员，最基本的衡量标准就是发文篇数和频次，同时还要考量文章的理论价值和社会影响力。吕芳上在《革命之再起——中国国民党改组前对新思潮的回应（1914—1924）》一书中，对《建设》杂志主要撰稿人姓名、主题及篇数作了列表统计①，给出的统计结果是朱执信以39篇居首，胡汉民以20篇居次，林云陔以15篇位居第三，戴季陶以12篇位居第四，廖仲恺以6篇位居第五，胡适以4篇位居第六，孙文、汪精卫、马君武、孙科以3篇并列第七。苗清俊的硕士论文《〈建设〉杂志的主义宣传与新潮因应》所作的篇数统计与之基本相同。这总共10位作者都可视为《建设》杂志作者群体中的重要成员。

不过，吕芳上在表下的说明（二）中称："一文分期连载亦以一篇计数，如中山先生之实业计画，分十三期刊出，仍以一篇计算。"②鉴于孙文《实业计划》的具体篇幅、重要价值和重大社会影响，本人认为这样的计数方法显然不太合理，还是以每期记为一篇为宜。若此，则孙文名下的文章就达到了15篇，而上述其他多位作者的文章篇数，照此标准也应作相应的调整，调整后的篇数为：朱执信，46篇；胡汉民，21篇；林云陔，19篇；戴季陶，16篇；廖仲恺，10篇；孙科，6篇；马君武，4篇。此外，另有易白沙以4篇、李汉俊和姚伯麟各以3篇而分别超越或追平了汪精卫，这3人自当进入作者群体之重要成员行列。

根据调整后的篇数，由多到少将重要成员排序，依次便是：朱执信、胡汉民、林云陔、戴季陶、孙文、廖仲恺、孙科、胡适、马君武、易白沙、汪精卫、李汉俊、姚伯麟。从这13位重要成员中取发文10篇以上者作为核心成员，则入围者凡6人，即朱执信、胡汉民、林云陔、戴季陶、孙文、廖仲恺。这6人，一人是建设社社长，即孙文（孙中山）；4人是建设社社员，即朱执信、胡汉民、戴季陶、廖仲恺；另一人是《建设》创刊不久便加入编辑队伍之中的林云陔。这样的一个核心成员阵容，恰好体现了该社社员对章程提出的"提供撰述"这一要求的自觉遵守和执行。

---

① 详见吕芳上：《革命之再起——中国国民党改组前对新思潮的回应（1914—1924）》，台北："中央研究院"近代史研究所，1989年版，第67—68页。
② 吕芳上：《革命之再起——中国国民党改组前对新思潮的回应（1914—1924）》，台北："中央研究院"近代史研究所，1989年版，第68页。

五、《建设》的同行合作

《建设》杂志秉持开放办刊的理念,因而对于报刊界的同行,并不视作你死我活、势不两立的竞争对手,而是采取了主动联络、积极合作、相互支持的立场和态度。

(一)合作原则

《建设》杂志对于报刊界同行之间的合作抱有极大的热情,但是也并非来者不拒。其在合作问题上所秉持的基本原则,一言以蔽之,就是平等而有选择。

在《建设》第2卷第5期的内封,赫然印有一则"交换广告"的启事,明确表达了与报刊界同行互利合作的热切意愿。"当时期刊之间交换登广告,相互登同样大小的地位,一概不算钱"①——这可以说是一种心照不宣、约定俗成的业界惯例,也是一种平等相待、相互尊重的基本共识。《建设》杂志自觉恪守着这种惯例和共识,既不因为背靠大树和"财大气粗"而趾高气扬,也不因为得到胡适、傅斯年等名流赞誉从而在知识界声名鹊起、销量大增而傲视同类,凡是谋求互登广告、彼此宣传的,《建设》杂志一般都痛快答应,并迅速付诸行动。比如北平私立中国大学的王统照、祁大鹏等青年学生决定创办《曙光》杂志,就在这份杂志创刊号出版的前夕,即1919年10月21日,祁大鹏专门致函建设社社长孙中山,内称:"近同三五好友办一《曙光》杂志,定于下月一号出版。同人等学力绵薄,尚望先生时赐大教。至于交换、广告、杂志代派三事,若得《建设》杂志同意,尤所感盼。"②孙中山究竟何时收到祁大鹏的书信、作了怎样的安排,以及《建设》杂志内部如何具体落实,目前已无从查考,但是《曙光》第1卷第2期的目录广告在1920年3月出版的《建设》第1卷第6期上刊登出来,却是真真切切的事实。要知道,这个时候的《曙光》杂志还只是一份刚刚呱呱坠地、尚且鲜为人知的新刊。

当然,凡事皆不可一概而论。《建设》谋求与报刊界同行的相互支持与平等合作,但是这并不意味着它对于一切同行都无条件地悉数欢迎、来者不

---

① 汪原放:《回忆亚东图书馆》,上海:学林出版社,1983年版,第41页。
② 谷小水:《各方致孙中山函电汇编》第5卷,北京:社会科学文献出版社,2012年版,第150页。

拒。事实上，它对于合作对象，还是有衡量尺度和选择标准的，这个衡量尺度和选择标准，就体现在《建设》第2卷第5期内封刊登的"交换广告"启事之中。该启事第3条申明："非有关'新文化运动'者，主张军国主义者，辩护资本主义者，概不交换。"《建设》"以三条原则，作为交换广告的条件"①。可见，既主张与报刊界同行的平等合作、互利共赢，同时又对那些顽固守旧或者为帝国主义、资本主义摇旗呐喊的报刊坚决说不，这真切而生动地反映了《建设》杂志的政治态度和原则立场。

（二）合作对象

《建设》杂志尽管存续的时间不太长，但是它的报刊合作对象并不少。本人以人民出版社1980年影印出版的该刊全部3卷13期为依据作了梳理和统计，得出的结果是与它形成合作关系的报刊共有49种，按照在《建设》杂志首次出现的期次排序，这49种报刊依次是：《星期评论》《少年中国》《新青年》《时事新报》《新潮》《上海晨报—香江晨报》《少年世界》《民国日报》《科学》《新教育》《教育潮》《北京大学月刊》《民铎》《国民》《新中国》《太平洋》《解放与改造》《理化杂志》《法政学报》《心声》《观象丛报》《数理杂志》《星期日》《民风周刊》《平民》《新生活》《惟民周刊》《体育周报》《川滇黔旅苏学生会周刊》《南洋》《救国周刊》《中华新报》《救国日报》《闽星报》《天津学生联合会报》《益世报》《曙光》《光明杂志》《觉悟》《浙江新潮》《少年半月刊》《平民教育》《钱江评论》《民心周报》《实业旬报》《新妇女》《学艺》《自觉月刊》《求是》。

《建设》与上述49种报刊的合作，由于具体情况不同，比如有些是日报或周刊，有些是月刊或不定期出版物，因而彼此之间合作的密度和频次差异较大。按照密度和频次排序，构成紧密合作关系的主要是《星期评论》《民国日报》《新青年》《北京大学月刊》《新潮》《少年中国》《中华新报》等。《建设》全部3卷13期刊登同行广告信息情况，详见表2。

---

① 汪原放：《回忆亚东图书馆》，上海：学林出版社，1983年版，第41页。

表2 《建设》杂志刊登同行广告信息统计表

序号	报刊名称	主办人或机构	广告次数	所在卷期	备注
1	星期评论	戴季陶	10	卷1之1—4、6，卷2之1、2、4、5	卷1之3两出
2	民国日报	邵力子	8	卷1之3、4、6，卷2之2—6	
3	少年中国	少年中国学会	8	卷1之1—5，卷3之1	卷1之4和卷3之1均两出
4	新潮	傅斯年	7	卷1之1、3—5，卷3之1	卷1之1、5均两出
5	新青年	陈独秀	4	卷1之1、3，卷2之6	卷2之6两出
6	中华新报	谷钟秀	4	卷1之4，卷2之2、6，卷3之1	卷2之2所刊《上海中华新报》，广告内容、社址等项与此前和之后的《中华新报》广告文字几无差别，故为同一种报纸无疑
7	北京大学月刊	蔡元培	3	卷1之3，卷2之4，卷3之1	
8	上海晨报—香江晨报		2	卷1之2、4	
9	少年世界	少年中国学会	2	卷1之2，卷3之1	
10	科学	中国科学社	2	卷1之3，卷3之1	
11	新教育	新教育共进社	2	卷1之3，卷3之1	
12	理化杂志	北京高师理化学会	2	卷1之3，卷2之4	
13	体育周报	体育周报社	2	卷1之3、6	
14	南洋	上海南洋公学学生分会	2	卷1之3、6	
15	时事新报	时事新报社	1	卷1之1	
16	教育潮	浙江省教育会	1	卷1之3	
17	民铎	民铎杂志社	1	卷1之3	

续表

序号	报刊名称	主办人或机构	广告次数	所在卷期	备注
18	国民	国民杂志社	1	卷1之3	
19	新中国	新中国杂志社	1	卷1之3	
20	太平洋	李剑农	1	卷1之3	
21	解放与改造	北京新学会	1	卷1之3	
22	法政学报	北京法政专门学校	1	卷1之3	
23	心声	心声杂志社	1	卷1之3	
24	观象丛报	中国天文学会	1	卷1之3	
25	数理杂志	北京大学数理学会	1	卷1之3	
26	星期日	李劼人	1	卷1之3	
27	民风周刊	高振霄	1	卷1之3	
28	平民	北京西安门高等法文专修馆	1	卷1之3	
29	新生活	新生活杂志社	1	卷1之3	
30	惟民周刊	高振霄	1	卷1之3	
31	川滇黔旅苏学生会周刊	川滇黔旅苏学生会周刊社	1	卷1之3	
32	救国周刊	唐山工业专门学校救国团	1	卷1之3	
33	救国日报	留日归国同人	1	卷1之4	
34	闽星报	梁冰弦	1	卷1之6	
35	天津学生联合会报	周恩来	1	卷1之6	
36	益世报	罗马天主教会天津教区	1	卷1之6	
37	曙光	曙光社	1	卷1之6	
38	光明杂志	北京光明杂志社	1	卷2之2	
39	浙江新潮	浙江新潮社	1	卷2之2	

续表

序号	报刊名称	主办人或机构	广告次数	所在卷期	备注
40	少年半月刊	北京高师附中少年学会	1	卷2之2	
41	平民教育	北京高师学生平民教育社	1	卷2之2	
42	钱江评论	浙江省立第一师范学校	1	卷2之2	
43	觉悟	天津觉悟社	1	卷2之2	
44	民心周报	民心周报社	1	卷2之3	
45	实业旬报	中华实业协会	1	卷2之3	
46	新妇女	新妇女杂志社	1	卷2之3	
47	学艺	学艺杂志社	1	卷2之6	
48	自觉月刊	自觉月刊社	1	卷2之6	
49	求是	求是学社	1	卷3之1	

说明：1.文章、书信中出现的报刊名称不作为统计对象；2.《建设》第3卷第1期载有《广告定价表》，上列报刊或有交费发广告者，具体情况难以详考。

（三）合作形式

《建设》与报刊界同行的相互支持与平等合作，形式多种多样，其中最主要、最基本的就是互作广告、互登要目。这里不妨以它与《星期评论》《新青年》《中华新报》的合作为例酌加说明。

首先，《建设》与《星期评论》的合作。《建设》与《星期评论》同属中华革命党及改组后的中国国民党的机关刊物，并且戴季陶在这两种刊物中都担任重要职责，因而彼此之间一直有着良好的相互支持与合作的关系，这种关系直到1920年6月《星期评论》迫于北洋军阀政府的压力和戴季陶的离开宣告停刊才告终止。《建设》为《星期评论》合计刊登了10次广告信息，密度之大、频次之高，在与《建设》建立起合作关系的49种报刊中无出其右，其中既有关于《星期评论》办刊主旨与特点——"政治经济社会文艺的自由批判"及其他相关信息的介绍，更有以《建设》杂志"官方"身份所作的郑重推介，值得注意的是，当时共有10种周刊得到《建设》的推介，《星期评论》位居榜首①。与此相应，《星期评论》也多次为《建设》杂志刊登出版预告和刊物介绍②。

其次，《建设》与《新青年》的合作。由上表可知，《建设》曾先后4次为《新青年》刊发广告信息，其中创刊号上就登载了《新青年》第6卷第5期的要目。在《建设》第1卷第3期郑重推介的17种月刊中，《新青年》排在了第二位，仅次于《科学》杂志。不仅如此，在《建设》第2卷第6期上，朱执信在提笔向读者介绍"近来本社新到手的……好杂志"时，明确表示有3册，"第一是《新青年》的'劳动号'。第二是《学艺》的二卷一号。第三是《自觉月刊》的一卷三号"，并说"第一种的价值用不着我来评价"③，其对《新青年》之"劳动号"的喜爱和推重溢于言表。《新青年》这份早已蜚声全国、饮誉学界的重要期刊也多次拿出宝贵的版面为《建设》杂志作宣传——"《新青年》第六卷第五号四分之三版刊出'第一号要目'，包括孙文《发展中国计划》、廖仲恺《中国人民和领土在新国家建设上之关系》、孙科翻译的《民治与公意》等。'通信处：上海法租界环龙路四十六号'，第六卷第六号刊出一卷三号要目，标着每册三角，'编辑及总发行所：建设社'。第七卷第一号刊出第四、五号要目时，写着'总代派处：上海五马路亚东图书馆'。第七卷第二号刊出五号要目时，增加了'代售处：上海群益书社'"。除此而外，"《建设》一卷六号、二卷二号、二卷六号目次都曾在《新青年》刊出广告"④。可见，《建设》与《新青年》的合作也是非常顺利的。

最后，《建设》与《中华新报》的合作。《建设》从第1卷第4期到第3卷第1期即最后一期，先后为《中华新报》作了4次广告宣传。《中华新报》则从1919年11月16日开始，直到1921年初，周期性地连续多日或者隔日对《建设》杂志新出版的各期要目进行宣传，涉及的该刊期次刚好对应着其第1卷第4期直到作为最后一期的第3卷第1期，中间几无缺漏。

《建设》杂志与同行的合作，除了互作广告、互登要目而外，还有一种

---

① 参见《介绍出版物》，《建设》第1卷第3期（1919年10月1日）。
② 参见杨宏雨、肖妮：《〈星期评论〉——"五四"时期舆论界的明星》，《同济大学学报（社会科学版）》2012年第5期。
③ 朱执信：《介绍杂志》，《建设》第2卷第6期（1920年7月1日）。
④ 汪耀华：《〈新青年〉广告研究》，上海：上海书店出版社，2016年版，第67页。

形式值得一提,这就是通过撰文给予好评来为对方作宣传。这方面,《建设》所载朱执信谈论《体育周报》的一封信最具代表性。在这封信中,朱执信开篇即写道:"湖南《体育周报》出了一个特别号,有信来叫我批评。"随后他便言归正传:"我向来是狠(很)推重这个杂志的,并且他这增刊一号,的确不坏。但是我总以为《体育周报》的价值,不等到这个增刊才增加,……他这增刊里头,黄醒君的《我的体育观》一篇,确是言人所不言,狠(很)有益的。"这番评价着实已经很高了,但是朱执信意犹未尽,他进一步讲道:"近日出版物非常之多,出版物里头讲有益的话又居多数,但是这讲有益说话的中间还要分做三种:第一种是因为有有益的话要讲,来办杂志的。第二种是因为要讲有益的话,来办杂志的。第三种是因为要办杂志,来讲有益的话的。第一种是改变思想、创造新时代的一种原动力,万不可以缺的。……第一种的杂志,除了最出名的几种,不要我来介绍以外,《体育周报》我也要推在里头。我并且希望以后所出的新杂志,都是和《体育周报》一样的第一种杂志。如果要办第三种杂志,那不如拿那些钱帮第一种杂志。"①朱执信这封信对于《体育周报》的宣传效果,肯定胜过《体育周报》的无数个广告。

予人玫瑰,手有余香。《建设》杂志这种对于同行的不失公道的慷慨褒扬,无疑也会给自己带来积极的影响和丰厚的回报。正是通过这种与报刊同行的相互支持与合作,《建设》杂志迅速提高了知名度,增强了影响力。

六、《建设》的编读往来

《建设》虽然不是一份普通的民间刊物,其背后有着中华革命党及改组后的中国国民党作为后盾和靠山,但是在办刊过程中,它自始至终都极为重视与读者的联系与沟通,针对读者提出的问题及时作出认真负责的回应。

(一)尊重读者

孙中山在《〈建设〉杂志发刊词》中明确指出:中华革命党人之所以创办这份杂志,目的乃在于"鼓吹建设之思潮,展明建设之原理,冀广传吾党建设之主义,成为国民之常识,使人人知建设为今日之需要,使人人知建设为易行之事功,由是万众一心以赴之,而建设一世界最富强最快乐之国家"。由此

---

① 朱执信:《体育周报》,《建设》第2卷第2期(1920年3月1日)。

可知，这份杂志并非中华革命党及改组后的中国国民党的党内读物，而是承载着向民众宣传本党的建设理论、动员民众万众一心投身于建设大业、从而"建设一世界最富强最快乐之国家"的重大使命。宣传民众、动员民众，一个最基本的前提就是必须尊重民众、亲近民众，倾听他们的声音、了解他们的需求，进而积极引导、循循善诱。那种居高临下、装腔作势的说教只会引起民众的反感和厌恶，而民众一旦产生了反感和厌恶的情绪，要想把他们再感召过来，恐怕就极为困难了。《建设》杂志的各位社员和编辑对自己所担负的责任心知肚明，因而为了实现办刊目的，始终秉持着平等、真诚的态度对待读者，对于来自读者的批评和质疑，他们更是以"受领"为原则。为此，他们在《本志简章》中特别开列了一条，即"关于本志内容之批评及质疑，同人当以研究之态度受领及解答之"①。在这种对于读者批评及质疑虚心接受的态度背后，体现出的乃是对读者地位和人格的充分尊重。

《建设》杂志对读者的尊重，在他们回复读者的书信中有着具体的反映和体现。比如尚在南洋公学就读的许贯三同学给"建设社朱执信先生"写了一封长信，信中先是谈了自己作为一个"看《建设》杂志的人"，"对于孙中山先生的言论思想尤为注意"，"虽说不能全然懂得，但是已经觉得稍为窥见'一斑'"，接着坦陈了自己对孙中山"发展中国实业计画（划）"的看法——"在那计画（划）当中尚有使我不能释然的就是第二计画（划）第二节整治扬子江及第三计画（划）改良广州港为一世界港，……这种地方不但普通人不能相信可以做到，就是像我稍为读点工程学的也不能不疑虑。又我狠（很）想看看孙先生的'计画（划）'英文原稿，不晓得可以得到么？"最后又讲了其对发展交通特别是铁路，以及打算翻译外国杂志有关铁路运输和水道运输的设想，求证"你《建设》上可以发表否"②。此信写于1920年1月31日，朱执信在2月9日便作了篇幅更大的亲笔回复。即便如此，朱执信开篇还是不无自责地写道："贯三先生：你的信早已收到了，因为是旧历岁底，印刷所催并着要提前付印，所以耽搁了几天，请你原谅。"对于许贯三信中涉及的各个问题，朱执信也一一正面给出答复和回应，并且推心置腹、句句实在，毫无

---

① 《本志简章》，《建设》第3卷第1期（1920年12月1日）。
② 许贯三：《致朱执信函》，《建设》第2卷第2期（1920年3月1日）。

虚于应付之嫌。至于投寄译文之事，朱执信则明确表态："如果不生出版权问题，我们是最喜欢登载的。"①以朱执信为代表的《建设》杂志同人对读者的尊重，由此可见一斑。

（二）释疑解惑

《建设》创刊伊始，就设立了"通讯"专栏（后来改称"通信"），专门用以加强与读者的联系与交流，其中回答读者提出的问题、为他们释疑解惑是一个重要的考量。比如读者刘凤鸣曾致信《建设》杂志，他写道："我在《新潮》第五号，看见傅斯年君《白话文学与心理学的改革》，文内说，'仿佛记得孙中山在《民报》上拿唐太宗比自己'。我向从前的《民报》翻寻，却不见载有中山先生这样的话。好在先生们都时常和中山先生接近，并且有几位就是旧日《民报》的记者，究竟傅君的话有无根据，中山先生为甚会将唐太宗自比起来，请告诉我，解我的疑惑。"刘凤鸣这封信写于7月19日，胡汉民于当月28日就给出了回复，堪称迅速。他说：

《民报》上确没有这种话，我们和中山先生相处多年，也没有听过这种口调，只是宫崎滔天做的《三十年落花梦》，上面刻的中山先生序文，说宫崎狠（很）有革新的思想，闻得中国有提倡民主共和运动革命的人，就不远千里来访，好像虬髯客当日访李世民的故事。可惜我们都不是李世民，辜负他的盛意。中山先生因为宫崎有一把大胡子，就想出一个虬髯来比他，但是明明说出自己是主张民主的革命家，那就当然不是拿什么皇帝英雄来做榜样。这个意思，看文章的人也不会生出误会。不过中山先生并不是旧文学的专家，偶然和宫崎这胡子凑趣，用出不甚确当的典故出来。……这几句话，究竟是比喻得不工，我们要批评他，可说是受了古典文学的墨误罢了。……好在傅君也说是"仿佛记得"。由这种错误的记忆下的批评，也就不必深论了。②

在复信中，胡汉民不仅明确回答了刘凤鸣的疑问，而且还把事情的前因后果、来龙去脉讲了个清清楚楚，并且丝毫不为尊者讳，坦言孙中山"不是旧文学的专家"，以至于"用出不甚确当的典故出来"。此外，胡汉民对傅斯年"由这种错误的记忆下的批评"所表现出的大度为怀的态度，也是令人赞赏

---

① 朱执信：《复许贯三函》，《建设》第2卷第2期（1920年3月1日）。
② 胡汉民：《复凤鸣先生函》，《建设》第1卷第2期（1919年9月1日）。

的，反映了当时革命党人"躬自厚而薄责于人"的宽阔胸襟和不凡气度。

（三）相互切磋

《建设》杂志的社员和编辑尊重读者、有问必答，如果有读者就某一方面的学术理论问题或重大现实问题来信发表意见，他们也高度重视，并以平等的态度展开讨论和商榷。这方面，廖仲恺、胡汉民、朱执信与胡适围绕井田制问题所进行的书信往来最具典型性。

《建设》创刊号筹备之际和出版后，戴季陶、廖仲恺、林云陔等都曾向胡适约稿，廖仲恺写信约稿更是不止一次。胡适碍于各种事务，迟迟未能"有所贡献"，为此特向廖仲恺回信致歉，并请求"恕罪"。就在这封回信中，胡适谈及了自己对胡汉民发表在《建设》第1卷第3和第4期上的《中国哲学史之唯物的研究》这篇长文中关于"古代真有井田制度"这一观点的不同看法，认为井田制度"是狠（很）可疑的事"，并概略地陈述了几个方面的理由。在这封信的最后，胡适表示"这不过是我一时想到的怀疑之点，要请胡先生教正"，而"胡先生这篇文章的全体，是我狠（很）佩服的"①。胡适的这封信是在1919年11月8日夜里写就的，廖仲恺不久就修书作答。他先是就"先生对一个问题不肯苟且的态度，不遗巨细的精神"表示"真是佩服"，进而转述了胡汉民关于井田制度问题的答辩意见，然后也就此一学术问题，根据"现在的知识所能及"，谈了自己的看法，语焉颇详。最后，他诚恳表示"请先生指教"，并说"拿这样大问题来讨论，狠（很）觉得力量不足，望先生不要见笑"②。这之后，胡适又写了一封长信，引经据典地阐述他的观点，而胡汉民在收拾行李为次日搭船出行作准备时见到了此信，他毫不犹预地决定"把船推了，捱迟一天，先将来信答复"，因为在他看来，"这固然是我们做文章的责任义务，应该看得比甚么事情还重"，何况"先生在百忙中，写这篇很长的井田论，把《孟子》以次，如《公羊》《谷梁》《周礼》《王制》《韩诗外传》等书，一一都加以批评，内中并有许多特见，我是很佩服的"。尽管如此，胡汉民实话实说，"依然令我觉着未曾得到满足的解答"，于是决定"把我对于来信的怀疑写出来，还望先生指正指正"。随后，胡汉民把胡适的观点归纳为

---

① 胡适等：《井田制度有无之研究》，《建设》第2卷第1期（1920年2月1日）。
② 胡适等：《井田制度有无之研究》，《建设》第2卷第1期（1920年2月1日）。

四点，分别加以讨论，最后概括出自己以"井田制是中国古代土地私有制未发生以前的一种土地共有制"为核心的三个论断。

1920年1月26日，胡适再度写信给胡汉民和廖仲恺申述己见；5天之后，针对胡适所指胡汉民信中的一些数据方面的问题，从前"同汉民兄共同研究的"的朱执信自感"在数字上，我也应该负一点责任"，因而代为作答①。

胡适与廖仲恺、胡汉民围绕井田制问题进行的书信讨论，虽然彼此观点不同、见解各异，但都是心平气和的平等切磋。胡适不以大学者自居，廖仲恺、胡汉民则在给予胡适足够尊重的前提下陈述己见，双方你来我往，进行文字交流，从而成就了近现代学术史上的一段佳话。《建设》杂志同人认为，围绕井田制问题的"这番研究的讨论"，"我们觉得这是一件狠（很）有趣味的事，特地征得适之先生的许可，讲来往辩论的原信发表如左"②。正是缘于《建设》杂志同人的这种学术敏感，将这段佳话不加剪裁地保存下来，才使我们得以见其原貌，而前辈们对于学术问题的执着和较真，以及对于持不同学术主张者的理解和尊重，值得后世学人由衷景仰和认真学习。

---

① 胡适等：《井田制度有无之研究》（二），《建设》第2卷第2期（1920年3月1日）。
② 胡适等：《井田制度有无之研究》，《建设》第2卷第1期（1920年2月1日）。

第二章 《建设》传播马克思主义的现实动因

五四时期是中国期刊史上空前辉煌的一个时期。此一时期,各种期刊如雨后春笋般地涌现出来。至于五四时期究竟出现过多少种期刊,由于统计口径不同,学者们给出的答案也存在着较大的差异。比如,倪延年、吴强根据张静庐《中国现代出版史料·甲编》所载《一九一九——一九二七年全国杂志简目》进行了统计,得出的结论是"从1919年到1921年6月,全国新创办的刊物达120种之多"[1];李焱胜给出的数字是,"在五四运动爆发前后约一年的时间里,全国各地创办的此类刊物多达200余种"[2];朱汉国认为,"五四时期出版了四五百种报刊"[3];胡勇提出,"五四运动期间,全国新创办报刊在1000种左右"[4];杜波基于更为全面细致的梳理和统计,作出了五四时期"共创办期刊约1800种"的论断[5]。120种也好,1800种也罢,五四时期涌现出来的这些期刊,大都具有宣传新思潮、进行思想启蒙的共同取向和特征,而马克思主义作为当时备受世人关注的一种新思潮,"以革新思想为将来革新事业之准备"的中华革命党人积极主动地对其进行研究和传播,具有逻辑的必然。换言之,中华革命党人在其创办的《建设》杂志上开展马克思主义的研究和传播并不是无心插柳的结果,他们无论是介绍唯物史观还是宣传马克思的经济理论抑或是阐扬社会主义思想,都有其主观的意图和明确的动机。可以说,1919—1920年,《建设》杂志对马克思主义思想学说的介绍,既是革命党人在世势变迁条件下

---

[1] 倪延年、吴强:《中国现代出版史料报刊发展史》,南京:南京大学出版社,1993年版,第149页。
[2] 李焱胜:《中国报刊图史》,武汉:湖北人民出版社,2005年版,第93页。
[3] 朱汉国:《五四时期的重要报刊》,《神州》2008年第5期。
[4] 胡勇:《五四时期报刊的发展及其在五四运动中的作用》,《中共珠海市委党校珠海市行政学院学报》2014年第5期。
[5] 杜波:《五四时期期刊研究》,北京:人民出版社,2020年版,第103页。

的思想回应，也是实践导向下对革命理论的自觉扩展。

一、世势变迁下的思想变革

五四时期，中国社会风云激荡，各种思潮纷纷涌入，特别是新文化运动之后，中国传统文化面临被摒弃的危机，与此同时，随着十月革命的爆发以及留学日本的进步知识分子的介绍，马克思主义在中国有了更加广泛的传播。在这样一种时代条件下，《建设》学人也积极融入时代潮流之中，主动研究和传播马克思主义思想学说。

（一）马克思主义应时传入

上古以来的若干个历史时期，中国都曾是地处东方的一个先进大国。在长期的发展过程中，中国人民创造了灿烂的文明，并逐渐积淀、凝聚成了以儒家思想为核心的中国传统文化。自汉武帝"独尊儒术"之后，中国传统文化便与封建小农经济和专制制度相辅相成，建构起了支撑中国政治、经济和社会的超稳定结构。直到鸦片战争爆发之前，不论中国版图上政权如何兴替、政局如何变化，基本的政治和经济制度历久不变，相应地，以儒家思想为核心的中国传统文化也始终是维系社会秩序和民众生活的精神纽带，并成为封建社会中后期的中国长期领跑世界的重要文化力量。然而，鸦片战争的爆发，使中国社会开始沦入半殖民地半封建的深渊，小农经济受到了资本主义生产方式的强力冲击，封建专制制度在西方侵略者"坚船利炮"的打击面前更是狼狈不堪、节节败退。皮之不存，毛将焉附？既然支撑传统文化统治地位的政治、经济基础已走向瓦解，西方文化长驱直入，中国传统文化风光不再，出现全面危机也便成为势之必然。

中国传统文化在与西方文化的对比中，暴露出了太多的弱点和弊端，总体上的劣势显而易见。概而言之，中国传统文化代表了古代农业文明，而西方文化则代表了近代工业文明；中国传统文化维护的是封建专制制度，而西方文化则维护的是资本主义民主制度；中国传统文化主张尊卑有等贵贱有序，而西方文化则主张生而自由人人平等；中国传统文化崇尚因循守故，而西方文化则崇尚推陈出新；等等，等等，诚如孙中山所言："欧美近一百年来的文化，雄飞突进,一日千里,种种文明都是比中国进步得多。"①可以说,中国传统文化与西方文化相比,存在着时代性、整体性的差别,这便是我们称之为全面危机的依据所在。

西方文化凭借其相对于中国传统文化的全面优势,受到了当时中国一部分知识分子的热烈欢迎和广泛传播,"西学东渐"成为一股不可阻挡的时代潮流。以康有为、梁启超等为首的资产阶级维新派提议施行西方君主立宪制度来改造中国,以此确保清王朝的永久基业;而以孙中山为首的资产阶级革命派则期望借助于革命的方式使中国成为一个民主共和国,从而与世界强国平起平坐。然而,戊戌变法终以失败告终,而中华民国的建立也未能实现中山先生的梦想,民国的有名无实迫使先进的中国人再次思考救国救民的方案。以新文化运动的发起为标志,一批思想较为激进的知识分子将中国贫穷衰落的根本原因锁定在传统文化对中国人思想的钳制和禁锢上,他们试图通过引进西方文化甚至试图通过全盘西化来改造中国。但是,这些舶来的思想观念的生长土壤与中国迥异,它们无法与中国的实际状况很好地结合,因而在实践过程中不断遭到失败,即如毛泽东在新中国成立前夕所一针见血地指出的:

从一八四〇年的鸦片战争到一九一九年的五四运动的前夜,共计七十多年中,中国人没有什么思想武器可以抗御帝国主义。旧的顽固的封建主义的思想武器打了败仗了,抵不住,宣告破产了。不得已,中国人被迫从帝国主义的老家即西方资产阶级革命时代的武器库中学来了进化论、天赋人权论和资产阶级共和国等项思想武器和政治方案,组织过政党,举行过革命,以为可以外御列强,内建民国。但是这些东西也和封建主义的思想武器一样,软弱得很,又是抵不住,败下阵来,宣告破产了。②

不仅如此,被一部分中国知识分子奉为圭臬的西方文化,其自身也遇到了前所未有的严重危机:1914年第一次世界大战的爆发,"使欧洲文明之权威大生疑念。欧人自己亦对于其文明之真价不得不加以反省,因而对于他人之批评虚心坦怀以倾听之者亦较多"③。

历史事实证明,在灾难深重的近代中国,无论是本国传统文化还是西方

---

① 《孙中山选集》(下册),北京:人民出版社,1956年版,第723页。
② 《毛泽东选集》第4卷,北京:人民出版社,1991年版,第1513—1514页。
③ 《李大钊文集》第2卷,北京:人民出版社,1999年版,第209页。

资本主义思潮，都无法帮助中国人真正实现救亡图存的历史任务，正如李大钊所言："东洋文明既衰颓于静止之中，而西洋文明又疲命于物质之下，为救世界之危机，非有第三新文明之崛起，不足以渡此危崖。"① 正当中国人为寻觅救国良方而苦苦求索的时候，"十月革命一声炮响，给我们送来了马克思列宁主义"②。十月革命的胜利使"过去蕴藏在地下为外国人所看不见的伟大的俄国无产阶级和劳动人民的革命精力，在列宁、斯大林领导之下，像火山一样突然爆发出来了，中国人和全人类对俄国都另眼相看了。这时，也只是在这时，中国人从思想到生活，才出现了一个崭新的时期"③。

（二）对苏俄社会主义态度的转变

俄国革命胜利的消息传来之后，在中国社会引起了巨大反响。以戴季陶为代表的资产阶级革命派及进步知识分子密切关注俄国革命的动态，比如，他们创办的《星期评论》自创刊之日起就不时对俄国布尔什维克予以报道和评论。由于《星期评论》和《建设》在当时同为中华革命党的机关刊物，其创办者及作者群体重合度高，因此我们从《星期评论》相关的论述中，可以间接地看出革命党人以及《建设》学人对俄国革命的态度。

1917年11月（俄历10月）7日，俄国布尔什维克党所领导的社会主义革命取得胜利，建立了苏维埃政权。消息很快便传入了中国。不过此时，俄国的革命行动并没有为太多的国人所赞许，相反，各言论机构不约而同地将俄国革命描述为恐怖的暴力行为。1917年11月13日，十月革命爆发数日之后，《民国日报》就开始关注发生在俄国的这场革命。该报节译了一组国外媒体对俄国革命的报道，指出："俄京中反抗极端派之举动逐日增甚，……陆军委员会已占据电话局，逐走极端派。……极端派冒险举动之失败，仅数日内之事，或为数小时内之事。"④ 11月14日，该报继续跟踪俄国革命形势，预言列宁政府即将倒台："俄京哥萨克联队已联合美克齐美而党抗拒里林党，……证实里林主义摇摇若风前之烛，赞助者日渐稀少。"⑤ 11月15日，该报的报道话锋一转，

---

① 《李大钊文集》第2卷，北京：人民出版社，1999年版，第205页。
② 《毛泽东选集》第4卷，北京：人民出版社，1991年版，第1471页。
③ 《毛泽东选集》第4卷，北京：人民出版社，1991年版，第1470页。
④ 《俄国大政变之混乱·极端派之政府才成立而又摇动》，《民国日报》1917年11月13日。
⑤ 《俄国政局又有转机·里林党政府失败说》，《民国日报》1917年11月14日。

认为列宁政府在俄国进行着极端统治，并且他们暂时不会被消灭："俄京上流人民均不敢出行，道中所见者尽属极端派兵士，芬兰骚扰日甚。极端派常于白昼杀人，肆无忌惮。"①时隔近一个月，至12月14日，从该报的报道看，他们似乎仍不看好列宁政府，认为由于"现在俄国内部反对过激派之运动渐已得势"，"本报以为若农民及哥萨克兵反对列宁，过激派必难成功"②。从《民国日报》对十月革命的一系列报道中不难感知，该报对俄国革命基本持反对的立场，他们不仅以"极端派""过激派"指称布尔什维克党及其武装，并且坚定地认为列宁政府不得民心、必将倒台。

1919年6月8日，《星期评论》创刊。在《星期评论》创刊后的最初一段时间内，中华革命党人对俄国革命的消极态度仍然没有明显的改观。不过，随着苏俄对华宣言的发布，社会主义俄国一改资本主义国家长期以来压迫中华民族的积习，而代之以和平友好的姿态，这吸引了国内进步知识分子重新认识布尔什维主义的目光。经过一番审慎的思考，他们对十月革命及苏维埃政权的误会逐渐消解，转而开始认同苏俄农劳政府的社会主义建设。

1919年7月25日，列宁领导的苏俄政府发表《俄罗斯苏维埃联邦社会主义共和国政府对中国人民和中国南北政府的宣言》，史称苏俄第一次对华宣言。该宣言宣布："废除帝俄与中国、日本、协约国签订的一切有关中国的秘密条约，帝俄在中国东北以及别处用侵略手段取得的土地一律放弃，废除帝俄在中国的领事裁判权和租界，放弃庚子赔款的俄国部分，放弃帝俄在中东铁路方面的一切特权。"③该对华宣言发布后不久，《星期评论》就从海外刊物中获悉了其主要内容并迅速加以报道，其云："大阪《每日新闻》九月一日所载旧金山发的伦敦电说：'据莫斯哥发的公报，劳农政府的外交总长奇怯林氏对于中国的政府发了一个通告，声明劳农政府取消一切秘密条约，并且撤回义和团事件的赔款。'"④

苏俄对华宣言所展示的友好姿态激发了《星期评论》学人重新审视苏维埃政权的兴趣。他们意识到，自己以往对劳农政府的了解并不全面，而究其原

---

① 《俄国大局之恍惚·极端派之政府未失败》，《民国日报》1917年11月15日。
② 《俄政府之媾和热》，《民国日报》1917年12月14日。
③ 夏征农等主编：《大辞海·中国近现代史卷》，上海：上海辞书出版社，2013年版，第496页。
④ 季陶：《俄国两政府的对华政策》，《星期评论》第15期（1919年9月14日）。

因，一方面在于舆论界众说纷纭，想要客观了解苏俄国内的情况实属不易——据《星期评论》观察，"俄国的事，报纸上的记载，各持一说，究竟是怎么一个情形，几乎使我们看报的人，堕在五里雾中"①；另一方面，"俄国的现状，复杂异常，要想得一点可以作参考的材料，已经不容易得很。而且关于布尔色维克方面的记事，尤其难得"②，"俄国的情形，因为消息阻隔，掌握交通机关的人，又颇有隐蔽或压抑这方面消息的情态，所以我们一直很难得其真象"③。为了客观地了解苏俄劳农政府的真实现状，《星期评论》呼吁即使陷于消息阻隔的困境，也要认真研究"俄国的事情"，"虽是材料很难得，消息不确实，但是我们如果常常留心，总可以得多少的智识"④。

由此开始，《星期评论》围绕社会主义问题展开了诸多讨论，与此相应，他们对苏维埃俄国的评判也越来越公允。早在各大报纸一致使用"过激党"来称呼"布尔色维克"的时候，戴季陶就曾纠正道："'过激派'这个名词本来是日本那些因为怕布尔色维克，便生了'胆怯病'的人制造出来的。传到中国来以后，中国也有害'胆怯病'的人也跟了用'过激'两个字。这就是'过激党'三个字发生的原因。其实，俄国人并没有自己叫'过激党'，英、法、美、意、德、奥和一切欧美各国都没有叫他做'过激党'的。"⑤将近半年之后，陈独秀也针对这个问题作出解释，他的说法与戴季陶大致相同，指明布尔什维克"并非是什么过激不过激的意思。日本人硬叫Bolsheviki做过激派，和各国的政府资本家痛恨他，都是说他扰乱世界和平"⑥。两相对比，可以看出戴季陶对苏俄问题的观察可谓既敏锐又准确，这与他向来重视苏俄问题的态度不无关系。

带着对苏俄问题的敏锐观察力，到1920年2月，戴季陶已经基本辨别清楚了苏俄劳农政府的真相。他看到，"关于俄国的事情，外间所传布的十九都是浮说。但是因为没有实在可靠的真实材料，所以那些浮说也就很能得人相

---

① 季陶：《俄国两政府的对华政策》，《星期评论》第15期（1919年9月14日）。
② 季陶：《李宁的谈话》，《星期评论》第17期（1919年9月21日）。
③ 季陶：《俄国之近况与联合国的对俄政策》，《星期评论》第26期（1919年11月30日）。
④ 季陶：《俄国之近况与联合国的对俄政策》，《星期评论》第26期（1919年11月30日）。
⑤ 季陶：《对付"布尔色维克"的方法》，《星期评论》第3期（1919年6月22日）。
⑥ 陈独秀：《过激派与世界和平》，《新青年》第7卷第1期（1919年12月1日）。

信"①。为了客观地展现苏俄劳农政府的面貌,他翻译了美国前陆军情报局长布里特氏关于《劳农政府治下的俄国》的报告,并写道:"从欧洲、美洲、日本往往传出消息,说劳农俄国人民怎样困苦,而政府里面的人如李宁、脱罗茨基怎样奢侈。这些说话,我们看布里特氏的报告便很可以晓得是讹传了。"②他认为布里特氏的报告是"研究俄国政治的、社会的现象之绝好资料",对于那些"并不去考察实际的真象如何,以为俄国行的无政府主义,以为俄国是充满了残杀、掳掠、奸淫的罪恶"的"无识的蠢才",戴季陶劝告他们要言之有据而不可以信口雌黄,并郑重地推荐给他们《劳农政府治下的俄国》这篇报告,指出该报告"对于这种人,实在可以作为一个有力量的教科书"③。随着对苏俄研究的深入开展,劳农政府的真实面貌逐渐浮出水面。

1920年4月11日,《星期评论》以《俄罗斯劳农政府给我们中国人民的通告》为题,全文刊发了苏俄第一次对华宣言。戴季陶撰文写道:"在前几天里面,我们中国人民从路透电里得来一个世界历史上空前的消息。看见这个报告的人,没有不无限欢喜无限感激。这个消息是甚么呢? 就是俄罗斯社会主义联邦苏维埃共和国政府对于中国人民的正式通告。"④《星期评论》第45号更是几乎专刊报道了此一事件。该期《星期评论》除了全文刊发这篇苏俄对华宣言外,还围绕苏俄政府的友好举动,编发了一组评论文章,其中包括沈仲九所撰《为什么要赞同俄国劳农政府的通告?》、戴季陶所撰《俄国劳农政府通告的真义》、周颂西所撰《苏域俄罗斯教育谈》。该期《星期评论》表明,学人已经抛弃了以往受外界报道影响而产生的对苏俄的偏见,在客观研究的基础上,充分肯认苏俄劳农政府的社会主义精神。他们认为,"俄国人民的政府这次对我们人民的通告的确是自有人类以来空前的美举! 任何民族、任何国家在历史上从来没有这样伟大的事业,没有这样清洁高尚的道德"⑤。苏俄劳农政府之所以能够发布这样的通告,是由苏维埃宪法的精神决定的,"他们宪法的精神,是要划除资本主义侵略主义的精神,是自由平等互助的精神,是人道正义

---

① 季陶:《劳农政府治下的俄国》,《星期评论》第39期(1920年2月20日)。
② 季陶:《劳农政府治下的俄国》,《星期评论》第39期(1920年2月20日)。
③ 季陶:《劳农政府治下的俄国》,《星期评论》第39期(1920年2月20日)。
④ 季陶:《俄国劳农政府通告的真义》,《星期评论》第45期(1920年4月11日)。
⑤ 季陶:《俄国劳农政府通告的真义》,《星期评论》第45期(1920年4月11日)。

的精神,就是要谋人类全体幸福的精神"①。《星期评论》学人不单单从苏俄放弃"俄国从前所获取底各种特权"的角度肯定的劳农政府壮举,而且还用世界主义的眼光看到劳农政府的行动指南是要"谋人类全体幸福的精神"②,苏维埃的目标是联合各国人民建设自由、互助的新世界。在这一系列分析的基础之上,《星期评论》学人进而宣扬"俄国波尔色维克的建设,在政治组织上和经济组织上是很切实的模范,我们尤其不能不切实研究"③。至此可以看出,《星期评论》已经完全转变到了赞扬苏俄革命的立场上来。

二、实践导向下的理论扩展

我们看到,在五四时期传播马克思主义的刊物中,《建设》无疑是其中一颗闪亮的明星。尽管如此,我们还应承认,《建设》作为中华革命党人的理论刊物,他们研究马克思主义,其本意并非为宣传、扩大马克思主义的影响力,而是带有自身客观的实践需求。在构建未来中国的现代国家模式、改造当下社会弊病的现实政治目标下,《建设》注重传播国内外流行的社会政治思潮,旨在为党人的建国目标提供理论参考。马克思主义就是作为一种最新的社会改造学说而进入了《建设》学人的研究视野。

(一)传播新文化以改造社会

建立自由、民主的新式共和国是以孙中山为代表的资产阶级革命派的奋斗目标。然而自辛亥之后,孙中山所领导的革命事业屡遭困顿。为总结经验、重整旗鼓,孙中山决心"埋头于革命和建国理论的研究"④。与此基本上同时,宣扬民主和科学的新文化运动席卷全国。这一运动以摧枯拉朽之势冲击了封建传统禁锢,人们的思想于是得到了极大的解放。有鉴于思想文化运动在解放人心上所呈现出的威力,正埋头于理论建党研究的孙中山看到了二者的融通之处,深感"欲收革命之成功,必有赖于思想之变化"⑤。为此,他决定借新

---

① 仲九:《为什么要赞同俄国劳农政府的通告?》,《星期评论》第45期(1920年4月11日)。
② 仲九:《为什么要赞同俄国劳农政府的通告?》,《星期评论》第45期(1920年4月11日)。
③ 季陶:《关于劳动问题的杂感》,《星期评论》第48期(1920年5月1日)。
④ 白寿彝总主编:《中国通史》第12卷《近代后编(1919—1949)》(上册),上海:上海人民出版社,2015年版,第32页。
⑤ 执信:《杀人不是革命的要素》,《建设》第2卷第3期(1920年4月1日)。

文化运动的东风，创办新期刊、宣传新思想，"表示吾党根本之主张于全国，使国民有普遍之觉悟"①，进而使他的建国理论深入人心，推动实现社会革命的建设目标。

正如有学者所指出的，"国民党把新文化运动的本质理解为社会改造运动"②。他们宣传新文化，引介新思潮，在目标指向上是为加速社会改造、实现社会变革服务的，这从《建设》杂志刊名及其办刊宗旨中就可以看出端倪。孙中山指出，该刊"鼓吹建设之思潮，展明建设之原理，冀广传吾党建设之主义，成为国民之常识，使人人知建设为今日之需要，使人人知建设为易行之事功，由是万众一心以赴之，而建设一世界最富强最快乐之国家，为民所有、为民所治、为民所享"③。从这一办刊宗旨中可以看出，《建设》杂志本是为迎合新文化运动创办的，但它不仅仅停留于新文化层面的讨论，而是开诚布公地申明宣传新思潮只是辅助的手段，"建设"才是奋斗的目标。建设而非破坏，启蒙以加速建设。另外，由于把新文化运动落脚于社会改造运动，国民党人对于"革命"手段的认知也发生了明显转变。朱执信曾言："革命的目标是推倒不良制度，另外拿一个良制度来替他，并不是复仇。所以革命的要素，破坏同时建设，不是杀人。我们革命的遗憾，就是破坏不尽，建设不来，不是杀人不痛快。……我们以后的努力，要向觉悟革命的目的在那里一方面做去。我们认从前的革命是失败，是有遗憾。"④在朱执信看来，只要有利于新社会制度的建设，不管是武力行动还是思想的启蒙运动，都是革命的手段。武力斗争一再受挫，这促使朱执信开始思考"觉悟革命"即用革命理论启发民智、变革社会的必要性。戴季陶更是直言，"爆裂弹和演说文字的鼓吹，可以说是一个效用"⑤，"平和的新文化运动，这就是真正的革命"⑥。如果说以上例证从侧面佐证了国民党人对新文化运动的理解，而在另一处，戴季陶更是直接解释说："新文化运动是甚么？就是以科学的发达为基础的'世界的国家及社会的

---

① 《孙中山全集》第5卷，北京：中华书局，2006年版，第66页。
② 欧阳军喜：《国民党与新文化运动——以〈星期评论〉〈建设〉为中心》，《南京大学学报（哲学社会科学版）》2009年第1期。
③ 孙文：《发刊辞》，《建设》第1卷第1期（1919年8月1日）。
④ 执信：《杀人不是革命的要素》，《建设》第2卷第3期（1920年4月1日）。
⑤ 戴传贤：《革命！何故？为何？——复康君白情的信》，《建设》第1卷第3期（1919年10月1日）。
⑥ 季陶：《我和一个朋友的谈话》，《星期评论》第17期（1919年9月28日）。

改造运动'。非有大破坏，不能有大建设。但是一面破坏着，同时就要一面建设着。"①从戴季陶的话中不难理解，新文化运动就是社会改造运动，新文化运动以社会建设为目标。

《建设》杂志及其主要创办人以新文化运动作为新的革命行动，在这样的背景下，《建设》学人宣传、引介新思想，包括传播马克思主义学说，主要目的就是用来指导社会改造实践。可以说，《建设》宣传马克思主义，有其直接的现实意义。马克思主义作为指导人类解放的普遍真理，它的科学内涵也部分地得到了《建设》同人的认可，用以作为对抗专制、压迫等不良社会制度的武器。

《建设》是以孙中山为首的中华革命党（后改组为中国国民党）创办的重要理论刊物，其骨干成员如胡汉民、朱执信、戴季陶、廖仲恺等都曾是同盟会会员。他们追随孙中山已久，在思想上服膺三民主义。孙中山领导的资产阶级革命派以推翻帝国主义和封建专制为己任，倡导在中国建立自由、平等、民主、富强的新式共和国。可以说，封闭僵化的封建遗毒与革命党人的奋斗目标格格不入，因此，《建设》常常刊登以批判封建制度及其落后思想为主题的文章，借以宣扬民主、自由的社会理念。他们要求改造社会经济组织以改革旧的伦理道德，因而封建伦理、家族制度、女子解放等等话题都是《建设》多次论及的重要现实问题。

我们注意到，在《建设》针对封建旧伦理道德所展开的批判中，一种有力的论调是为从经济组织上考察社会关系的变迁，强调道德伦理"本来不过就着社会的关系，排列出一种相应底规范，应该随社会变化为变化"②。这一分析思路，明显是从唯物史观对人类社会发展规律的分析中找到了批判现实落后生产关系的理论工具，无疑是《建设》作者将唯物史观与现实社会问题相结合的生动体现。

结合杂志所刊内容来看，《建设》主办者胡汉民根据"马克斯（思）的唯物史观揭出一个公例"来反思社会道德问题，这一公例即"凡属于人间意识的东西，都随人的生产关系，随其社会的关系，随其社会的存在，一齐变

---

① 戴季陶：《从经济上观察中国的乱原》，《建设》第1卷第2期（1919年9月1日）。
② 胡汉民：《从经济的基础观察家庭制度》，《建设》第2卷第4期（1920年5月1日）。

化","物质的生活之生产方法,决定社会的政治的以及精神的一切生活过程,不是人的意识决定人的生活,人类的生活倒是可以决定人的意识"①,按照马克思主义基本原理来表达就是说"经济基础决定上层建筑"。据此,胡汉民认定道德是社会的产物。他还引用马克思的话说,"经济的基础发生变动,所以在这基础上面底建筑物,也要或徐或速变革起来"②,这就意味着在经济水平已有明显提高的条件下,旧伦理制度会自然消亡,旧的伦理道德也要走进历史的陈列馆。与胡汉民的观点类似,戴季陶也明确指出:"伦理关系的变化,原因是在由生产方法更革而生的经济组织变迁",因此,在现代社会,"随着工业的进化、交通的发达,……古伦理的规范力,便和这些经济制度的发达刚巧成一个反比例,一天一天的低落下去",与新的经济组织相适应的新的伦理规范自然随之产生③。从上述分析中能够看出,《建设》作者按照唯物史观关于经济基础对上层建筑的决定作用,结合时代变化了的经济条件,有理有据地批判了社会上遗留的封建道德伦理。时移世易,在新的社会发展阶段,旧伦理道德是反动落后的象征,理应被摒弃。

此外,更值得关注的是,《建设》作者还进一步运用马克思主义理论分析引发伦理道德问题的深层次制度症结,提出废除阶级、消灭私有制等社会改造措施。

建立在一定经济基础之上的伦理道德规范是在经济上占统治地位的阶级及其意志的体现,此即意味着"道德,往往是阶级的道德",在阶级不平等的社会,"所谓道德,自然没有平等的意味"④。不过,按照唯物史观对于人类社会发展规律的考察,随着生产力的发展,生产关系及一切上层建筑也会或快或慢地发生变化。对此,胡汉民引用马克思的话指出:"物质的生活之生产方法,决定社会的政治的及精神的一切生活过程。不是人的意识决定人的生活,人类社会的生活倒可以决定人的意识","凡属于人间意识的东西,都随人的生产关系、随其社会的关系、随其社会的存在,一齐变化"⑤。那么,在物质

---

① 胡汉民:《阶级与道德学说》,《建设》第1卷第6期(1920年1月1日)。
② 胡汉民:《从经济的基础观察家庭制度》,《建设》第2卷第4期(1920年5月1日)。
③ 季陶:《旧伦理的崩溃和新伦理的建设》,《星期评论》第25期(1919年11月23日)。
④ 胡汉民:《阶级与道德学说》,《建设》第1卷第6期(1920年1月1日)。
⑤ 胡汉民:《阶级与道德学说》,《建设》第1卷第6期(1920年1月1日)。

规律面前，人是否无能为力呢？胡汉民基于对马克思的论断，不仅看到了生产关系变化的物质规律，而且看到了人的能动作用，呼吁"要想实现社会的平等，首先要打破不平等的阶级"①。进一步说，在阶级不平等的社会，打破阶级制度或者说进行社会革命的现实目标是什么？胡汉民认为，"社会改造不能限于一部分，而全部改造，须以社会经济的组织为中心"②。以传统社会中受压迫程度最深的妇女的解放问题为例，女子作为封建社会的一个特殊群体，她们受到阶级和家庭的双重压迫。在女子解放运动中，空谈女子教育、女子参政权对于问题的解决无根本助益，即如戴季陶所说："女子没有经济独立，不能空言解放与自由"，"女子这一个被掠夺阶级，和男权的掠夺阶级之所以成立，都是'财产私有'这一个制度的产物"③。女子解放运动从根本上看是与阶级问题、劳动问题紧密相关的，要想彻底改变女子的不平等地位，只有从经济上打破私有制，实现每个人的经济独立，从而消灭阶级、消灭压迫，实现人的解放，实现社会的真正自由平等。

《建设》作者对于废除封建落后思想所作的直指根柢的分析，得益于他们对马克思主义关于社会经济基础地位理论的接受和认可。借助马克思主义理论，《建设》作者读懂了伦理道德的阶级奥秘，认为要想摆脱旧社会的钳制，就要消灭阶级，废除私有制，这同时体现了他们对马克思主义的实践和应用。

（二）阐发经济史观以发展实业

第一次世界大战期间，由于西方各国忙于战事，暂时放松了对中国的入侵，中国民族资本主义趁此间隙获得了长足的发展，振兴实业的呼声也随之高涨。"一战"后，孙中山著成《实业计划》，"欲利用战时宏大规模之机器，及完全组织之人工，以助长中国实业之发达，而成我国民一突飞之进步"④。此时，孙中山吸收了民族资产阶级要求振兴实业的愿望，企图利用战后欧美帝国主义国家闲置的工业设备和技术人员来援助中国发展，为此，他于1919年写成《实业计划》（又名《国际共同发展中国实业》）。

《实业计划》分13期在《建设》杂志连载，集中描绘了孙中山开发资

---

① 胡汉民：《阶级与道德学说》，《建设》第1卷第6期（1920年1月1日）。
② 胡汉民：《从经济的基础观察家庭制度》，《建设》第2卷第4期（1920年5月1日）。
③ 季陶：《劳动者解放运动与女子解放运动的交点》，《建设》第2卷第2期（1920年3月1日）。
④ 《孙中山全集》第1卷，北京：人民出版社，2015年版，第93页。

源、便利交通、促进生产的发展蓝图，阐发了希冀通过振兴实业以改善民生的愿望。以物质生产发展为鹄的的实业计划在一定程度上与唯物史观关于推动生产力发展以变革社会的内在要求不谋而合。孙中山是否受了唯物史观的启发而阐发实业计划？对此，我们暂时还没有找到可以直接用为确证的资料，不过戴季陶确实运用唯物史观分析了当时中国的社会弊病，进而指出了通过发展实业来解决中国混乱局面的必要性。

1919年9月，戴季陶在《建设》杂志上发表了《从经济上观察中国的乱原》一文。文章指出，中国社会之所以战乱频兴，乃是由于经济欠发达引起的，"我们如果用马克司（思）的历史观察法来观察中国的历史，用达尔文生物进化说的法则来解剖中国的历史，这些杂乱无章的事实便都容易明白了"①。唯物史观从物质要素，主要从经济方面考察社会上层建筑，受此启发，戴季陶将中国"兵乱的根本原因"概括为三个方面，即：由外来机器生产品压迫出来的生活的不安；生活落伍者增多；人力和地力即资源禀赋的不相匹配。戴季陶认为，随着交通工具的发展，欧美工业国家的机器制造品输入中国，国内的手工业生产品受此竞争，失业人数增多，生活压迫加大，生活的落伍者往往加入会匪组织，成为社会不安的隐患。而近年来，国内区域战争不断，究其原因也是由于人力和地力的矛盾，各地人们为了满足生活需求，互相争夺资源。戴季陶运用唯物史观的历史考察方法，发现引起中国社会动乱的根源在于经济发展水平不高，从而致使人们急切需要改善生活。那么如何解决这个问题呢？戴季陶认为，"孙先生所主张的'机器借款政策''沟通海陆的大铁道政策''一铁道贯通人口稀薄地及人口稠密地的新发现'，不用说是最切实的主张了"②。这些措施都是孙中山《实业计划》里对中国未来发展蓝图的规划。戴季陶一向赞同孙中山振兴实业的规划，曾说过"救济中国的社会，还是整兴实业最要紧的"③。由此我们可以看到，戴季陶从唯物史观中找到了支持孙中山发展实业计划的理论支点。

---

① 戴季陶：《从经济上观察中国的乱原》，《建设》第1卷第2期（1919年9月1日）。
② 戴季陶：《从经济上观察中国的乱原》，《建设》第1卷第2期（1919年9月1日）。
③ 季陶：《我和一个朋友的谈话》，《星期评论》第17期（1919年9月28日）。

第三章 《建设》对唯物史观的阐发与运用

马克思主义理论体系博大精深，具体包括三大组成部分，即马克思主义哲学、马克思主义政治经济学和科学社会主义。作为马克思主义理论体系的重要组成部分，无论是马克思主义哲学、马克思主义政治经济学还是科学社会主义，它们又各自具有极为丰富的内容，因而本身也都自成体系。19世纪末20世纪初，在马克思主义走出欧洲向世界广为传播的历史大潮中，马克思主义哲学（特别是唯物史观）、马克思主义政治经济学和科学社会主义也相继通过日本渠道、欧美渠道传入我国；十月革命之后，苏俄更是一跃而成为马克思主义科学理论在中国传播的主渠道。五四运动时期，介绍马克思主义基本知识、翻译出版马克思主义经典著作、开展马克思主义理论研究成为一时之风尚。在这种时代背景之下，1919年8月创刊的《建设》杂志积极跟进，并迅速成为传播唯物史观、马克思主义政治经济学和科学社会主义的重要载体。

唯物史观，或称历史唯物论、历史唯物主义，它与唯物辩证法共同构成了马克思主义哲学的理论体系。唯物史观以人类社会发展的一般规律为基本研究对象，是马克思和恩格斯在批判地继承德国古典哲学的基础上，通过对生产力与生产关系、经济基础与上层建筑的相互关系及矛盾运动的全面考察和系统分析而建构起来的。唯物史观阐明了社会基本矛盾运动是社会发展的根本动力、人民群众是历史的创造者和推动社会前进的决定力量、阶级斗争是阶级社会发展的直接动力等原理，为人们提供了正确认识社会现象和历史发展规律的科学方法论，被恩格斯列为马克思"两个发现"中的第一个。唯物史观的传入在马克思主义的三个组成部分中虽然不是最早[①]，但传入之后的传播之盛、持

[①] 谈敏在《回溯历史——马克思主义经济学在中国的传播前史》中指出，在马克思主义早期传播中最早提到马克思或恩格斯的名字时，在不同程度上都与他们的经济学说联系在一起。参见谈敏《回溯历史——马克思主义经济学在中国的传播前史》（下），上海：上海财经大学出版社2008年，第1184页。

续之久、影响之大，却是独树一帜的。

一、唯物史观的初传和发展

唯物史观在中国的传播和发展是马克思主义在中国传播、发展的缩影。以五四运动为界，唯物史观在此前和之后有着截然不同的传播和发展状态。五四运动前，我们很难将唯物史观视为一个独立、完整的概念来考察其在中国的传播发展情况，毕竟这一时期，唯物史观大多是以附属的形式出现在讨论新思想的文本中，因此，就五四运动前唯物史观在中国的传播来说，其传播的内容并不全面、传播的范围比较狭窄、传播的影响亦不深远。五四运动的爆发不仅在政治上推动无产阶级作为一支独立的力量走上了中国的政治舞台，而且在思想文化领域实现了对旧思潮、旧道德和封建文化的彻底批判，这一思想环境为唯物史观在中国的传播提供了优越的环境和土壤。因此可以说，五四时期唯物史观的传播达到了一个高峰。当然，此一时期知识人士对唯物史观的理解和把握参差不齐，比较而言，李大钊堪称其中的杰出代表。

（一）20世纪初唯物史观在中国的最初传播

张静如先生指出："最早提及唯物史观内容的是1902年上海广智书局翻译出版的日本学者福井准造的《近世社会主义》一书。书中说，马克思的学说'以讲究经济上之原则，而认真理与正理'，这显然有点唯物史观的意思。"[①]

1903年2月16日，《译书汇编》刊发了留日学生马君武撰写的《社会主义与进化论之比较（附社会党巨子所著书记）》一文。在这篇文章中，马君武对马克思作了简单的介绍："马克司（思）者，以唯物论解历史学之人也，马氏尝谓阶级竞争为历史之钥。"[②]文中"以唯物论解历史学之人也"的表述，不仅赋予了马克思其人及其理论以鲜明独特的特点，而且也在事实上将唯物史观传入了中国。值得注意的是，这篇文章提及唯物史观虽然仅此一句，然而在文章的末尾，作者还列举了一系列参考书籍，其中马克思、恩格斯撰写的著作就有《英国工人阶级状况》《哲学的贫困》《共产党宣言》《政治经济学批判》《资本论》等多种。据学者考证，文中提及的以上书目，系马克思、恩格斯的

---

① 《张静如文集》第4卷，深圳：海天出版社，2006年版，第1138页。
② 马君武：《社会主义与进化论之比较（附社会党巨子所著书记）》，《译书汇编》第2卷第11期（1903年2月）。

著作第一次出现在中国人面前。从这个意义上说,马君武的文章为有意了解马克思、了解唯物史观的中国知识人士提供了进一步学习和研究的指南。因此,马君武的这篇文章,不论是在唯物史观传播史上,还是在马克思主义传播史上,都具有十分重要的地位。

1903年10月5日,《浙江潮》编辑所编辑出版了日本社会主义者幸德秋水撰写的著作《社会主义神髓》一书。众所周知,《社会主义神髓》在中国的译介和出版是中国马克思主义传播史上的一个重要事件。关于唯物史观,在《社会主义神髓》中,幸德秋水借鉴了恩格斯为《共产党宣言》1888年英文版所写序言中的内容,对其作了如下表述:

> 社会主义之祖师凯洛马尔克斯(马克思)者,为吾人道破所以能组织人类社会之真相者,曰:"有史以来,不问何处何时,一切社会之所以组织者,必以经济的生产及交换之方法为根底。即如其时代之政治及历史,要亦不能外此而得解释。"

幸德秋水的这段引述,现如今在《共产党宣言》1888年英文版序言权威译本中的表述是这样的:"每一历史时代主要的经济生产方式和交换方式以及必然由此产生的社会结构,是该时代政治的和精神的历史所赖以确立的基础,并且只有从这一基础出发,这一历史才能得到说明。"①

借助《共产党宣言》的表述,幸德秋水明确表达了唯物史观的基本原理。比较而言,1903年10月出版的《社会主义神髓》对唯物史观的解释,显然已经比1903年2月刊文的《社会主义与进化论之比较(附社会党巨子所著书记)》前进了一大步。

1905年,朱执信在《民报》上发表了《德意志社会革命家小传》一文。这篇文章对马克思的生平、事迹及其思想作了较为详细的介绍。对于唯物史观,该文虽然没有予以详细阐发,但是文中"马尔克(马克思)之意,以为阶级争斗,自历史来,其胜若败必有所基"②,虽只有寥寥几句,却也抓住了《共产党宣言》的关键要核。与此同时,《德意志社会革命家小传》以其对《共产党宣言》的介绍,间接地实现了对唯物史观的初步传播。事实上,随着

---

① 《马克思恩格斯选集》第1卷,北京:人民出版社,2012年版,第385页。
② 蛰伸:《德意志社会革命家小传》,《民报》第2号(1906年1月)。

时间的推移，《共产党宣言》也逐渐为国人知悉，虽然时人对这篇经典的理解能力有限，但是时移事迁，《共产党宣言》中的唯物史观学说还是得到了越来越详细的阐发。在这一过程中，《天义》和《衡报》发挥了重要的作用。

1907年6月，刘师培、何震夫妇在日本东京创办了无政府主义刊物《天义》，并以其作为他们创建的"女子复权会"的机关报。1908年3月《天义》停刊后，刘师培又以何震的名义于1908年4月创办了《衡报》。《天义》和《衡报》虽然以鼓吹无政府主义为宗旨，但是其中亦有诸多社会主义的思想表达。比如，该刊曾刊登过《共产党宣言The Communist Manifesto序言》一文，并登载了下面这段出自《共产党宣言》的重要表述：

人类之全历史者，自土地共有之种族社会消灭后，常为阶级斗争之历史，即掠夺与被掠夺阶级、压制阶级与被压制阶级对抗之历史也。而是等阶级斗争之历史连续而呈，成社会进化之阶段。今又达于新阶段，被掠夺、被压制二阶级，欲脱掠夺、压制阶级之权力，以求解放己身，并消灭一切掠夺、压制之差别，以泯阶级斗争。由此而测未来，则社会全体必有解放之一日。①

在该文的最后，刘师培以"记者"的名义附上了一段按语，该按语指出："《共产党宣言》发明阶级斗争说，最有裨于历史。此序文所言，亦可考究当时思想之变迁。欲研究社会主义发达历史者，均当从此入门"②。刘师培关于"阶级斗争说，最有裨于历史"的表述说明，他已经初步认识到了马克思主义关于唯物史观的基本思想。而在另外一篇文章《共产党宣言序》中，刘师培再次指出："以古今社会变更，均由阶级之相竞，则对于史学，发明之功甚巨。讨论史编，亦不得不奉为圭臬。"③

从上面节选的两段表述所透露的思想来看，刘师培及《天义》《衡报》对于唯物史观在中国的传播，事实上也发挥了重要的作用。

以上笔者所分析的传播唯物史观的文本都有一个共同的特点，即它们都直接或间接地取材于日本，也就是说，日本渠道在传播唯物史观的过程中发挥了相当重要的作用。从这个角度我们也可以理解，为何在1910年前唯物史观能够较为畅通地通过日本渠道传至中国，而在1910年日本"大逆事件"之后，不

---

① 万仕国、刘禾校注：《天义·衡报》，北京：中国人民大学出版社，2016年版，第269页。
② 万仕国、刘禾校注：《天义·衡报》，北京：中国人民大学出版社，2016年版，第270页。
③ 万仕国、刘禾校注：《天义·衡报》，北京：中国人民大学出版社，2016年版，第420页。

仅唯物史观学说，就连社会主义思想和马克思主义理论在中国的传播都几乎销声匿迹了。"大逆事件"对唯物史观在中国的传播也造成了显著的影响，直到五四运动前夕，中国的知识分子才重新开始在译介日本社会主义者河上肇等人的思想和学说的基础上实现了对唯物史观的提炼、总结，从而推动形成了唯物史观在中国传播的新阶段。

（二）五四时期唯物史观在中国的传播及李大钊对唯物史观的阐发

我们知道，在五四运动时期，唯物史观在中国的传播与《新青年》杂志有着密不可分的关联。《新青年》不仅在1919年第6卷第5期刊发"马克思研究专号"，专门刊登了7篇评述马克思主义的文章，而且还开辟了"马克思研究"栏目，以刊发或转载研究马克思主义的文章。在这7篇文章中，顾兆熊的《马克思学说》、黄凌霜的《马克思学说的批评》，以及《新青年》转载的陈启修所作《马克思的唯物史观与贞操问题》、渊泉所作《马克思的唯物史观》，都以唯物史观为主要研究对象，对唯物史观作了比较综合的考察。

此时研究唯物史观的文章数量虽然不少，但是影响大、质量高的上乘之作却并不多。举例来说，顾兆熊的《马克思学说》一文虽然与李大钊的《我的马克思主义观》有相通之处，但相较之下，"李大钊的介绍，尊重马克思原著精神，对其学说体系和理论观点的把握，从广度、深度和准确性方面来说，比顾氏胜出一筹。顾氏的介绍，某些方面有其长处和特色，但往往偏离马克思学说的本意，这与他不那么强调遵循马克思原著精神，喜好按照自己的理解（或者自己所偏好的他人的理解）来诠释，恐怕不无关系"①。黄凌霜的《马克思学说的批评》，"把马克思学说分为经济论、唯物史观与政策论三大要点，从外表看，似乎与李大钊将其划分为历史论、经济论与政策论三个部分，相差无几。可是比较其内容，发现二者的理论素养根本不在一个层次上。凌霜对马克思学说只了解一些皮毛，不仅与李大钊的系统深入论述无法比拟，也远不如顾兆熊的客观介绍。……整篇文章介绍马克思学说，除了以无政府主义作为衡量标准而总体否定或部分肯定之外，所剩无几"②。而就《新青年》"马克思

---

① 谈敏：《1917—1919：马克思主义经济学在中国的传播启蒙》（中），上海：上海财经大学出版社，2016年版，第981页。

② 谈敏：《1917—1919：马克思主义经济学在中国的传播启蒙》（中），上海：上海财经大学出版社，2016年版，第990—991页。

研究专号"来说，有学者指出："除了李大钊坚持马克思主义的立场与观点之外，顾兆熊一面评介马克思学说并不时予以赞许，一面以修正主义观点'补足'和'救正'马克思学说，不仅用唯心史观修正唯物史观，还逐一否定马克思的经济观点；凌霜公开用无政府主义观点批评马克思学说，同时保留对马克思学术贡献的敬意；刘秉麟摇摆于马克思主义观点与无政府主义观点之间，把马克思说成主张'和平'式'渐变'的学者而非革命家；陈启修在深化理解马克思唯物史观的过程中，也掺杂不少西洋或东洋教科书中的流行货色。"①

由上可见，在唯物史观的传播过程中，李大钊是最不可或缺，也是对唯物史观理解最正确、把握最精准之人。

李大钊对唯物史观的阐发，概而言之，主要可以从三个方面加以把握：

第一，从经济上发现社会历史发展的原动力，初步探明了经济基础之于上层建筑、生产力对生产关系的决定作用。以唯物史观为指导，李大钊反对旧历史观的唯心主义偏见，而是把人类的社会生活看作是"种种互有关联、互与影响的活动"，认为人类的历史"应该是包括一切社会生活现象，广大的活动"②。在纷繁复杂的社会活动中，李大钊认定经济的要素是社会发展的决定力量，他曾阐述说："历史的唯物论者观察社会现象，以经济现象为最重要，……于那些经济以外的一切物质的条件，也认他于人类社会有意义，有影响。不过因为他的影响甚微，……结局只把他们看作经济的要件的支流罢了。"③可以说，李大钊把经济活动看作是社会发展的根本原因，把人类思想和生活的变动都视为经济运动的结果，认为"在社会构造内限制社会阶级和社会生活各种表现的变化，最后的原因，实是经济的"，"经济的生活，是一切生活的根本条件"④。

立基于对经济作用的根本把握，李大钊进一步分析了经济基础对于上层建筑、生产力对于生产关系的影响。对于经济基础与上层建筑的关系，李大钊

---

① 谈敏：《1917—1919：马克思主义经济学在中国的传播启蒙》（中），上海：上海财经大学出版社，2016年版，第1013页。

② 李大钊：《唯物史观在现代史学上的价值》，《李大钊文集》（下），北京：人民出版社，1984年版，第360页。

③ 李大钊：《我的马克思主义观》（上），《新青年》第6卷第5期（1919年5月）。按：实际出版于9月。

④ 李大钊：《唯物史观在现代史学上的价值》，《李大钊文集》（下），北京：人民出版社，1984年版，第360页。

指出:"人类社会生产关系的总和,构成社会经济的构造。这是社会的基础构造","一切社会上政治的、法制的、伦理的、哲学的"等精神上的构造则为表面构造,"凡是精神上的构造,都是随着经济的构造变化而变化"①。这番论述,阐明了经济基础对于上层建筑的决定作用。在揭示经济基础与"精神构造"的关系之后,李大钊进一步探讨了经济要件背后的决定力量,指出:"经济的构造是社会的基础构造,全社会的表面构造,都依着他迁移变化",与此同时,"经济构造的本身,又按他每个进化的程级,为他那最高动因的连续体式所决定。这最高动因,依其性质必须不断的变迁,必然的与社会的经济的进化以诱导","这最高动因究为何物,……马克思则以'物质的生产力'为最高动因"②。也就是说,"基础构造的变动,乃以其内部促他自己进化的最高动因,就是生产力,为主动"。这样,李大钊就从经济角度探明了社会发展的最高动因——物质生产力。对于生产力与生产关系的互动,李大钊概括为"生产力与社会组织有密切的关系。生产力一有变动,社会组织必须随着他变动。社会组织即社会关系,……是人类依生产力产出的产物"。基于以上分析,李大钊就讲清楚了生产力对于生产关系的决定作用。

第二,把阶级竞争说与唯物史观联系起来,指出阶级竞争是推动社会变革的必要手段,同时也必将随着社会组织的进化而消亡。在马克思主义的理论体系中,李大钊非常看重阶级竞争的作用,他把阶级竞争视为将马克思主义"三大原理从根本上联络起来"的"一条金线"。对于阶级竞争学说,李大钊是从唯物史观的角度来理解的:一方面,阶级竞争本质上是经济利益的斗争。李大钊指出:"马氏所说的阶级,就是经济上利害相反的阶级,就是有土地或资本等生产手段的有产阶级,与没有土地或资本等生产手段的无产阶级的区别"。在阶级社会里,有产阶级压迫掠夺无产阶级,这种阶级的对立与以往的各个时代伴随始终。历史唯物论者"把种种社会现象不同的原因,总约为经济的原因",因此可以看出,阶级对立之所以产生,"全由于他们自己特殊经济上的动机"。另一方面,阶级竞争是生产力发展的必然结果。"生产力与社会组织有密切的关系。生产力一有变动,社会组织必须随着他变动",但是当生

---

① 李大钊:《我的马克思主义观》(上),《新青年》第6卷第5期(1919年5月)。按:实际出版于9月。
② 李大钊:《我的马克思主义观》(上),《新青年》第6卷第5期(1919年5月)。按:实际出版于9月。

产力的发展水平超出了社会组织所能容纳的范围时,社会革命就要产生。社会革命就是要更新社会组织以满足生产力的发展水平,这个过程不依靠阶级竞争是不可能实现的,对此,李大钊也曾明确指出:"关于实际运动的手段","除了诉于最后的阶级竞争,没有第二个再好的方法"①。

在李大钊看来,阶级竞争是"改造社会组织的手段",同时也是"改造社会、消泯阶级的最后手段"②。李大钊不仅讲明了阶级的产生,而且也指明了阶级斗争的最后形式——阶级消亡。李大钊用唯物主义的方法分析阶级竞争说,因此他能够看到阶级竞争必将随着人类最高社会形态的出现而告终。李大钊指出,马克思固然认为"所有从来的历史,都是阶级竞争的历史",但是马克思也指出,"资本家的生产关系,是社会的生产方法采敌对形态者的最后"③。因此,李大钊认为,"马氏并非承认这阶级竞争是与人类历史相终始的","阶级竞争也将于这资本家的生产方法同时告终"④。

第三,以唯物主义的历史观重新审视人类社会的发展进程,在历史的变迁中发现了人民群众的主体地位。李大钊从社会的构成要素入手重新解读历史,指出:"从前把历史认作只是过去的政治,把政治的内容亦只解作宪法的和外交的关系。这种的历史观,只能看出一部分的真理而未能窥其全体",因为"政治的历史,不过是这个广大的活动的一方面,是社会生活的一部分,不是社会生活的全体"。这些历史"专记述王公世爵纪功耀武的事",史学家往往以"伟人说""时代天才说"解释历史,或者对历史作宗教的解释、政治的解释,这些都是对历史的唯心解释。唯心史观把特权阶级"都置于超自然的权利保护之下",使普通民众相信他所遭遇的一切都是命运的安排,李大钊痛斥"这种史书,简直是权势阶级愚民的器具"。而唯物史观对历史的解释则不同,它把历史描述为"与特别事变、特别人物没有什么关系","生长与活动,只能在人民本身的性质中去寻,绝不在他们以外的什么势力"。唯物史观把社会上的一切活动看作人力所造,也就是说,人民大众可以依靠自己的双手再造社会。与此同时,唯物史观向人们揭示了"一切进步只能由联合以图进步

---

① 李大钊:《我的马克思主义观》(上),《新青年》第6卷第5期(1919年5月)。按:实际出版于9月。
② 守常:《阶级竞争与互助》,《每周评论》第29期(1919年7月6日)。
③ 守常:《阶级竞争与互助》,《每周评论》第29期(1919年7月6日)。
④ 李大钊:《我的马克思主义观》(上),《新青年》第6卷第5期(1919年5月)。按:实际出版于9月。

的人民造成,他于是才自觉他自己的权威,他自己在社会上的位置,而取一种新态度",也就是说,唯物史观能够"给人以奋发有为的人生观",这不论对于启迪民众,还是调动社会大众的社会改造热情,都很有助益。由此,李大钊看到了新社会的曙光,出于对劳工大众是历史长河的主人、是人类历史创造者的坚信,他热情地呼吁:"我们要晓得一切过去的历史,都是靠我们本身具有的人力创造出来的,不是那个伟人圣人给我们造的,亦不是上帝赐予我们。将来的历史,亦还是如此。现在已是我们世界的平民的时代了,我们应该自觉我们的势力,赶快联合起来,应我们生活上的需要,创造一种世界的平民的新历史。"①

二、《建设》传播唯物史观概说

唯物史观传入中国后,给传统的中国知识分子以耳目一新的社会历史观察方法,在中国近代思想界引起了持久不衰的热论。对于这一全新的社会历史观,《建设》学人尤为重视,他们节译马恩经典,围绕唯物史观进行阐发和论述,将唯物史观的基本内容作了较为全面的介绍和呈现。

(一)摘译经典文献中的唯物史观

《唯物史观批评之批评》发表于《建设》第1卷第5期,该文是胡汉民唯物史观研究的代表性著作。在这篇文章中,胡汉民不仅阐释了唯物史观的基本理论,并且节译了马克思恩格斯经典著作中有关于唯物史观的重要内容,主要包括《哲学的贫困》《共产党宣言》,以及《神圣的家族》(即《神圣家族》)、《赁银劳动及资本》(即《雇佣劳动与资本》)、《法兰西政变论文》(即《路易·波拿巴的雾月十八日》)、《〈经济学批判〉序文》(即《〈政治经济学批判〉序言》)、《资本论》第1卷附注、《资本论》第3卷等等,此外,他还引证了恩格斯1889年致布洛赫、1894年致瓦·博尔吉乌斯两封有关历史唯物主义的信。有学者指出:"胡汉民的节译是'五四'以来见诸中文的对马克思恩格斯著作最集中、最全面的节译,为唯物史观在中国的传播提

---

① 以上均引自李大钊:《唯物史观在现代社会学上的价值》,《李大钊文集》(下),北京:人民出版社,1984年版,第365页。

供了当时所能提供的最详尽的原文。"①

《见于资本论的唯物史观》载于《建设》第2卷第6期，是徐苏中翻译日本马克思主义理论家河上肇的唯物史观论著。河上肇自1919年开始研究马克思的《资本论》，并以此阐发唯物史观。河上肇在自述中写道：直至1924年，自己才明白，"要是想真正理解马克思主义的经济学，说什么都必须先理解他的哲学基础——唯物辩证主义"，从此，他"决心追溯到马克思主义的哲学基础，以便真正全面地理解马克思主义"②。在河上肇该文中可见，他摘译了《资本论》第1和第3卷中有关唯物史观的若干内容，并从《资本论》入手对唯物史观作了阐发。他称"马克斯（思）底唯物史观"为"经济的史观"，一再强调"唯物史观确是马克斯（思）研究经济学的指南车"，认为"马克斯（思）《资本论》，全体都有唯物史观底血管在里面流通"③。

《科学的社会主义与唯物史观》同样是徐苏中翻译自日本马克思主义理论家河上肇的文章，载于《建设》第3卷第1期。据原译者河上肇序中所记，该文选译了"阴格尔所著《丢林科学底变革》第三篇《社会主义》第二章《社会主义底理论》和他所著《由空想向科学发展底社会主义》底第三章"④。河上肇所指、徐苏中翻译的"阴格尔"即恩格斯所著的《丢林科学底变革》即《反杜林论》，《由空想向科学发展底社会主义》即《社会主义从空想到科学的发展》。该文重点介绍了"唯物史观的要领"和"唯物史观与社会主义之关系"，以及"历史进化概观"。值得注意的是，"这篇译文是《反杜林论》一书中最早和我国读者见面的内容。而《反杜林论》第一个中译本在10年后才问世"⑤。

《道德底经济基础》是李汉俊对意大利学者罗利亚（今译阿基尔·洛里亚）的《社会制度的经济基础》中的部分内容的选译，分上、下两篇在《建设》第2卷第4期和第5期发表。文章重点阐述了道德、法律、制度等上层建筑

---

① 王贵仁：《从传播"唯物史观"到建构"民生史观"——解析1920年代国民党人对唯物史观态度的转变轨迹》，《社科纵横》2009年第11期。
② 《河上肇自传》（上），储元熹译，北京：商务印书馆，1963年版，第122页。
③ [日]河上肇：《见于资本论的唯物史观》，苏中译，《建设》第2卷第6期（1920年8月1日）。
④ [德]阴格尔：《科学的社会主义与唯物史观》，苏中译，《建设》第3卷第1期（1920年12月1日）。
⑤ 姚颖：《恩格斯〈反杜林论〉研究读本》，北京：中央编译出版社，2014年版，第29页。

物受金钱（即经济）支配的唯物史观理论。这里必须指出的是，罗利亚并不是马克思主义经典作家，甚至不是马克思主义者，不过由于他的这篇文章阐发了唯物史观的基本观点，故在此一并列出。

（二）阐发唯物史观理论

唯物史观是马克思主义在中国早期传播的重点内容，《建设》杂志作为新文化刊物的代表，在传播新思潮方面可以说走在了前列。《建设》杂志刊载有专门探讨唯物史观的理论性文章，其中以胡汉民的研究最为突出。胡汉民担任《建设》杂志主编的职位，在杂志内容编纂上率先垂范，创作了大量篇幅宏大的论著。前文提及，在《建设》杂志的全部3卷13期当中，胡汉民共发表了21篇文章，其中关于唯物史观的有《孟子与社会主义》《唯物史观批评之批评》《阶级与道德学说》《从经济的基础观察家庭制度》《考茨基底伦理观与罗利亚底伦理观》，以及《中国哲学史之惟（唯）物的研究》（2篇）、《井田制度有无之研究》（2篇），共计9篇。

比较来看，《建设》第1卷第5期刊载的《唯物史观批评之批评》是胡汉民唯物史观研究的一篇最具代表性的力作。在这篇文章中，胡汉民联系马克思恩格斯经典文献阐发唯物史观的含义，回应非难唯物史观的声音，从而有力地传播了唯物史观。此外，见于《建设》第1卷第3和第4期的《中国哲学史之惟（唯）物的研究》是胡汉民运用唯物史观分析中国问题的代表性成果。在这篇文章的篇首，胡汉民集中阐发了唯物史观的基本原理，所以在观览《建设》杂志所载唯物史观的论文时，不能忽略这篇文章。类似的情况还有《阶级与道德学说》《考茨基底伦理观与罗利亚底伦理观》这两篇文章。《阶级与道德学说》刊载于《建设》第1卷第6期，该文运用唯物史观分析阶级和道德问题，阐述了马克思唯物史观所揭示的"公例"，即"凡属于人间意识的东西，都随人的生产关系，随其社会的关系，随其社会的存在，一齐变化"，"物质的生活之生产方法，决定社会的政治的以及精神的一切生活过程，不是人的意识决定人的生活，人类的生活倒是可以决定人的意识"[①]。《考茨基底伦理观与罗利亚底伦理观》刊载于《建设》第2卷第6期，该文同样是运用唯物史观分析伦理问题的文章。胡汉民在文章中写道："马克思底唯物史观，包含社会组织进化

---

① 胡汉民：《阶级与道德学说》，《建设》第1卷第6期（1920年1月1日）。

论和精神的生活之物质的说明两大部分，而阶级斗争说又是当中的一个重要关链。经济批评序文说'不是人类底意识决定其存在，反是他们底社会存在决定其意识'。从来底社会都是阶级对立底社会，故说明人类底意识不能不为社会的观察，即不能不为阶级性的观察。在马克思唯物史观全部，其精神的生活之物质的说明，同时又是精神生活之阶级的说明"①。上述内容可以视为胡汉民对唯物史观理论的阐发。

（三）用唯物史观考察中国社会历史

唯物史观是关于人类社会发展规律的理论，它不同于高悬于物质世界之外的唯心玄学，关注现实是它的理论品质。基于唯物史观的实践属性，自这一理论传入中国起，它就被先进的中国人拿来与社会变革的现实需要相联系。

前文已述及，《建设》杂志是以孙中山为代表的革命派在革命斗争碰壁之后，转而"埋头于革命和建国理论的研究"②的背景下创办的。理论的研究必然要服务于现实的需要，因而在《建设》杂志中可以见到，编辑群体以开放的姿态绍介新思潮并用以指导现实社会的改造，而唯物史观以其对社会发展规律的独到见解，自然成为《建设》杂志关注的重点内容之一。他们不仅研究唯物史观的理论内涵，并且应用唯物史观的新概念重新观照现实的政治问题。对此，有学者总结道："唯物史观在戴季陶、胡汉民等国民党人那里，最初主要是作为一种有效的社会分析和历史分析的方法，被运用于分析与考察当时中国社会实际问题和研究中国的历史等政治与学术活动中。"③具体来看，以指导社会变革为目的，《建设》杂志先后刊载了胡汉民所作《中国哲学史之惟（唯）物的研究》《女子解放从何做起》《阶级与道德学说》《从经济的基础观察家庭制度》，戴季陶所作《从经济上观察中国的乱原》《革命！何故？为何？——复康君白情的信》《到湖洲后的感想》《致陈竞存论革命书》，以及廖仲恺、胡汉民与胡适围绕井田制问题进行的书信讨论《井田制度有无之研究》等文章，

---

① 胡汉民：《考茨基底伦理观与罗利亚底伦理观：精神生活之阶级的说明、永久真理之否认、社会革命之观念、自爱心与社会本能》，《建设》第2卷第6期（1920年8月1日）。
② 白寿彝总主编：《中国通史》第12卷《近代后编（1919—1949）》（上册），上海：上海人民出版社，2015年版，第32页。
③ 王贵仁：《从传播"唯物史观"到建构"民生史观"——解析1920年代国民党人对唯物史观态度的转变轨迹》，《社科纵横》2009年第11期。

以上诸篇均运用唯物史观考察和分析了中国的经济、社会、历史问题。

三、胡汉民对唯物史观的理解和阐发

在五四时期传播马克思主义的知识人士当中，胡汉民可谓是成绩卓然。有学者评价说："胡汉民的文章……代表了五四时期中国人研究马克思主义的最高水平"，"为唯物史观在中国的启蒙做出了重大贡献"①。具体来看，自1919年8月《建设》杂志创刊后，胡汉民先后在该刊发表了《中国哲学史之惟（唯）物的研究》《唯物史观批评之批评》《阶级与道德学说》《从经济的基础观察家庭制度》等多篇文章。从文章题目中即可看出，当时胡汉民的马克思主义研究主要聚焦于唯物史观方面；而从文章内容上看，胡汉民不仅详细阐释了马克思历史唯物主义的基本观点、回应了知识界非难唯物史观的批判声音，同时还运用这一理论分析了中国的经济、社会、历史问题。

（一）唯物史观是"经济一元论的历史观"

胡汉民在《中国哲学史之惟（唯）物的研究》《唯物史观批评之批评》中系统表述了他对唯物史观的理论认知。在胡汉民看来，唯物史观是"经济的历史观"，进一步说是"经济一元论的历史观"，他指出，马克思的唯物史观"包含社会组织进化论和精神的生活之物质的说明两大部分"②。

《中国哲学史之惟（唯）物的研究》是胡汉民在《建设》杂志发表的第一篇有关唯物史观问题的文章。该文分两部分在《建设》第1卷第3期（1919年10月）和第4期（1919年11月）连载。文中，胡汉民根据唯物史观的基本观点，从社会的物质生活中寻找解释中国哲学盛衰变迁的原因。从这篇文章中能够看出，此时胡汉民对于唯物史观的理解，主要表现在三个方面：

第一，物质生产是一切社会关系的基础，物质生产与社会关系的矛盾引起各时代思想的变化。在文章的开篇，胡汉民列出了"唯物历史观"的要义，认为唯物史观的理论旨意可以概括为以下两点：

一、物质生产的方法变化，一切社会的关系跟着变化。人类所有种种感情、想象、思考，以及人生观，其根据都在社会的生活状态之上，即从物质的

---

① 唐宝林：《马克思主义在中国100年》，合肥：安徽人民出版社，1997年版，第94—95页。
② 胡汉民：《考茨基底伦理观与罗利亚底伦理观：精神生活之阶级的说明、永久真理之否认、社会革命之观念、自爱心与社会本能》，《建设》第2卷第6期（1920年8月1日）。

组织，及跟此发生的社会的关系而起。

二、社会的关系和社会物质的生产不能调和，于是成为问题，拿一种主义理想调和社会的关系，于是发生学说。一切主义理想，皆是历史的生产物，又是移动的生产物。①

基于对唯物史观关于物质生产之于社会关系制约力的理解，胡汉民认为，作为人类精神的创造物，哲学与各时代的社会生活相联系，"由社会物质生活的关系，可以得中国哲学盛衰迁变的原因"。

第二，在各时代的物质生产中，社会经济组织的变动是引起社会生活变化的主要因素。胡汉民承认思想发展与时代变动有密切的关系，不过在他看来，引发思想变化的前提却是从社会生活的改变开始。结合中国哲学大变动的战国时期来看，"晚周战国是社会经济的组织根本变动，牵连到社会一切关系，是空前绝后的时代。思想家受了这个影响，所以于学术上有空前绝后的建设。以后社会物质的变化，平平无奇，所以再没有一个时代的思想学术和他媲美"②。在这里，胡汉民固然是从社会生活中发现了思想变化的因子，不过他却把社会物质的变化与社会经济组织的变化等同起来，并且把唯物史观的"物质"因素局限在"经济"的范围内，认为人类的进步和思想的变化，"以经济的关系为主要的原因"③，因此，在胡汉民的观念世界里，唯物史观就是"经济的历史观"。

第三，在经济、政治、法律、宗教等等社会生活的各个因素中，既强调经济的支配作用，同时也不否认其他因素对社会的影响。在这个问题上，胡汉民援引了恩格斯晚年关于唯物史观的论述加以阐释。在胡汉民看来，"因（恩）格斯晚年有名的书简就于经济史观主张政治上、法律上、宗教上、文学上、技艺上一切的发达，都是因于经济的发达而受其支配。又谓此等事情、相互之间、各受影响，且其影响及于经济上的基础"。在这里，胡汉民综括社会生活中各因素之于社会发展的影响，此举固然规避了以经济因素为唯一决定力的极端看法，不过胡汉民仍然"认经济事情是一个最重大的原因关系"。

胡汉民在《建设》第1卷第5期发表的《唯物史观批评之批评》，是他对

---

① 胡汉民：《中国哲学史之惟（唯）物的研究》，《建设》第1卷第3期（1919年10月1日）。
② 胡汉民：《中国哲学史之惟（唯）物的研究》，《建设》第1卷第3期（1919年10月1日）。
③ 胡汉民：《中国哲学史之惟（唯）物的研究（续）》，《建设》第1卷第4期（1919年11月1日）。

马克思主义的认知进一步深化后撰写而成的阐释唯物史观的代表性成果。对于这篇文章的学术史价值，有学者直言："《唯物史观批评之批评》是胡汉民论述唯物史观的最重要文章，也是这一时期在介绍马克思主义哲学中颇有理论深度的文章。"[1]在这篇文章中，胡汉民不仅阐发了唯物史观的基本理论，而且联系马克思主义经典文献，译述了其中有关唯物史观的内容。此外，"在此文中，胡汉民用很大的篇幅，主要针对欧美资产阶级学者和国际社会主义运动中的机会主义者对唯物史观的攻击、歪曲、批评等种种非难，同时也针对此前国内知识界在介绍传播唯物史观中的误解，鲜明准确、系统全面地阐述了唯物史观的基本原理"[2]。

在这篇文章中，胡汉民依然把唯物史观的要义解释为"以经济为中心的历史观"，认为马克思的唯物史观"发明人类历史的进步的原因"，指出"人类因社会生产力而定社会的经济关系。以经济关系为基础，而定法律上政治上的关系，更左右其社会个人的思想感情意见，其间社会一切形式的变化都属于经济行程自然的变化，以此立经济一元论的历史观"[3]。可以看出，此时胡汉民对唯物史观关于生产力与生产关系的认知更加明晰，但同时，胡汉民也因过于看重经济的力量而把唯物史观夸大为"经济一元论的历史观"。

此外，胡汉民还从人民群众在历史中的主体地位的角度对唯物史观的价值作了阐释。他明确指出：

这个深造的学理发见，不能不靠马克斯（思）和因（恩）格斯两个大思想家。然而使两人生在十八世纪，决不会抱这种思想。假如康德一样的人，他的时代科学的要件已经十分完备，或者先发见唯物史观，也未可定。但是如果马克斯（思）因（恩）格斯不是立在平民阶级的地位——即不是一个社会主义者——就不管他十九世纪四十年代怎么样，他们的天才怎么样，新科学的准备怎么样，恐怕也不能有这个发见。唯物史观，实是平民的哲学，劳动阶级的哲学。[4]

---

[1] 杨河、胡海涛、张炳奎：《马克思主义哲学的传入与研究》，福州：福建人民出版社，2006年版，第104页。
[2] 张德旺：《新编五四运动史》，哈尔滨：黑龙江人民出版社，2009年版，第322页。
[3] 胡汉民：《唯物史观批评之批评》，《建设》第1卷第5期（1919年12月1日）。
[4] 胡汉民：《唯物史观批评之批评》，《建设》第1卷第5期（1919年12月1日）。

胡汉民认识到唯物史观的价值在于它所坚持的平民阶级的立场和为劳动阶级谋福利的宗旨，但是对于唯物史观所包含的人民群众在历史发展中的创造性的地位和作用，胡汉民并没有进行详细的论述，而只是笼统地指出，"这个学说出，而社会学、经济学、历史学、社会主义同时有绝大的改革"①。由此可见，胡汉民更多的是把唯物史观看作社会变革的理论指导，而刻意避免强调人民群众在社会变革中的主导作用。

（二）分析社会制度、思想变迁的经济根源

胡汉民在研究唯物史观的基础上，还进一步运用唯物史观来分析中国的社会和历史问题。他联系历史唯物主义的观点，运用新的视角，重新审视中国既往的历史，继而探讨社会制度、思想道德变迁的经济根源，并从中找到了改造社会、变革时代的目标及其学理依据。

据戴季陶回忆，胡汉民曾对他说："我想要做一篇文章，不过是我觉得太胆大，因为我的研究还没有成熟。但是我觉得我的所见总没有十分大错，所以我想尽我的力量去做这胆大的工作。"胡汉民所指的即是用唯物史观来重新解读中国的思想史——"我以为中国一切思想的变迁并不是甚么精神生活的影响，都是经济生活的影响。你看中国经济制度上的最大变迁，岂不是要算井田制的破坏吗？因为这一个土地均享的制度破坏，于是一切社会组织国家组织的根底完全动摇。结果遂发生出一个全体的生活根本大动摇来，所以就有周秦诸子的各种学说发生，后来一切思想的萌芽差不多在这个时代。当时种种政治上的专横、社会上的压迫，都是由经济组织的根本变易而生的。所以我想大胆的把从古代到现在中国经济组织的变迁和思想的变迁，合在一处来研究。"②此后，胡汉民确实将这一大胆的工作按部就班地实施开来。

通过用唯物史观考察中国哲学史，胡汉民发现，"我们读中国哲学史，有一个很大的疑问，是中国哲学何以独盛于古代，秦汉以后再跟不来"③。胡汉民运用唯物史观重新思考这个问题，找到了能够解释中国哲学兴衰变化的原因所在。胡汉民认为，不同时代的思想与各个时代的社会物质生活有着密切联系，"二千多年中国哲学发生及变迁的原因，以社会生活物质的关系为精神状

---

① 胡汉民：《唯物史观批评之批评》，《建设》第1卷第5期（1919年12月1日）。
② 季陶：《随便谈》，《星期评论》第11期（1919年8月17日）。
③ 胡汉民：《中国哲学史之惟（唯）物的研究》，《建设》第1卷第3期（1919年10月1日）。

态所受最大的影响"①，这体现了社会存在之于社会意识的牵制力。基于此，我们看到，纵观中国古代史，以晚周、战国时期的变化最为空前绝后，这一时期"社会经济的组织根本变动，牵连到社会一切关系"，"思想家受了这个影响，所以于学术上有空前绝后的建设。以后社会物质的变化，平平无奇，所以再没有一个时代的思想学术和他媲美"②。在胡汉民看来，人类的进步和思想的变化都是以经济的关系为主要的原因，这体现了唯物史观中经济基础对于社会关系的直接影响。

通过将唯物史观运用于中国伦理思想史的研究，胡汉民揭露了所谓道德学说的虚伪本质，从而也就揭示了道德具有的阶级属性和为统治阶级服务的目的。具体来看，胡汉民援引马克思唯物史观所揭示的公例说："凡属于人间意识的东西，都随人的生产关系，随其社会的关系，随其社会的存在，一齐变化"，"物质的生活之生产方法，决定社会的政治的以及精神的一切生活过程，不是人的意识决定人的生活，人类的生活倒是可以决定人的意识"。由此，胡汉民看到，个人的道德心并不是先于社会而存在的，一个社会上的思潮为一个时代的产物，同样，一个社会的道德也是社会的产物。在阶级社会，"从来的道德伦理，都被尊贵的人把持"，因此，"所谓道德，往往是阶级的道德"，体现的是在社会上占强有力的阶级的利益诉求。基于以上分析，胡汉民提出要培育人道正义的新社会，就必须改造旧道德，"社会不能打破不平等的阶级，哪里有什么人道正义"③。

通过运用唯物史观观察中国的家庭制度，胡汉民看到，在中国，"家族的形态，总要适应经济的形态，家族制度何以存在，因他有必要的条件，合着社会的要求，若是到了不能和社会生活适应，反倒发生矛盾痛苦的时候，那制度底本身，便要崩坏"④。从胡汉民的分析中不难理解，家庭制度的更革与社会经济发展水平的变化相适应，家族制度既不能靠什么理论把它封存，同时也不能由着什么人的理想将它破坏。在这里，胡汉民厘清了家族制度与社会经济的密切联系，这样他也就找到了改变中国封建社会落后家庭制度的突破口，因

---

① 胡汉民：《中国哲学史之惟（唯）物的研究（续）》，《建设》第1卷第4期（1919年11月1日）。
② 胡汉民：《中国哲学史之惟（唯）物的研究》，《建设》第1卷第3期（1919年10月1日）。
③ 胡汉民：《阶级与道德学说》，《建设》第1卷第6期（1920年1月1日）。
④ 胡汉民：《从经济的基础观察家庭制度》，《建设》第2卷第4期（1920年5月1日）。

而胡汉民重申社会革新改造的主张，设想从经济上改造家族制度的可能性，进而解决封建中国遗留下来的家族制度问题。

综合以上分析来看，马克思主义作为一种全新的世界观，更新了胡汉民对社会历史的认知。通过对马克思主义哲学的深入研究，胡汉民得以运用唯物史观重新观察世界，并且逐步找到了推动人类历史发展的物质根源。不管是中国哲学思想的变迁、伦理思想的运动，还是社会家族制度的确立，它们作为人类活动的精神文明成果，其发展都离不开社会物质生活的支配和主导，即所谓社会的思想意识由社会的生产力水平决定。正是得益于马克思唯物史观的这一雄论，胡汉民找到了推动时代变革的抓手，提出了从经济入手变革社会，以期创造自由、平等的新社会的理念和主张。

四、戴季陶对唯物史观的思考和运用

在《建设》传播马克思主义的作者中，戴季陶比较典型地将唯物史观与中国的社会改造实践结合起来，主动运用唯物史观解决中国问题。诚然，在孙中山逝世后，戴季陶曾猛烈抨击唯物史观并坚决反对马克思主义，不过，在马克思主义初入中国之际，戴季陶却也曾一度宣称"我是赞同唯物史观的"[①]，并称赞马克思"发现那一种很深邃地'唯物史观'"，认为它是一种"精确的学理"[②]。

（一）运用唯物史观解析社会革命的原因

戴季陶运用唯物史观探讨社会革命产生的原因，指出："我们如果用马克司（思）的历史观察法来观察中国的历史，用达尔文生物进化说的法则来解剖中国的历史，这些杂乱无章的事实便都容易明白了。"[③]结合这一研究方法，戴季陶先后写出了《从经济上观察中国的乱原》《革命！何故？为何？——复康君白情的信》《致陈竞存论革命的信》等几篇文章，而贯穿这些文章的一个基本观点，就是认为社会生活是引发社会革命的原因——"在制造缺陷的社会生活组织里面，革命是一个必然到来的运命"，"这些大没有建设

---

① 季陶：《致陈竞存论革命书》，《建设》第2卷第1期（1920年2月1日）。
② 戴季陶：《从经济上观察中国的乱原》，《建设》第1卷第2期（1919年9月1日）。
③ 戴季陶：《从经济上观察中国的乱原》，《建设》第1卷第2期（1919年9月1日）。

能力，小没有生活能力的人一天比一天加多，才真是革命的原因"①。

唯物史观强调社会存在决定社会意识、经济基础决定上层建筑。在历史唯物主义理论的启发下，戴季陶认识到，任何社会现象的产生，都与社会生活密切相关。在《从经济上观察中国的乱原》一文中，戴季陶开篇即指出：

无论一个甚么问题，没有不和"生活"有关系的。比如寻常个人对个人间的争斗或是纷纠，我们如果细心去考察他的内部情形，一定可以发现出他们的争斗纷纠原因是在"生活"上。何况战争这件事，是一桩极重大的"社会现象"。造成战争的原故，定有很大的"社会的生活问题"横在他的根底上。②

顺着这个思路思考，戴季陶指出，"现在一般人对于中国战乱的观察，离开了多数人的生活问题，只当成几个人的意思作用"，或者企图依靠法律、道德、教育等手段来解决社会纷乱的方法，都没有找到社会问题的"病根"。戴季陶运用唯物史观，从经济上研究历代中国的乱源，从而洞察了"乱事的发生，在于生活上的落伍者加多，乱事的平复，就在生活的落伍者得了生活，在贫富阶级差别的比较减少"③这一规律。

联系当时中国积贫积弱、内忧外患的时代背景，戴季陶站在革命者的立场，对社会革命产生的原因展开了详细剖析。他分析指出：

最近四十年来，是中国一个经济上的大变动时代。……欧美工业革命的果实借着交通发达的力量输入到中国来。他们是用机器的力量来生产，中国是用手工来生产。一个人操纵机器的生产力和一个人用旧式稼具的生产力比较，相差几十倍或是几百倍。所以，我们如果离开了输出入的货币价格去比较两者价值的内容，就是两种商品当中所含的工作分量，相差就远极了。这一种莫大的生活压迫加到中国多数小民的头上来，怎么样当得起。比方我们设一例，现代欧美各国和中国的贸易，并不是用这种机器制造品来换中国的手工制造品及农业生产品，而且并不是用大资本经营的生产品来换中国的徒弟工业生产品，又没有一点钟走十多个海里、装几万吨货物的快船来运输，中国现代生活的动

---

① 戴传贤：《革命！何故？为何？——复康君白情的信》，《建设》第1卷第3期（1919年10月1日）。
② 戴季陶：《从经济上观察中国的乱原》，《建设》第1卷第2期（1919年9月1日）。
③ 戴季陶：《从经济上观察中国的乱原》，《建设》第1卷第2期（1919年9月1日）。

摇会不会像今天这个样的历代史再子呢？这是决不会的。①

戴季陶看到，中国的手工业生产品竞争不过机器生产品，外来机器生产品的输入引起国内小生产者失业，生活的落伍者越来越多，生活不安的程度越来越高，从而社会改革的要求就从这不安的生活里面生发出来了。不过，"这种生活的压迫并不只是由经济上的方法表现出来，有一大部分却是由政治上的方法表现出来，使一般观察的人很容易着迷，误认这些政治的压迫是原因。实在并不是原因，乃是结果"，而从经济上考察中国的乱源，"中国所发生的社会问题，根源是在外国输入的资本家组织的机器生产"②。

以上，戴季陶运用唯物史观解释清楚了社会革命的原因，他的这一观察在《革命！何故？为何？——复康君白情的信》一文中作了更为具体的运用和更加明确的总结："我以为革命这件事的发生，是由于多数人生活组织上的缺陷，革命的目的就是在一般的生活条件改善。在社会的生活中的个人，倘若多数的生活条件都不能满足，于是一面造成许（多）的生活落伍者，一面形成全体的生活不安。这社会全体生活不安的事实，就是造成革命的主因。"③

（二）利用唯物史观探讨精神的物质基础

1920年夏，戴季陶离开上海，来到宁静幽雅的湖州乡下。在湖州，戴季陶感受到了与上海截然不同的生活氛围，"黑沉沉压在我们头上的社会力所构成的低气压，和从四周紧迫我们的自由竞争的社会所构成的氛围气，都散开了"④，相隔不远的两地竟像跨越了两个时代！戴季陶敏锐地记录下了湖州人民的生活状态和精神面貌，尔后运用唯物史观分析了二者的关联。

根据戴季陶的描述，湖州的生活节奏较慢，人们的幸福感相对强烈：

> 我们在街上走的时候，看见一班穿长衫的人很少急急忙忙地走路的，普通都是很从容不迫的样子，就是街上看见下苦力的江北人，他们筋肉的紧张也比在上海的差得多。
>
> ……

---

① 戴季陶：《从经济上观察中国的乱原》，《建设》第1卷第2期（1919年9月1日）。按：据民智书局1927年出版的《建设碎金》第2编，原文中的"的历代史再"5个字当系衍文。

② 戴季陶：《从经济上观察中国的乱原》，《建设》第1卷第2期（1919年9月1日）。

③ 戴传贤：《革命！何故？为何？——复康君白情的信》，《建设》第1卷第3期（1919年10月1日）。

④ 戴季陶：《到湖州后的感想》，《建设》第2卷第6期（1920年7月1日）。

这几天，我们住的房子正在请工匠修理。木匠师傅、泥水师傅一共有十来个人。我们看见他们工作的条件和态度，已经觉得这是上海的工场工人所梦想不到的了。他们除了工钱少这一点而外，其他的工作条件都不能算是很坏的。

……

比起上海高大洋楼里面一天做十二点、十三四点、甚至十五六点钟工的苦命人来，真是一个是在天堂，一个是在地狱了。①

湖州人民为什么能保持这份从容淡定呢？戴季陶运用唯物史观关于社会存在和社会意识关系的原理，指出："并不是以精神决定社会生活，是以社会生活决定精神"，精神意识的生成要从社会存在、生产关系上找根据。戴季陶进而指出："我们如果相信这一个观察是正确的，我们就不能不注意到湖州的社会生活，尤其不能不注意到为社会生活基础的生产关系。"②

戴季陶从三个方面总结了湖州地区的生产力发展水平及其生产关系状况，写道：

第一，湖州的生产规模还不脱"定货生产"的惯习，就是应于确定的需要而为供给的生产法。现代资本家生产制特点之一的"盲目的生产"，还没有完全支配着湖州人。

第二，湖州地方劳动的需要和供给还是比较平均的，没有许多资本家来制造劳动预备军。所以，农人的都会集中和劳动市场的自由竞争，这两层都没有十分剧烈。支配工人生活、护持工人幸福的，还是靠着旧日同行的组织和习惯。所以，他们的工作条件一般的都比资本家生产制已经成立了的上海是好得多。

第三，我们看湖州的绅士阶级和上海的绅士阶级，也是完全不同的。湖州的绅士阶级只是由土地的占有这一个单纯的事实形成的。所以维持绅士阶级的要素，主要的只有一个地租。近代资本家生产制下的剩余价值，在湖州是没有的。就工场组织看，湖州的工场还是十七八世纪欧洲的工场手工业。工场手工业的剩余价值和资本家生产制所产生的剩余价值，是完全不同。他的榨取力

---

① 戴季陶：《到湖州后的感想》，《建设》第2卷第6期（1920年7月1日）。
② 戴季陶：《到湖州后的感想》，《建设》第2卷第6期（1920年7月1日）。

和对于社会一般的压迫力，不是很大的。①

可以明显感受到，与上海相比，湖州仍然保存着与传统社会相适应的农耕时代的生产方式。这里没有资本主义的压迫竞争、商业投机，农民自给自足、生活比较安乐。正如戴季陶所指出的："湖州的社会，从近代文明史的意义上看来和上海要差一百年。上海这个地方已经快到工业革命的完成期了，湖州还不过将进工业革命初期的时代。上海好像是十九世纪中叶的欧洲，湖州还是十八世纪中叶的景象。"这样一个社会，使戴季陶"这些刚才紧张到二十四分的都市跑出来的人，觉得十分从容，十分安详"②。现代工业文明给人类带来生产力飞速发展和物质财富极大丰富的同时，也逐渐把工人沦为机器的附庸，人的自主性受到压制，幸福感受到挤压，难怪乎从上海归来的戴季陶会艳羡湖州乡下的悠闲时光。

（三）运用唯物史观揭示社会形态更替规律

所谓社会形态，是指同生产力的一定发展阶段相适应的经济基础和上层建筑的统一体。在社会基本矛盾运动规律的推动下，社会形态由低级向高级演进，从而构成了人类历史的运动和发展。关于社会形态演进的规律，马克思在《〈政治经济学批判〉序言》中指出："大体说来，亚细亚的、古代的、封建的和现代资产阶级的生产方式可以看作是社会经济形态演进的几个时代。资产阶级的生产关系是社会生产过程的最后一个对抗形式，……人类社会的史前时期就以这种社会形态而告终。"③戴季陶吸取了马克思关于社会形态更替的学说，并用于分析近代社会的新陈代谢、探讨中国社会的未来走向。

在《到湖州后的感想》一文中，戴季陶运用唯物史观分析湖州悠然自得的生活景象背后的社会经济基础。他认为，与上海的工业文明相比，"湖州还不过将进工业革命初期的时代"，尽管湖州的生活安乐，但是在世界文明潮流的推动下，"他们这个幸福的生活，渐渐是要被穿起铁甲、踏着风火轮、驾着电光、打着文明旗号的这一个近代机器生产制夺去了"。基于唯物史观对于社会发展规律的推演，戴季陶看到代表更高生产力水平的工业文明必将进入湖州，故而他写道：

---

① 戴季陶：《到湖州后的感想》，《建设》第2卷第6期（1920年7月1日）。
② 戴季陶：《到湖州后的感想》，《建设》第2卷第6期（1920年7月1日）。
③ 《马克思恩格斯选集》第2卷，北京：人民出版社，2012年版，第3页。

许多旧家,一家一家都现出一个衰败沦落的样子。四周的境遇逼着他们来。他们不知不觉的受这境遇的压迫,将要渐渐地失却他们支配阶级的地位。但是他们自己依旧是没明(莫名)其妙的。……靠家族主义和土地的剩余价值来维持的绅士阶级,当不住以个人主义自由竞争为基础的现代新与(兴)阶级。这是一个历史的必然的运命。烟囱多一个,旧家不止废一家。①

在工业文明长驱直入的时代潮流下,湖州的"旧家"逐渐开始呈现出颓废、败落的光景,戴季陶相信,传统绅士阶级的衰败是势不可挡的历史命运。然而有些人却把它归因于"子弟失教""世道风俗不好""家运不好",或者说"祖坟的地气龙脉走了"。对于这些昧于历史大势、缺乏唯物史观素养的人,戴季陶讥之曰:"唉!可怜呵!"

湖州的明天我们已然明了,更为可贵的是,戴季陶还从社会基本矛盾运动的规律出发,按照唯物史观对于社会形态演进的推演,思考进入工业文明后的湖州将走向何方。

对这个问题的思考,戴季陶以中国的近邻、工业文明程度更高的日本为范例展开分析。明治维新之后的日本进入到工业革命时代,随着武士阶级土地特权的逐渐丧失,"社会的支配权,由武士的手里落到武士、町人混合而成的新阶级手里,形成一种新町人阶级,就是近代的资本家阶级"②,可谓是"旧时王谢堂前燕,飞入寻常百姓家"。不过,经过50余年的发展,进入工业文明后的日本社会矛盾激增,社会问题大量涌现,资本主义固有的弊病渐次暴露出来。自由竞争之社会固然存在缺陷,不过戴季陶仍乐观地指出,不完美却又绕不过去的资本制度是"现代人生存期中的一个必然恶"。基于马克思主义的唯物史观,他相信随着生产力的不断发展,新的更高水平的社会形态必然出现。参照唯物史观对于社会规律的揭示,同时结合日本的发展走向,戴季陶分析认为:"这一个新叮(町)人阶级,他们在社会文化上的效能已经用尽,近代式生产法的社会已经完成。从前装饰绅士面孔的那一把剃头刀,快要用来割自己的咽喉。新生产机能这一个橄榄的苦味快要过去,协作共享的甘味也许快要实现了。"③这正如马克思在《〈政治经济学批判〉序言》中所分析的:"社会

---

① 戴季陶:《到湖州后的感想》,《建设》第2卷第6期(1920年7月1日)。
② 戴季陶:《到湖州后的感想》,《建设》第2卷第6期(1920年7月1日)。
③ 戴季陶:《到湖州后的感想》,《建设》第2卷第6期(1920年7月1日)。

的物质生产力发展到一定阶段,便同它们一直在其中活动的现存生产关系或财产关系(这只是生产关系的法律用语)发生矛盾。于是这些关系便由生产力的发展形式变成生产力的桎梏。那时社会革命的时代就到来了。"①在此我们可以看出,戴季陶运用马克思主义社会形态学说,认为由农业社会到工业社会再到协作共享的社会是社会发展的必然规律。戴季陶把这个模式套用到湖州,指出:

我们看见湖州地(的)社会状况,再想一想由生产组织的变异发生出来的社会潮流,看出他正在脱离家族的协作共享社会,向着个人主义的自由竞争路上走。从社会的生产分配上看,就是正在向着协作而不共享的社会上走。完成的协作共享社会与使用动力使用机器的生产方法相适合的协作共享社会,当然是湖州新旧两种人所一时想不到的了。②

在唯物史观所揭示的社会发展规律的支配下,湖州正在走向自由竞争的资本主义生产方式,而协作共享的新社会建立在生产力发展的更高阶段,这是湖州人一时所无法想象的。尽管如此,按照社会发展的规律,新湖州"是必然要到来的。但是必然要到来的新湖州,我想是和吃橄榄一样,他的苦味一定是先甘味而来。想吃橄榄的人,既然要望得到他的甘味,那苦味恐怕是不能避的呢!"③也就是说,在戴季陶看来,湖州无法超越社会发展的客观规律,必须尝尽工业社会的苦果之后才能苦尽甘来,进入协作共享的新社会。

综合以上分析,不难看出,戴季陶主要是引用马克思主义关于社会形态的理论来分析近代中国的社会变迁及其未来走向。戴季陶认为,由农耕文明走向工业文明是生产力发展的客观规律,不过,由于资本主义制度本身存在缺陷,因此协作共享的新社会才是未来中国的理想目标。我们看到,受限于马克思主义的掌握程度及其自身的阶级立场,戴季陶还不能理解马克思主义社会形态理论的多样性和统一性,也不能将科学社会主义作为资产阶级革命派的奋斗目标,因此,戴季陶一味强调农业社会必须经过资本主义制度才能走向更高的社会发展阶段,而更高的社会发展阶段,在戴季陶看来,也只是避免阶级竞争、实现阶级调和的协作共享的社会而已。

---

① 《马克思恩格斯选集》第2卷,北京:人民出版社,2012年版,第2—3页。
② 戴季陶:《到湖州后的感想》,《建设》第2卷第6期(1920年7月1日)。
③ 戴季陶:《到湖州后的感想》,《建设》第2卷第6期(1920年7月1日)。

第四章 马克思主义经济学在《建设》中的呈现

马克思主义经济学，或称马克思主义政治经济学，它以社会的生产关系亦即经济关系为基本研究对象，是马克思恩格斯在批判地继承古典政治经济学优秀成果的基础上，通过全面剖析资本主义社会的经济关系、无情揭露资本主义生产的秘密、深刻揭示无产阶级与资产阶级的阶级对立和斗争的经济根源、严密论证资本主义必然灭亡和社会主义必然胜利的客观规律而建构起来的科学理论。

在马克思主义经济学中，剩余价值学说堪称是最核心的东西，因而被恩格斯肯认为马克思的"两个发现"之一，《资本论》则是马克思主义经济学最具代表性的著作。令人深感不可思议的是，马克思主义在中国的早期传播，肇始于马克思的经济学论断，比较集中地体现于《资本论》的翻译介绍上。

一、马克思主义经济学的初传和发展

马克思主义经济学的最初传入与马克思的名字和思想学说的传入，可以说是同时发生的，其后马克思主义在中国的传播，马克思主义经济学始终是其中的一个重要组成部分，本身也经历了从个别观点和论断的简单介绍、相关著作及其主旨的扼要阐述，到思想学说的较为全面的译介和阐扬的发展过程。

（一）19世纪末马克思主义经济学的最初传入

马克思主义在中国的传播，目前学术界比较一致的意见认为始于1899年2月，其具体标志就是由英国传教士李提摩太翻译、时任《万国公报》华文主笔的蔡尔康"属文"的《大同学》一文的发表。《大同学》一文是对英国学者本杰明·基德所著《社会进化》这部书部分章节的摘译，于1899年2—5月在《万国公报》第121—124期上连载。1899年2月出版的第121期《万国公报》发表的《大同学》第一章《今日景象》中，就史无前例地明确提及了马克思的名字及其思想观点，其云：

其以百工领袖著名者,英人马克思也。马克思之言曰:"纠股办事之人,其权笼罩五洲,突过于君相之范围一国。"

在这段话中,作为马克思主义主要创始人的马克思,他的名字不仅与如今规范统一的译名一字不差地出现了,而且还被十分准确地赞之曰"以百工领袖著名"。稍有遗憾的是,马克思的国籍被错写成了英国。随后引述的马克思的那段话,应该是出自马克思恩格斯合著的《共产党宣言》,检诸最新版的《马克思恩格斯选集》,与之对应的译文是:"资产阶级,由于开拓了世界市场,使一切国家的生产和消费都成为世界性的了。"①

《共产党宣言》作为马克思主义诞生的标志,它虽然"是一份政治纲领,却蕴含着丰富的经济学思想"②,李提摩太、蔡尔康此处所引,恰恰就是马克思恩格斯关于资产阶级开拓了世界市场从而推动了生产和消费全球化趋势的形成这一经济学论断。也就是说,中国历史上的马克思主义的最初传入,是与马克思的名字以及马克思主义经济学思想密切联系的。

1899年4月,《万国公报》出版了它的第123期。这一期刊登了《大同学》的第三章《相争相进之理》,马克思的名字和学说再一次被提及,其云:

试稽近代学派,有讲求安民新学之一家。如德国之马客偲,主于资本者也;美国之爵而治,主于救贫者也。美洲又有柏辣弥,主于均富也;英国之法便,尤以能文著。皆言人隶律法下,虽皆平等,人得操举官之权,亦皆平等,独至贫富之相去,竟若天渊。

这里,马克思的国籍得到了订正,但是名字却被译成了"马客偲"。译名的前后不统一,无疑反映了译者对马克思其人及其生平事迹的生疏。不过,特别值得注意的是,此处把马克思列为"讲求安民新学"的四位代表人物之首,又以"主于资本"来概括其思想特点,"在马克思经济学传入中国的初期,率先向国人介绍了马克思重视资本问题的研究,从而以模糊的形式,接近于马克思的经济学代表作《资本论》"③。

1899年5月,上海广学会刻印了《大同学》一书。全书凡十章,其中的第

---

① 《马克思恩格斯选集》第1卷,北京:人民出版社,2012年版,第404页。
② 王辉龙:《〈共产党宣言〉中的经济学思想》,《经济学家》2013年第11期。
③ 谈敏:《回溯历史——马克思主义经济学在中国的传播前史》(上册),上海:上海财经大学出版社,2008年版,第138页。

八章《今世养民策》不仅继第一和第三两章之后又一次提及了马克思，而且还提及了他的亲密战友恩格斯，其云：

> 德国讲求养民学者，有名人焉，一曰马克思，一曰恩格思。……若辈立言大旨，非欲助世人更得新法，高于历代之法也，亦非借民力以教民新法也，唯欲除贫富相争之法。

这段文字的最大亮点在于首次把马克思主义的两大创始人马克思和恩格斯（原文作"恩格思"）的名字相提并论，并称赞他们是德国"讲求养民学者"中的"名人"。然而文中对马克思恩格斯的"立言大旨"即核心主张，却武断地用"唯欲除贫富相争之法"来概括，这显然属于以偏概全和严重曲解。事实上，马克思主义经济学绝不是仅仅追求剥削者与被剥削者各得其所、相安无事，而是旨在消灭阶级剥削和压迫，实现建立在社会物质财富极大丰富和人民精神境界极大提高基础上的、每个人自由而全面发展的共产主义社会。

在《今世养民策》中，恩格斯的一段话也被加以引述，其云：

> 恩格思有言，贫民联合以制富人，是人之能自别禽兽，而不任人簸弄也。且从今以后，使富家不得不以人类待之也。民之贫者，富家不得再制其死命也。

这段话大意是说，无产者的联合迫使资产阶级不得不正视他们的利益诉求，那种无产者任人驱遣和宰割的时代一去不复返了。不过它究竟是从恩格斯的哪部著作或哪篇文章中翻译过来的，目前尚无法查实。而对于恩格斯的这段话，李提摩太和蔡尔康紧接着便给出了极高的评价，认为"此言也，讲目下之情形，实属不刊之名论"。

诚然，即如有些学者所指出的，《万国公报》"是由基督教出版机构广学会主办的介绍基督教和他们加工过的西学刊物，其本意并不是要介绍马克思和马克思主义，更谈不上宣传和传播马克思主义"[①]；"《大同学》的原著者及其改编者的本意，并非为了宣传马克思及其学说"[②]，但是它毕竟在客观上为"古老的华夏神州请来了'马克思'"，实现了马克思和马克思主义在中国

---

① 王刚：《马克思主义中国化的起源语境研究——20世纪30年代前马克思主义在中国的传播及中国化》，北京：人民出版社，2011年版，第120页。

② 朱哲、何欢欢：《马克思主义在中国出场的基础、路径与方式研究》，北京：人民出版社，2017年版，第33页。

的出场，"从而开始了马克思主义在中国传播的历史"①。即是说，不管其主观动机如何，亦无论其对马克思和马克思主义经济学的认知是否客观准确、评价是否科学合理，这种付梓刊行的文字本身已经确定了它作为马克思主义经济学的初始传播者的地位，换言之，马克思主义经济学的中国传播，有赖李提摩太和蔡尔康的《大同学》而拉开了历史的大幕。

（二）20世纪初马克思主义经济学的接续传播

历史进入20世纪之后，马克思主义经济学的中国传播便处于持续不断的进行之中。1903年前后，多位日本学者以社会主义为主题的著作相继被翻译过来，比如村井知至的《社会主义》、福井准造的《近世社会主义》、幸德秋水的《广长舌》和《社会主义神髓》、久松义典的《近世社会主义评论》、西川光次郎的《社会党》、矢野文雄的《新社会》、大原祥一的《社会问题》等等，而岛田三郎的《世界之大问题：社会主义概评》在1903年一年当中就有《世界之大问题》《社会主义概评》和《群义衡论》三个中译本面世。在这些社会主义类译著中，马克思主义经济学都得到了详略不等的阐发，其中尤以福井准造的《近世社会主义》语焉最详。

福井准造所著、赵必振翻译的《近世社会主义》，1903年由上海广智书局出版。该书第二编第一章专论加陆马陆科斯即卡尔·马克思及其"主义"，其中关于马克思的学术研究、著作和学说的介绍，以马克思的经济学为主体内容。如在《其履历》一节，该书写道："其于制度资本之改革，则必先考察德义正道之许否，稽质本发达之历史，与现时之制度资本相比较，而究经济上之学理与历史上之事实，以驳击他家之诸说，而造自家学理之前提，以结论资本为强夺之结果，以表发其学说。"②突出强调了马克思关于资本主义社会及制度的研究注重从"经济上之学理与历史上之事实"来展开和推进，揭示了"资本为强夺之结果"的实质。其后又称："千八百五十年，出其著述，题为《经济学之评论》者。博采群书，窗下研炼，费十余年而成，探学理之蕴奥，以讲

---

① 郭德宏：《中国马克思主义发展史》，北京：中共中央党校出版社，2001年版，第4页。
② [日]福井准造：《近世社会主义》，赵必振译，上海：广智书局，1903年版，第2编第3页。按："质本"当系"资本"之误。

究资本之原理，依其研究之结果，成彼一代之大著述，题为《资本论》。"①对马克思的《政治经济学批判》和《资本论》这两部名著作了特别推介。在概述完马克思的生平之后，该书对马克思作了非常高的评价，其云：

马陆科斯者，一代之伟人，长于文笔，其议论之精致，为天下所识认。以故教授拉契者，称彼为一大经济学者。又如教授科意斯者，乃有保守的思想之人，亦称扬其才能而不措。彼之死也，可洛额西持进纪其事迹曰："彼于文明社界之内政，独具感化之功力。无论其同时代之如何人，无出彼右者。其经济学感化一般人民之程度，德意志之学者，亦无其比。彼于经济学上，最精细之观察，且为确实推论家之一人。故其著《资本论》，实为社会经济上之学者之良师，亦可窥见彼之一代之性行，及其思想云。"②

在这里，马克思作为"一代伟人"，其在经济学上的建树、贡献和地位得到了最充分的肯定，所著《资本论》更是被奉为"社会经济上之学者之良师"。

《其学说》一节，可以说是对马克思的《资本论》和经济学思想的集中阐述。关于《资本论》，书中写道：

马陆科斯之《资本论》，为一代之大著述，为新社会主义者，发明无二之真理，为研服膺之经典。……其立论之前提，稽其资本之变迁与历史，述其起源与来历，以明经济界之现组织，全然为资本之支配。生产社会之原则上，随资本旺盛之现时代而一转，则社会之趋势，与社会主义，终不能达其目的。故欲反抗资本万能主义之潮流，以保劳动者之味方，则虽主张反对资本的生产制度而不辞。③

"一代之大著述"和"无二之真理"以及"服膺之经典"，这些评价不可谓不高，但相对于《资本论》本身所具有的价值，却也是恰如其分的，并无丝毫的溢美。

关于马克思的经济学思想，该书以《资本论》为基本依据，从关于资本主义生产发展历程的分析入手，着重围绕被恩格斯肯认为马克思的两大发现之

---

① [日]福井准造：《近世社会主义》，赵必振译，上海：广智书局，1903年版，第2编第5页。按：《经济学之评论》今译《政治经济学批判》，该书的出版时间实为1859年。

② [日]福井准造：《近世社会主义》，赵必振译，上海：广智书局，1903年版，第2编第5页。

③ [日]福井准造：《近世社会主义》，赵必振译，上海：广智书局，1903年版，第2编第6页。

一的剩余价值理论展开阐述。在作者看来，资本家之所以能够"蓄积其利润，增加其财产"，以至于达到了富可敌国的地步和程度，乃是因为他们"专占此余剩价格"即剩余价值，"贮之以为增殖之途"的缘故①。那么"余剩价格"即剩余价值究竟如何形成并为资本家占有的呢？作者举例作了说明，其云：

> 譬之劳动者，日常之生计，不过二十钱之物品。以彼等自活自营而计之，岂止于每日二十钱之物品与生活？彼等每日以六时间之劳动，则已足充分而自给之，而此时之资本主，又强彼等每日执十二时间之劳动，则每日应得四十钱之物品与生产，彼等即应得四十钱之报酬，乃割其一半而为己有，是资本家强割六时间之劳动于劳动者，而诈取其所得之二十钱。故资本家之利润之所得者，不出此诈取的价格之外。……是彼资本制度之发达，其余剩之价格，而所以专归资本家之占有。②

简单说来就是，剩余价值是由劳动者在必要劳动时间之外的剩余劳动时间所创造的那一部分新价值，资本家通过无偿使用劳动者的剩余劳动时间从而把他们在这个时间所创造的新的价值据为己有，就完成了对劳动者的财富掠夺，实现了自身的财富积聚。应当说，作者对于剩余价值的举例说明，还是比较通俗易懂的，当然具体的语言表述不尽准确，这与作者和译者的知识储备、理解能力、表达水平所客观存在着的不足有着直接的关系。尽管如此，该书虽然"距离完整和准确地表述剩余价值理论体系，差之甚远，可是已经接触若干要点，对此类要点的论述，远非当时及以前已有的类似介绍所能比拟"，并且作者和译者通过"尽量吸收和采纳一些新的名词与概念，以求贴近原有涵义，不像其他不少介绍资料单凭作者或译者的理解作随心所欲的说明"，"从这些意义上说，此译本可算是最先系统地介绍了马克思经济学说"，"足以确立此译本在马克思经济学说最初传入中国过程中的领先地位"③。

几乎与社会主义类译著竞相出版同时，国内一些学者也开始把马克思主义经济学纳入自己的学术视野，梁启超便是其中的突出代表。

1903年11月2日至12月2日，梁启超用"中国之新民"的笔名在《新民丛

---

① [日]福井准造：《近世社会主义》，赵必振译，上海：广智书局，1903年版，第2编第6页。
② [日]福井准造：《近世社会主义》，赵必振译，上海：广智书局，1903年版，第2编第7—8页。
③ 谈敏：《回溯历史——马克思主义经济学在中国的传播前史》（上册），上海：上海财经大学出版社，2008年版，第233页。

报》上连载了题为《二十世纪之巨灵托辣斯》的2万多字长文。这篇文章是他基于对前不久游历美国期间亲眼所见"生计界新飞跃之一魔王"——"托辣斯"（今译"托拉斯"）的迅猛发展，意识到它将会是世界经济发展进程中的一种新组织、新模式，有感而发，奋笔疾书所成。在这篇文章中，梁启超在审视、探究托拉斯这一经济现象的同时，几度与马克思的经济学说相联系，其中最具典型意义的是下面一番话：

观夫近今社会党之生计学者，其论托辣斯也，不惟无贬词，且以其有合于麦喀士（马克思）（社会主义之鼻祖，德国人，著书甚多）之学理，实为变私财以作公财之一阶梯，而颂扬之。故知天下事有相反而相成，并行而不悖者，此类是已。

一般而言，托拉斯的发展对于数量众多的小工厂和小企业来说不啻是一场噩梦，而它大规模实行的机器生产则势必导致大量劳动者失业，因而从情理和逻辑上讲，托拉斯会受到资本家的欢迎而为站在劳动者立场上分析问题的马克思所不容。但在梁启超笔下，情况并非如此，信奉马克思主义经济学的社会主义经济学家对托拉斯"不惟无贬词"，相反还以其符合马克思主义的"学理"、认为它是"变私财以作公财之一阶梯"而大加"颂扬"。对于这种现象，梁启超用了古人颇具思辨性的话感慨系之地说道："故知天下事有相反而相成，并行而不悖者，此类是已。"

次年2月14日，梁启超在《新民丛报》第46—48号合刊上发表了题为《中国之社会主义》的短文，其中写道：

社会主义者，近百年来世界之特产物也。㗫栝其最要之义，不过曰土地归公，资本归公，专以劳力为百物价值之原泉。麦喀士（马克思）曰："现今之经济社会，实少数人掠夺多数人之土地而组成之者也。"拉士梭尔曰："凡田主与资本家，皆窃也盗也。"此等言论，颇耸听闻。虽然，吾中国固夙有之。……中国古代井田制度，正与近世之社会主义同一立脚点，近人多能言之矣，此不缕缕。

这篇专论"中国之社会主义"的短文，开篇便以"土地归公，资本归公，专以劳力为百物价值之原泉"来概括社会主义的"最要之义"。如果说"土地归公，资本归公"重在揭示社会主义的基本经济制度——公有制，那么"专以劳力为百物价值之原泉"则无疑是对马克思主义经济学中的劳动价值论的阐扬,而随后所举麦喀士(即马克思)批判"少数人掠夺多数人"的资本主义经济制度的言论,至少表明马克思的某些经济学理论和观点已然在梁启超的观念世界里留下了深深的烙印——尽管可能未必准确,比如他把"少数人掠夺多数人"只是与土地的归属相联系,分明体现了中国人特有的思维逻辑,未必符合马克思的原意。而梁启超把社会主义的"土地归公"与中国古代的井田制相比附,就为其后关于马克思主义经济学的讨论中井田制问题的正式出场和引发热议点燃了导火索。

继梁启超之后,朱执信接过了传播马克思主义经济学的接力棒。1906年1月和4月,他以"蛰伸"的笔名,在《民报》第2和第3号上连载了题为《德意志社会革命家列传》①的长文,"马尔克"即马克思是该文的三个部分之一,而马克思主义经济学则是该部分中极为重要的一项内容。

关于马克思主义经济学,朱执信不仅明确提及了马克思的《资本史》(即《剩余价值学说史》)和《资本论》这两部经典著作,指出在"学理上之论议尤为世所宗者,则《资本史》及《资本论》也",认为马克思及其《资本论》和剩余价值学说"为社会学者所共尊,至今不衰",而且对马克思的一些重要观点作了阐述和评析。

首先,朱执信翻译了《共产党宣言》所阐发的共产党人的十大经济社会政策纲领,即:

(1)禁私有土地,而以一切地租充公共事业之用。

(2)课极端之累进税。

(3)不认相续权。

(4)没收移居外国及反叛者之财产。

(5)由国民银行及独占事业集信用于国家。

(6)交通机关为国有。

(7)为公众而增加国民工场中生产器械,且于土地加之开垦,更时为改良。

(8)强制为平等之劳动,设立实业军。

(9)结合农工业,使之联属,因渐泯邑野之别。

---

① 该文前后的篇题稍有不同——《民报》第2号的篇题为《德意志社会革命家小传》,第3号改为了《德意志社会革命家列传》。

（10）设立无学费之公立小学校，禁青年之执役于工场，使教育与生产之事为一致。

对于朱执信这十大经济社会政策纲领的译文水准，有学者指出："这是我国最早出现的关于《共产党宣言》中共产党人十条措施的完整又比较正确的译文。"[1]这一评价，无疑肯定了朱执信对马克思主义经典著作思想意蕴理解和把握上的准确和到位。有必要指出的是，朱执信不仅"完整又比较正确"地翻译了《共产党宣言》中提出的共产党人的十大经济社会政策纲领，而且还对其中的一些具体内容作了背景解释和深入解读，这方面，第二条和第三条最具典型性。比如关于第三条"不认相续权"，现在通行的译文是"废除继承权"[2]，两者表意差别不是太大。朱执信在该条之后，先是对"相续"的含义作了解释，指出："相续者，承继财产上权利义务之谓。"进而言简意赅地讲述了古往今来、欧洲日本在具体界定和把握上的不同之处。随后，朱执信分析了废除继承权和承认继承权各自的理由，前者在于"无因相续得财产者，则数十年后且可绝资本家之迹"，"马尔克（马克思）所欲废者此也"，后者在于"使其权利有所归而不至归于先占者幸得，其义务有代履行者，不至使权利者有大损失耳"。他最后给出自己的谨慎判断："（废除继承权）于实际能行否及行之有效否，今尚未为问题"，并提出了另一种思路："至课之以税，则自弥勒以来皆以为善法，无反对者"。察此，他显然更赞成实行征收遗产税的办法。这里，尽管他对马克思和恩格斯在《共产党宣言》中提出的"废除继承权"的政策纲领委婉地表示了反对之意，但是关于马克思主义经济学中的相关思想主张的译介和传播是客观和基本准确的。

其次，朱执信阐发了《资本论》等马克思主义经济学经典著作中的部分重要思想观点。他在文章中引述了马克思的不少言论，其中有这样一段："马尔克（马克思）以为：资本家者，掠夺者也。其行，盗贼也。其所得者，一出于朘削劳动者以自肥尔。"朱执信对马克思的这一观点虽然并非完全赞同，认为资本家的财富并非完全来自"掠夺"和"朘削"，他们的原始积累，至少是其中的一部分，"往往亦自劳动"，"既贮蓄而后用之，以使所生产多，是为

---

[1] 谈敏：《回溯历史——马克思主义经济学在中国的传播前史》（上册），上海：上海财经大学出版社，2008年版，第466页。

[2] 《马克思恩格斯选集》第1卷，北京：人民出版社，2012年版，第421页。

资本之始","于是时资本家与劳动者为同一人",但是马克思的这一论断毕竟通过他的引证得到了传播。至于资本家完成了原始积累之后的种种"掠夺"和"朘削"行径,朱执信对马克思的观点表达了完全的赞同,其云:"马尔克(马克思)之言资本起源,不无过当,而以言今日资本,则无所不完也。往者蓄积所生之资本甚微,而其得大,以有今日者,以取息。故其取息之苛重,实同掠夺,此无可诿解者也。一人劳动终身,其蓄积所得者,不足以供资本家一日之费也。资本家昔所蓄积者明既费消,今所有者全非由于蓄积,特以蓄积所得为刀斧鸩毒以劫取之者耳。故马尔克(马克思)目之盗贼,非为过也。"

朱执信还曾对马克思的劳动价值论和剩余价值学说作了通俗易懂的阐释。他举例说:"譬有人日勤十二小时,而其六小时之劳动,已足以增物之价,如其所受之庸钱。余六时者,直无报而程功者也。反而观之,则资本家仅以劳动结果所增价之一部还与劳动者,而干没其余,标之曰利润,柱主辈分有之,是非实自劳动者所有中掠夺之耶!"并说:"素丝盈把,织以为缯,价兼于前。是其为价,一则当于丝之原直,一则劳动之庸钱也。机械不得有加于生货之价,交易亦不得有加于生货之价也。然则使价之增,惟劳动者。食其价增之福者,亦宜惟劳动耳。"朱执信的这番阐释,可以说基本上把握住并准确传达出了马克思劳动价值论和剩余价值学说的精髓和真义。

对于朱执信《德意志社会革命家列传》一文在包括马克思主义经济学在内的整个马克思主义传播中的贡献,有学者评价道:"1906年,朱执信在《民报》上撰写的评介马恩及其学说诸文,其内容的广泛性、客观性以及对马克思主义学说某些方面的理解,远超过同时代的许多人。他是在初步研究的基础上,有目的地撰文介绍。他对马克思主义学说所作的介绍,到1911年辛亥革命后,直到五四前夕,在中国还是领先的。"[①]

(三)五四期间李大钊对马克思主义经济学的进一步传播

在朱执信的《德意志社会革命家列传》发表之后,关于马克思主义经济学的传播保持了很好的发展势头,不仅资产阶级革命派热衷于此,而且无政府主义者也扮演了重要的角色。不过,从《德意志社会革命家列传》发表的1906年到五四运动爆发的1919年,总体而言,这十余年间关于马克思主义经济学的

---

① 宋凌迁:《试论朱执信对马克思主义的认识与传播》,《广西社会主义学院学报》2004年第2期。

传播，量的积累成绩显著而质的突破不尽如人意，直到中国早期马克思主义者李大钊《我的马克思主义观》一文发表，才使局面为之改观。

李大钊《我的马克思主义观》这篇文章连载于《新青年》杂志1919年第6卷第5和第6期，全文长达23000多字，堪称雄文。作为中国早期马克思主义者的杰出代表，李大钊在这篇文章中不仅第一次对马克思主义的科学体系作了概括和总结，而且分别具体阐述了马克思主义的"唯物史观""阶级竞争说"和"经济论"，而马克思主义经济学是李大钊此文中所占篇幅最大的一部分内容。

该文的开篇即第一部分便提及了马克思的《资本论》，指出："马克思的书卷帙浩繁，学理深晦。他那名著《资本论》三卷，合计两千一百三十五页，其中第一卷是马氏生存时刊行的，第二、第三卷是马氏死后他的朋友昂格思（恩格斯）替他刊行的。"①第二部分则专门讨论"马克思主义在经济思想史上占若何的地位"，指出："由经济思想史上观察经济学的派别，可分为三大系，就是个人主义经济学、社会主义经济学与人道主义经济学。"个人主义经济学"也就是以资本为本位，以资本家为本位的经济学"。"社会主义经济学正反对他那第一点。人道主义经济学正反对他那第二点。……社会主义经济学者以为现代经济上、社会上发生了种种弊害，都是现在经济组织不良的缘故，经济组织一经改造，一切精神上的现象都跟着改造，于是否认现在的经济组织，而主张根本改造。人道主义经济学者持人心改造论，故其目的在社会的革命。这两系都是反对个人主义经济学的，但人道主义者同时为社会主义者的也有"②。他通过对经济思想发展史的梳理和分析，明确肯认："从前经济学的正统，是在个人主义。现在社会主义、人道主义的经济学，将要取此正统的位系，而代个人主义以起了。从前的经济学，是以资本为本位，以资本家为本位。以后的经济学，要以劳动为本位，以劳动者为本位了。这正是个人主义向社会主义、人道主义过渡的时代。"③他还说："本来社会主义的历史并非自马氏开始的，马氏以前也很有些有名的社会主义者，不过他们的主张，不是偏于感情，就是涉于空想，未能造成一个科学的理论与系统。至于马氏才用科学的论式，把社会主义的经济组织的可能性与必然性，证明与从来的个人主义经济

---

① 《李大钊选集》，北京：人民出版社，1959年版，第173页。

② 《李大钊选集》，北京：人民出版社，1959年版，第175—176页。

③ 《李大钊选集》，北京：人民出版社，1959年版，第176页。

学截然分立，而别树一帜，社会主义经济学才成一个独立的系统，故社会主义经济学的鼻祖不能不推马克思。"而马克思既然"是社会主义经济学的鼻祖，现在正是社会主义经济学改造世界的新纪元，'马克思主义'在经济思想史上的地位如何重要，也就可以知道了"①。这里关于马克思主义经济学亦即社会主义经济学之历史地位的分析评判，逻辑何其严密，极富雄辩性和说服力。

关于马克思主义的"经济论"，李大钊鉴于"有他的名著《资本论》详为阐发"②，因而其具体阐述，乃以《资本论》为最基本、最主要的依据。在李大钊看来，"马氏（马克思）的'经济论'有二要点：一'余工余值说'，二'资本集中说'。前说的基础，在交易价值的特别概念。后说的基础，在经济进化的特别学理。用孔德的术语说，就是一属于经济静学，一属于经济动学"③。"余工余值"亦即剩余价值。

李大钊认为，"马氏（马克思）的'余工余值说'，是从他那'劳工价值论'演出来的"，因而其对马克思剩余价值学说的阐述，就从"劳工价值论"亦即劳动价值论开始。他说："马氏说劳工不只是价值的标准与理由，并且是价值的本体。"在资本主义社会，商品交换已成为普遍现象，"每在一个交易的行为，两个物品间必含着共同的原素"，这种"共同的原素"，"乃是那些物品中所含劳工分量的大小"。即是说，凝结在物品中的劳动决定了该物品的价值——"每个物品的价值，应该纯是物品中所含人类劳工结晶的全量。物品价值的分别，全依劳工的分量而异。此等劳工，是于生产这些物品有社会的必要的东西"。他举例说，"例如有一工人在一种产业里作工，一日工作十小时。什么是他的生产物的交易价值呢？这交易价值，应该是他那十小时劳工的等量。他所生产的，是布，是煤，或是他物，都不必问。按工银交易的条件，……这实在的价值，就是十小时劳工的等量"④。李大钊关于马克思劳动价值论的阐述可谓是既言简意赅，又通俗易懂，对于帮助国人进一步把握马克思主义经济学特别是剩余价值学说的奥义，发挥了很好的奠基作用。

那么，何为剩余价值呢？李大钊写道："工人所生产的价值，全部移入

---

① 《李大钊选集》，北京：人民出版社，1959年版，第176页。
② 《李大钊选集》，北京：人民出版社，1959年版，第181页。
③ 《李大钊选集》，北京：人民出版社，1959年版，第195—196页。
④ 《李大钊选集》，北京：人民出版社，1959年版，第196—197页。

资本家的手中，完全归他处分。而以其一小部分用工银的名目还给工人，其量仅足以支应他在生产此项物品的期间所消用的食品，余则尽数归入资本家的囊中。生产物的售出，其价与十小时的工力相等，而工人所得，则止抵五小时工力的价值。其余五小时工力的价值，马氏（马克思）叫作'余值'"。"余值既全为资本家的掠夺品，那工人分外的工作，就是余工，便一点报偿也没有"，因此，李大钊指出："这是现代资本主义的秘密，这是资本主义下资本家掠夺劳工生产的方式"，而"揭破资本主义的秘密，就是马氏学说特色之一。"①。

资本家贪婪成性，对工人阶级进行敲骨吸髓的压榨和剥削，千方百计地强迫工人阶级创造更多的剩余价值，因为"资本家的利益，就在增大余值"。李大钊指出，马克思揭示了"资本家增大余值的方法有二要着"：一是"尽力延长工作时间，以求增加余工时间的数目"；二是"尽力缩短生产工人必要生活费的时间"。关于前者，假如把工人每天的工作时间从10小时延长至12小时，则"余工时间，自然可以由五小时增至七小时"。关于后者，"假令生产工人必要生活费的工作时间，由五小时缩短至三小时，那余工时间自然由五小时增至七小时了"②。不过，李大钊指出，资本家的贪婪只是表象，其背后的深层原因还在于资本主义制度，资本家想方设法榨取工人的血汗，"这不是资本家的无情，全是资本主义的罪恶"，而"马氏（马克思）的论旨，不在诉说资本家的贪婪，而在揭破资本主义的不公"③。基于对马克思剩余价值学说的阐述而作的这样一种分析，就深刻性、透辟性而言显然远非既往一切关于马克思剩余价值学说的介绍和分析可比，足以说明李大钊对马克思主义经济学的精深理解和熟练掌握。

为帮助人们更好地理解马克思主义经济学，李大钊还对马克思主义经济学中与剩余价值密切相关的平均利润率论，以及资本、不变资本、可变资本等概念及其内涵作了深入浅出的解释说明。李大钊最后展望道："在资本主义未行以前，个人所有的财产，的确是依个人的劳工而得的。现在只能以社会的形式令这种制度的精神复活，不能返于古昔个人的形式了。因为在这大规模的

---

① 《李大钊选集》，北京：人民出版社，1959年版，第198页。

② 《李大钊选集》，北京：人民出版社，1959年版，第198页。

③ 《李大钊选集》，北京：人民出版社，1959年版，第199页。

分工的生产之下，再复古制是绝对不可能。只能把生产工具由资本家的手中夺来，仍以还给工人，但是集合的，不是个人的，使直接从事生产的人得和他劳工相等的份就是了。到了那时，余工余值都随着资本主义自然消灭了。"① 预言了剩余价值必定随着无产阶级革命成功条件下资产阶级的破产和资本主义的灭亡而进入历史的垃圾堆。

二、《建设》传播马克思主义经济学概说

创办于1919年8月、停刊于1920年12月的《建设》杂志，虽然存续时间并不长，发表的文章总共也不过二三百篇，但是马克思主义经济学却是它创刊伊始直至停刊一直关注的重要内容。查考可知，《建设》杂志不仅刊载了多篇马克思主义经济学的译著，而且发表了数篇探究马克思主义经济学的论文，除此而外的其他载文对于马克思主义经济学观点和论断的征引也时有所见。

（一）译介马克思主义经济学著作

注重刊载译著，是《建设》杂志的一大特色。在《建设》杂志的创刊号上，就刊发了廖仲恺翻译的威尔确斯《全民政治论》、孙科翻译的罗威尔《公意与民治》、朱执信（署名民意）翻译的泊尔尼《创制权复决权罢官权之作用》凡3篇译作。其后的各期，译作几乎期期都有，成为了必发的文章门类。在这些译作当中，以马克思主义经济学为主题的著述并没有缺席，其中戴季陶（署名戴传贤）由日文辗转翻译过来的考茨基所著《马克斯（思）资本论解说》尤为引人注目。

考茨基是出生于捷克布拉格的德国人，是德国和国际工人运动著名的理论家、第二国际的重要领导人之一，他在马克思主义及社会民主主义发展史上具有重要地位和影响，被誉为正统马克思主义的权威代言人。19世纪80年代初，受马克思恩格斯的直接影响，考茨基从一名激进的民主主义者转变成为马克思主义者。在同恩格斯一道工作之后，他翻译了马克思的《哲学的贫困》，后来还担任马克思的代表作《资本论》第4卷的编者。他基于自己对马克思主义经济学原理的准确理解和把握，对马克思的利润和地租等学说作了通俗易懂的阐述，得到了恩格斯的首肯，在马克思主义科学理论的传播中可谓贡献卓著。

---

① 《李大钊选集》，北京：人民出版社，1959年版，第199页。

1887年，考茨基发表了《马克斯（思）的经济学说》，日本社会主义者高龟素之将它译成日文，戴季陶即以高龟素之的日译本为据译为中文，并以"马克斯（思）资本论解说"为题，在《建设》杂志从第1卷第4期开始连载，直到该刊的第3卷第1期即最后一期为止。对比可知，《建设》连载的戴季陶所译《马克斯（思）资本论解说》，就篇幅而言较之孙中山的《发展实业计划》还要大出不少，在该刊载文中堪称独一无二、无出其右。

除了戴季陶所译《马克斯（思）资本论解说》而外，徐苏中（署名苏中）翻译的日本马克思主义研究的先驱——河上肇所著《见于资本论的唯物史观》一文，虽然重在梳理马克思《资本论》中关于唯物史观的经典论述，但它毕竟是以《资本论》这部马克思主义经济学的经典之作为依据，且唯物史观与马克思主义经济学"是统一的，是切不开来的"，"两下底密接关系"天然存在、不可割裂①，因而马克思主义经济学的许多概念、观点和论断在文中都时有醒目的呈现。故此可以说，《见于资本论的唯物史观》也当归入《建设》所载马克思主义经济学的译著之中。

犹有可言者，中国早期马克思主义者、上海共产主义小组主要发起人李汉俊（署名汉俊）翻译、在《建设》第2卷第4和第5期连载的意大利学者罗利亚所著《道德底经济的基础》，也当归入马克思主义经济学译著之中。据李汉俊写在篇前的按语可知，罗利亚"在经济学派上，是受德国历史派感化的，他底'经济的历史观'，也是由马克斯（思）底教训得来的"②，而译文中的第一部分主要是讨论经济问题，其他各部分则也是联系经济谈道德。

（二）研究马克思主义经济学理论

《建设》所载马克思主义经济学论文，最典型的莫过于林云陔的《劳力与资本制之关系》。此文载于1920年6月出版的《建设》杂志第2卷第5期。在《建设》杂志的工作团队中，林云陔应该是仅次于建设社社长孙中山和社员胡汉民、朱执信、戴季陶、廖仲恺、汪精卫的第七人。辛亥革命之后，林云陔被孙中山派往美国留学，1918年回国，随即应胡汉民之约，前往上海担任《建设》杂志编辑。当时，做《建设》杂志编辑，不仅要负责约稿、编稿，还要承

---

① [日]河上肇：《见于资本论的唯物史观》，苏中译，《建设》第2卷第6期（1920年8月1日）。
② [意]罗利亚：《道德底经济的基础》，汉俊译，《建设》第2卷第4期（1920年6月1日）。

担撰稿、译稿等任务。林云陔就曾受命向胡适约稿，并负责把孙中山《发展实业计划》的英文稿"第四之一部分及第六计划及结论"译为中文①。此外，据吕芳上先生统计，林云陔还亲自执笔为《建设》杂志撰写了15篇文章，这个数字仅次于朱执信的39篇和胡汉民的20篇而位居第三②。在林云陔的这15篇文章中，就包括了《劳力与资本制之关系》和《利用人力问题》，前者"用通俗的语言介绍了马克思的劳动价值论和剩余价值论"③，显然属于正面阐述马克思主义经济学的学术论文；后者则通过对中外经济发展状况的考察分析，对马克思主义经济学之"人力主因之说"④作了有力的论证。

此外特别值得一提的是，1920年1月出版的《建设》第1卷第6期"通讯"专栏，刊登了读者刘凤鸣的一封来信。信中对《东方杂志》连载的日本人北聆吉《社会主义之检讨》所谓马克思关于"一切之富皆依劳动而生者，故其一切之富皆为劳动者所当受"的论断，与戴季陶翻译的《马克斯（思）资本论解说》中"价值与财富"一节所传达出的马克思的观点明显冲突，遂以此求教于《建设》杂志编辑。朱执信以"民意"的笔名写了一篇短文作了正面回复。朱执信在回信中不仅揭露了北聆吉"整篇抄袭玛洛克的文字，玛洛克不知从哪里得一本马克斯的伪书，就在那里发议论"的事实真相，而且通过征引日本学者高田素之所译马克思《资本论》第1卷和戴季陶所译《马克斯（思）资本论解说》中的相关论断，指斥北聆吉对马克思的思想学说，对劳动与财富、财富与价值、交换价值与使用价值的关系等一概"没有弄清楚"，"人家几十年前解释得狠（很）明白的，他没有看见，就糊糊涂涂的去做反对论，总是证明他自己的无能力罢了"。这篇短文虽然只是一封回信，但是对马克思重要观点和论断的正本清源和对假冒伪劣的揭露批判，可以说捍卫了马克思主义经济学的尊严，具有很高的思想理论价值。

（三）用马克思主义经济学探讨中国经济问题

《建设》杂志的办刊宗旨是"鼓吹建设之思潮，展明建设之原理，冀广

---

① 《孙中山选集》（上卷），北京：人民出版社，1956年版，第187页。
② 详见吕芳上：《革命之再起——中国国民党改组前对新思潮的回应（1914—1924）》，台北："中央研究院"近代史研究所，1989年版，第67页。
③ 瞿磊：《〈建设〉杂志对马克思学说的介绍与研究》，湖南师范大学硕士论文，2003年，第4页。
④ 林云陔：《利用人力问题》，《建设》第2卷第4期（1920年5月1日）。

传吾党建设之主义,成为国民之常识,使人人知建设为今日之需要,使人人知建设为易行之事功,由是万众一心以赴之,而建设一世界最富强最快乐之国家,为民所有、为民所治、为民所享"①。而要把人们的思想统一起来,凝聚到国家建设的事业中来,首先必须正视建设所面临的问题,分析其原因,找出对治之策。《建设》杂志的同仁们意识到了这一点,他们通过约稿、撰稿等不同形式,针对国家的政治、经济、社会、文化建设进行理论联系实际的探讨,其中一些文章尝试运用马克思主义经济学的立场、观点和方法分析中国经济问题,为实现马克思主义与中国实际的结合进行了积极的探索,最具代表性的有:戴季陶所作《从经济上观察中国的乱原》《劳动者解放运动与女子解放运动的交点》《协作制度的效用》《到湖州后的感想》,以及林云陔所作《社会主义国家之建设概略》、胡汉民所作《从经济的基础观察家族制度》,等等。

三、戴季陶对马克思主义经济学的译介和应用

在马克思主义经济学的中国传播进程中,《建设》杂志可以说作出了积极的贡献,其中尤以戴季陶和林云陔这两位《建设》杂志骨干成员的贡献为大。戴季陶的贡献,可归纳为文本翻译、思想传播、实践应用这样三个方面。

(一)对马克思主义经济学的文本翻译

任何一种思想学说的传播,一般都要经历从零零散散的碎片化介绍到全面完备的系统性阐扬的发展过程,马克思主义经济学的传播同样也不例外。前已述及,马克思主义经济学的传播肇始于李提摩太翻译、蔡尔康"属文"的《大同学》,在那里,关于马克思主义经济学,只有它的代表人物马克思和他的个别论断被简单提及,对于马克思的思想特点,只是以"主于资本"作了简单的概括,而至于马克思主义经济学的经典之作《资本论》,则根本未予涉及。随着传播的持续推进,马克思主义经济学的思想观点、代表著作、社会影响等更为丰富和全面的信息被不断传递出来,从而使得马克思主义经济学逐渐呈现出立体、丰满的姿态。

不过,思想传播如果只是停留在间接介绍的层面上,即便这种介绍已经基本达到了比较全面系统的水准,也只能说是实现了量的扩张而仍不能称之为

---

① 孙文:《〈建设〉杂志发刊词》,《建设》第1卷第1期(1919年8月1日)。

质的跃升，因为质的跃升的一个重要标志，便应是权威性翻译文本的推出。马克思主义经济学的传播到了五四运动时期无疑取得了极大的进展，但也存在一个明显的缺憾，这就是尚且缺乏经典之作的中译本，须知，作为马克思主义诞生之标志的《共产党宣言》，早在1908年就由《天义》报推出了它的中译本。《资本论》作为马克思主义经济学的经典之作，它与《共产党宣言》不仅存在着内容侧重的明显不同，同时也存在着篇幅大小的显著差异——《共产党宣言》不过15000字左右，《资本论》却是一部4卷本、大约370万字的皇皇巨著，因此，在马克思主义经济学中国传播的早期，即刻提出把《资本论》翻译过来的目标，显然并不现实，相对而言比较可行的办法是选取一种公认较好而又篇幅适中的文本译成中文，以满足受众的迫切需要。德国马克思主义者考茨基所著《马克思的经济学说》即属这样的一种文本。

前已述及，考茨基在19世纪80年代曾在马克思和恩格斯身边学习和工作，受到他们深刻的思想影响和启迪。考茨基具有异乎常人的敏锐思维和理论嗅觉，对包括马克思主义经济学在内的整个马克思主义理论有着深切的感知和领悟，人称马克思和恩格斯的亲密战友和学生。《马克思的经济学说》这部对马克思主义经济学作通俗化阐述的著作，是考茨基在1887年、以30多岁风华正茂的年龄写成的。恩格斯去世后，他编辑出版了《资本论》第4卷。1899年，考茨基又出版了《土地问题》一书。对于这本书，列宁给予了很高的评价，指出："考茨基的这本书是《资本论》第3卷以后当前最出色的一本经济学著作"，它"对马克思关于利润和地租的学说作了简明通俗、然而非常确切、非常天才的叙述"[①]。只是进入20世纪之后，特别是到了"一战"时期，考茨基逐渐走入折中主义、机会主义的错误道路并且越走越远，因而被列宁斥之为"无产阶级的叛徒"。

对待任何人，我们都不能以前废后或者以后废前，而必须持历史唯物主义的态度，予以客观看待和评价。考茨基在完成《马克思的经济学说》其前和之后若干年间作为正统马克思主义权威代言人的历史地位是毋庸置疑的，从而该书的理论意义和传播价值也便无可否认。对于《马克思的经济学说》一书，考茨基本人在第一版序言中曾交待说："本书不用说，是根据马克斯

---

① 《列宁全集》第4卷，北京：人民出版社，1984年版，第79—80页。

（思）的主著《资本论》的。仿《资本论》配列材料。至于《资本论》以外马克斯（思）的经济学著作，不过为说明各个难义，或是引申《资本论》中的说明，用来参考。"他明确宣布："本书的目的是为使劳动阶级容易研究马克斯（思）的学说"，"使没有余暇时间，或没有其他机会研究《资本论》的人，知道《资本论》所含思想的理路"。这是他对自己这本书的期许，个中透显出满满的自信。该书的日文本译者高龟素之给出的评价是："当世解说马克斯（思）《资本论》许多著述中最完善之书"。这个评价显然也非常之高。胡汉民在戴季陶和他本人接力完成的《资本论解说》这部中译本行将付梓时，感慨系之地说道："考茨基又深知马克斯（思）《资本论》所以难读的缘故，不在马克斯（思）的文字艰深，而在读者无相当的预备知识。怕的是随意以平易的句语改换马克斯（思）的用语，想'通俗化'就会变成了'浅薄化'。他极力避开这层毛病，终竟达到他本来的目的，使续（读）者对于马克斯（思）的经济学说，顿然觉得胸中雪亮。"胡汉民同样明确地表达了自己对于考茨基的钦佩之情："他对于马克斯（思）经济学说研究最深"，"他对于马克斯（思）经济学的解释，总算是第一个功臣"，"他的本领真不可及"①。评价同样极高，且毫无保留。考茨基此书日文本中译的肇始者戴季陶则从马克思主义经济学特别是《资本论》传播史的角度，用简要的语言对《资本论解说》的地位作了评判，其云：

  这一本书，是最先介绍马克斯（思）经济学于中国的译本。在日本的出版界，关于马克斯（思）经济学的介绍，也要算这本书是最早。以前虽然有若干论文介绍，都不是有系统的著作，直到此书译出之后，大受读书界的欢迎，接着才有《资本论》全译和马克斯（思）全集等大部的译本出版。②

  须知，《资本论解说》的出版是1927年底的事情，此时此刻，马克思主义经济学的中文版大众读本尚且别无其他，而在更早的8、9年之前，翻译文本的遍寻无着可想而知。1919—1920年间，戴季陶采取一边翻译一边发表的办法，及时地将考茨基《马克思的经济学说》的日文版中译本以《马克斯（思）

---

① 以上均见［德］考茨基：《资本论解说》，戴季陶译、胡汉民补译，上海：民智书局，1927年版，"序二"第8—9页。

② ［德］考茨基：《资本论解说》，戴季陶译、胡汉民补译，上海：民智书局，1927年版，"序一"第1页。

资本论解说》为题,利用《建设》杂志刊布于世①。虽然由于《建设》杂志突然停刊,戴季陶的翻译工作未能全部完成,但是其在马克思主义经济学文本翻译方面无疑具有开创之功,对此我们应予充分肯定。

(二)对马克思主义经济学的思想传播

戴季陶在马克思主义经济学文本翻译方面的这种开创之功,从另外一个角度看,也是对马克思主义经济学在中国传播的积极贡献。

在戴季陶翻译、发表考茨基《马克斯(思)资本论解说》之前,国内关于马克思主义经济学的介绍,可以说是零散的、碎片化的,即便是差不多同时李大钊所发表的、代表当时马克思主义经济学传播最高水准的《我的马克思主义观》,它对马克思主义经济学的介绍也主要是围绕其中最具学术创新性的剩余价值学说和与之"最有关系的'平均利润率论'",以及"在他的全学说中占如何重要的位置"、以至于"他的名著就是以……这个名辞被其全编"的"资本"来展开②,因而还远不够系统。戴季陶则不然。戴季陶以日本学者高亀素之所译考茨基的《马克思的经济学说》为依据进行全文中译(尽管其本人因故并未全部译出,后由胡汉民作了补译),这就使马克思主义经济学的基本概念和范畴、基本理论和架构等得到了全面系统的反映和呈现,从而使马克思主义经济学的传播开始进入全面化、系统性的崭新阶段。

出版于1919年11月1日的《建设》第1卷第4期,刊载了戴季陶所译《马克斯(思)资本论解说》中的第一篇第一章第一节。第一篇的篇题是"商品货币资本",第一章的章题是"商品",第一节的节题是"商品生产的性质"。戴季陶用精炼明白的语言,依次围绕"《资本论》的目的""生产品与商品""商品研究的必要""生产关系与社会""不由交换的分配""商品发现之经过""商品生产之社会的性质""共产的生产与商品生产的差异""商品

---

① 戴季陶翻译考茨基所著《马克斯(思)资本论解说》究竟从何时开始,目前已难知其详。胡汉民曾于1927年写道:"戴季陶先生于1919年译这书,……不过到《建设》第三卷第一号为止,译到第三篇第四章,以后《建设》停版,也未见季陶先生续译。"([德]考茨基:《资本论解说》,戴季陶译、胡汉民补译,上海:民智书局,1927年版,"序二"第9页)据此可知,戴季陶翻译《马克斯(思)资本论解说》,其终止时间应在《建设》杂志停刊的当月即1920年12月。至于开始的时间,应不出1919年9、10月间,因为其第一篇发表在《建设》第1卷第4期,而该期的具体出版时间是1919年11月1日,考虑到必须有一定的翻译、编校和排印、出版周期,故作此推断。

② 《李大钊选集》,北京:人民出版社,1959年版,第199—205页。

之拜物教的性质"等13个具体层面，把马克思主义经济学中的商品概念及其内涵、性质、意义、历史，以及其他与之相关的各种重要问题，作了阐述。比如关于何为商品、何为生产品，戴季陶作了如下翻译：

  商品是甚么东西呢？就是不问是直接生产者或是他的关系者，凡不以自己使用为目的，专为用来和他种生产品交换而产出的生产品，都是商品。

  比方说原始的农家之一少女，为自己使用纺成麻线，在这一个场合，麻线就是使用物，不是商品。……相反的，比方有一个纺织家，拿和邻家的小麦交换为目的去纺成麻线，或者有一个制造主以贩卖为目的，每天纺了若干斤的麻。在这个时候的麻线，就是商品。①

  这番表述虽然文字不多，但却把马克思对于商品概念的解释和对商品与生产品的区分，十分清晰地传达出来，令人清清楚楚、明明白白。须知，这是产生于几乎整整一百年以前白话文运动初兴时期的译文，在一百年过后的今天，再读戴季陶对马克思经济学基本概念的解释依然有通俗晓畅之感。

  一个月过后，《建设》第1卷第5期刊载了戴译《马克斯（思）资本论解说》第一篇之第一章的剩余三节、第二章全部五节和第三章全部三节的译文。第一章第二节的节题是"价值"，具体围绕"商品与使用价值""交换价值与价值""价值之本质""价值的大小""社会的劳动""劳动的二重性""价值与财富""生产与自然的关系""劳动的价值形成力与劳动力的价值""价值与价格"等12个具体层面，把马克思主义经济学中以价值为核心的各相关概念及其内容作了条分缕析。第三节专讲交换价值，第四节专谈商品交换，通过对商品交换不同发展阶段及其特征以及对"货币的发现"的描述，把读者的注意力引向第二章的内容——"货币"。这一章的全部五节，分别围绕"价格""买卖""货币的流动""铸币、纸币""货币的其他机能"来展开。第三章的章题是"货币的资本化"，渐次把读者的目光由货币引向资本、再引向剩余价值，从而为全书第二篇——"剩余价值"的展开作了铺垫。

  这里需要指出的是，戴译《马克斯（思）资本论解说》关于剩余价值的阐述，在1920年前后的中国马克思主义经济学著述中是最为详备的，而并非仅仅是其中之一。《马克斯（思）资本论解说》全书凡三篇，其中第一篇的最后

---

① ［德］考茨基：《马克斯资本论解说》，戴季陶译，《建设》第1卷第4期（1919年11月1日）。

一章便在"剩余价值的渊泉"小标题下揭示了"剩余价值不从流通行程生的"这一本质特征;第二篇的篇题即为"剩余价值",其内容则是集中围绕剩余价值的产生、劳动力的榨取率和剩余价值率、剩余价值和利润、相对剩余价值和绝对剩余价值等等,从不同的视角和层面进行阐述;第三篇(《建设》第3卷第1期即该刊最后一期作"第三编")第四章的章题为"剩余价值的资本化",讲述了"剩余价值如何始成为资本"等问题。全书最后一篇的末尾三章,戴季陶没再翻译,这虽然令人为之遗憾,不过考茨基书中有关马克思剩余价值学说的内容,戴季陶已经全部译出并通过《建设》杂志完整地呈现出来。如果说剩余价值学说是贯穿马克思主义经济学理论体系中的一根红线,那么我们大概也可以说,关于剩余价值学说的译介贯通了戴译《马克斯(思)资本论解说》的始终。因此,我们作出这样一个判定,即戴季陶的译文使马克思的剩余价值学说从传播者们基于自己的认知和理解所作的举例式、论断性、概要化介绍,上升到了原原本本、原汁原味从而全面系统和准确权威之呈现的更高境界,应该是能够成立的。

戴译《马克斯(思)资本论解说》在《建设》杂志上的连载,取得的关于马克思主义经济学特别是剩余价值学说的传播效果应当是不错的,一个直接的证据便是读者刘凤鸣写信给《建设》杂志"记者先生"求教问题,其云:

> 我看见商务印书馆发行的《东方杂志》,一连几期翻译一篇日本北聆吉做的《社会主义之检讨》。……这篇文章说,马克斯(思)的社会主义,以"一切之富皆依劳动而生者,故其一切之富皆为劳动者所当受"的思想为中心原理。我虽然对于马克斯(思)的学说,没有十分研究,但我看见季陶先生译的《资本论解说》"价值与财富"一节,明明说"往往有人把(劳动是一切财富的泉源)这一句话,硬当作从马克斯(思)口里说出来的,但是……这句话和马克斯(思)的见地根本反对"。北聆吉连这个地方都不留心,便要做社会主义检讨,未免荒唐。①

字里行间透显出其对戴译《马克斯(思)资本论解说》的深信不疑。与刘凤鸣的这封信发表的同时,《建设》杂志还刊登了朱执信(署名"民意")代表编辑部所写的回信。在回信的末尾,朱执信特别写道:"先生你看了《资

---

① 刘凤鸣:《致记者先生函》,《建设》第1卷第6期(1920年1月1日)。

本论解说》的译本就那样明白，真有眼光，也不枉季陶先生那里从事译述一番的努力了。"①

（三）对马克思主义经济学的实践应用

在20世纪10—20年代的马克思主义中国传播大潮中，戴季陶是一位非常活跃和卓有建树的传播者，翻译、撰写了许多宣传马克思主义的文章，与此同时，他崇尚知行统一，自觉运用马克思主义来观察分析中国社会问题，因而也是尝试把马克思主义同中国实际相结合最早的积极探索者之一。戴季陶把马克思主义同中国实际相结合，这在马克思主义经济学领域有着较为典型的反映和体现。我们不妨以《到湖州后的感想》为例加以说明。

1920年初夏，戴季陶走出了上海的高楼大厦，来到相去不远的湖州，打算暂时放下都市的快节奏，去享受一下乡下的慢生活，同时"把我所想要研究的科学——经济学和社会学——及其余预备知识上面必要的科学——生物学、物理学、数学——从根底上切实用一点基础的工夫，从前想读还未读了的书，以及不想读还非读不可的书，到乡下清净的地方，细细的用功读了他"②。可是到了湖州之后，他便不自觉地用马克思主义经济学的立场、观点和方法进行了具体而微的社会观察和调查，并形成了三点"感觉"：

第一，"湖州的生产规模，还不脱'定货生产'的惯习，就是应于确定的需要而为供给的生产法，现代资本家生产制特点之一的'盲目的生产'还没有完全支配着湖州人"。

第二，"湖州地方劳动的需要和供给，还是比较平均的，没有许多资本家来制造劳动预备军，所以农人的都会集中和劳动市场的自由竞争这两层都没有十分剧烈，支配工人生活、护持工人幸福的，还是靠着旧日同行的组织和习惯，所以他们的工作条件，一般的都比资本家生产制已经成立了的上海，是好得多"。

第三，"湖州的绅士阶级，只是由土地的占有这一个单纯的事实形成的，所以维持绅士阶级特权的要素，主要的只有一个地租，近代资本家生产制下的剩余价值，在湖州是没有的，就工场组织看，湖州的工场还是十七八世纪欧洲的工场手工业，工场手工业的剩余价值，和资本家生产制所产生的剩余价

---

① 民意：《答刘凤鸣函》，《建设》第1卷第6期（1920年1月1日）。
② 戴季陶：《到湖州后的感想》，《建设》第2卷第6期（1920年7月1日）。

值是完全不同的,他的榨取力和对于社会一般的压迫力,不是很大的"①。

随着观察的深入,戴季陶看到"许多旧家,一家一家都现出一个衰败沦落的样子,……将要渐渐地失却他们支配阶级的地位,但是他们自己依旧是没明(莫名)其妙的",鉴于"湖州的社会状况,再想一想由生产组织的变异发生出来的社会潮流,看出他正在脱离家族的协作共享社会,向着个人主义的自由竞争路上走。从社会的生产分配上看,就是正在向着协作而不共享的社会上走",于是作出断言:"烟囱多一个,旧家不止废一家","靠家族主义和土地的剩余价值来维持的绅士阶级,当(挡)不住以个人主义自由竞争为基础的现代新兴阶级,这是一个历史的必然的运命",而"完成的协作共享社会,与使用动力、使用机器的生产方法相适合的协作共享社会,当然是湖州新旧两种人所一时想不到的了"②。这段分析深刻精辟又富有哲理。

戴季陶《到湖州后的感想》一文,通篇没有对马克思主义经典作家的论断加以引述,甚至连马克思的名字都不曾提及,但是历史唯物论和政治经济学却像血液一样流淌在它的字里行间,生动反映了戴季陶对马克思主义思想精义的透彻理解和娴熟运用。

四、林云陔对马克思主义经济学的研究和阐扬

与戴季陶对马克思主义经济学用力甚勤、著述颇多不同,林云陔的治学重心在于国际政治问题和社会主义学说。即便如此,他在马克思主义经济学特别是剩余价值学说的研究和阐扬方面也颇有建树。这种建树集中体现在其《劳力与资本制之关系》一文中。

(一)关于商品二重性和劳动价值论的阐述

《劳力与资本制之关系》这篇文章的中心内容,是要探讨"人力之在于社会经济界中,其受资本制压迫之情状"③,也就是揭示剩余价值的奥秘。

作者对于论题的展开是从举例开始的,其云:

渔猎民族,以渔猎为生活,故其所施之劳力,与所获之渔猎品,即可两相消长。农耕民族,以农业为生活,故其所施之劳力,与所收获之农产物,

---

① 戴季陶:《到湖州后的感想》,《建设》第2卷第6期(1920年7月1日)。
② 戴季陶:《到湖州后的感想》,《建设》第2卷第6期(1920年7月1日)。
③ 林云陔:《劳力与资本制之关系》,《建设》第2卷第5期(1920年6月1日)。

即可两相消长。手工人民,以工作为生活,故其所制成之手工品,与其售出所获之利益,即可两相消长。至于工业发达时代,凡从事工作者,有机关为之代劳,资本家阴为夺利,而人之借工作所施用之劳力,发售于资本家者,遂不能获其完全劳力所产物品之利益。①

这就借助于鲜明的历史对比,把资本家无偿占有工人所创造的剩余价值这一强盗行径揭露了出来。

但是,资本家一方面肆无忌惮地抢劫,另一方面却又大言不惭地声言:"人民之生活,赖有社会财富为之维持;社会上之财富,赖有资本为之发展。"资本家把财富的创造归因于他们手中的金钱,这就导致"人力为财富生产之泉源之说,几为彼资本家所破坏"。林云陔明确指出:"财富之生产,由人力之施用于一定之天然物质而来",这显然是马克思主义经济学的基本观点和主张;他又说:"在近日社会中,所谓财富者,必须含有社会上之公用价值,如各种物品是也"。那么什么是物品呢? 他援引了马克思的一番话加以解释:

物品者,为吾人以外之物,被用之为所有财产,可以满足人类一种之需要。对于此种需要之心志,无论其由衷情吐出,抑由幻想发来,无甚区别。故吾对于物品,无论其直接用为食物,抑间接用为生产,须先知其目的如何,而后能满足其需要。②

林云陔这里所说的"物品",即马克思主义经济学中的商品。他认为商品既具有使用价值,也具有交换价值,"满足人类需要者,即是使用价值,每一物品除可为人使用之外,仍可与他物交换者,即是交换价值","有此两种价值,而后可称为物品,而后可利用之以为财富"③。这番话可以说对马克思主义经济学的商品二重性作了比较简明准确的阐述。

林云陔承认,"物品……有色泽、轻重、大小形式物质之不同,而人之利用各物品以供其需要之目的之目的亦各异",从而"人之用以为互相交换之比例者有相等不相等之区分,究以何方法而定物品交换之标准之问题,于是发生"。林云陔列举了诸如伯题维廉(今译威廉·皮特)、司密亚丹(今译亚当·斯密)、李加德(今译大卫·李嘉图)、约翰弥尔(今译约翰·密尔)等

---

① 林云陔:《劳力与资本制之关系》,《建设》第2卷第5期(1920年6月1日)。
② 林云陔:《劳力与资本制之关系》,《建设》第2卷第5期(1920年6月1日)。
③ 林云陔:《劳力与资本制之关系》,《建设》第2卷第5期(1920年6月1日)。

经济学家的观点,指出他们"皆承认劳力价值之原理,为此问题之解决",不过"此之原理,马克斯(思)所解说者,为最显明"①。给予马克思主义经济学以"出乎其类,拔乎其萃"的最高评价。

那么,马克思究竟是如何"解说"的呢?林云陔写道:

> 考马克斯(思)所言价值之真确公例,如在资本制下,工业自由竞争,所有物品价值与他之非常物,不能再由人力产出者,皆可以集合之抽象劳力之总量定之,或以必要之社会人类能力而用之于生产者定之。
>
> 马克斯(思)原理谓物品交换价值,则以劳力集合之总数量而□,是即言由现时普通社会用以生产一物品之必要劳力而定。②

这里,林云陔以自己的语言转述了马克思关于抽象劳动是形成商品价值的唯一源泉的观点。他认为这是马克思"论价值最要之原理"。

不过,马克思的上述论断受到不少人的质疑和非难,对此,林云陔作了正面、积极的回应,旗帜鲜明地捍卫了马克思主义经济学。比如有质疑者说:"凡物,直接劳力之一定总量,容易计算,而其间接劳力之一定总量,难于计算。譬如造一桌子,只可计算其工作自斩伐树木成为木材而至于运至工厂制成为桌子等之直接劳力而已,彼之用于制出斩伐树木预备木材制成桌子之器具所费之劳力,将以何方法以计算乎?又如因制成此器具之煤矿工所费之劳力,又将如何计算乎?"再如"更有对于马克斯(思)原理之评论,有谓价值不必纯由人力产出者,如古钱、旧邮票、古考手抄、古琴、古画、拿破伦(仑)酒等物,不能以人力再行生产,而又为世所需要,成为宝贵物品,则不能以人力生产例之"③。对于诸如此类的质疑和非难,林云陔毫不客气地回击说,这些人不过是根据自己的浅薄无知而轻率开口,"不免误解矣"。他强调:"马克斯(思)所言对于物品劳力之总量,非指单一之劳力,乃社会普通对于一物品之生产所费之劳力也。譬如二人用同一布料,制成同一衣服,此衣服所费之劳力,比他衣服所费之劳力加倍,而谓衣服之交换价值,必须比他衣服之价值加

---

① 林云陔:《劳力与资本制之关系》,《建设》第2卷第5期(1920年6月1日)。
② 林云陔:《劳力与资本制之关系》,《建设》第2卷第5期(1920年6月1日)。按:人民出版社1980年影印版《建设》所载该文,第二段第二句最后一字脱漏。检诸上海民智书局1926年出版的《建设碎金》第1编第68页,该字作"是"。据上下文,疑当作"定",形近致误。
③ 林云陔:《劳力与资本制之关系》,《建设》第2卷第5期(1920年6月1日)。

倍，人必笑其愚而不切事理。"①

尽管林云陔不是正面、系统地阐述马克思主义经济学的劳动价值论，但他在回应一些人的质疑和非难的过程中，已经把马克思劳动价值论的核心观点和思想精义阐述出来，起到了很好的传播作用。

（二）对商品价格与供求关系的分析

在商品交易过程中，往往存在同一种商品价格忽高忽低的现象，而且这种现象在资本主义社会表现得尤为普遍和严重。有人对此感到不解，林云陔也运用马克思主义经济学作了简明扼要的分析。

林云陔明确承认，价格波动，自古而然。其实，早在中国先秦时期，人称"陶朱公"的范蠡就曾总结出"贵出如粪土，贱取如珠玉"②的商品交易法则，而在这一法则的背后，体现出来的便是商品价格有高有低、时贵时贱、变动不居的社会现象。对于这种价格的波动，他在表示正常的同时，也作了进一步的分析，指出："价格之高低，因时而异。其落也，或在原有价值之下，其起也，或在原有价值之上"③。就是说，价格的涨跌起伏是与具体之"时"紧密关联的，不过它总是围绕商品的价值上下波动，有时会高过价值，有时会低于价值，不足为怪。那么，商品价格的这种涨跌起伏，其背后的动因是什么？林云陔根据马克思主义经济学的理论给出了这么一句斩钉截铁、掷地有声的回答："与物产之供与求有关系"。他随后便就此作了具体细致的描述：

凡一物品当供过于求，则价格必低，当求过于供，则价格必高。当求过于供而致物价之增长时，同时再奖励供给之增加，而物价即回复原状，或比原来价格低下。如生产物不能得一价格与物品价值相等，则生产或至于停滞，而至供给断绝。由此观之，物产价格不定，因供与求不能适应其平衡，故价格不能恒依价值而行。④

这里，林云陔对马克思主义经济学关于供求关系理论的理解、运用和阐发是相当准确的。他的这样一番表述，恐怕也是马克思供求关系理论在中国的最早和最正面、最系统的阐发。不过他也看到，"近因商业之状况变迁，有行

---

① 林云陔：《劳力与资本制之关系》，《建设》第2卷第5期（1920年6月1日）。
② 《史记·货殖列传》。
③ 林云陔：《劳力与资本制之关系》，《建设》第2卷第5期（1920年6月1日）。
④ 林云陔：《劳力与资本制之关系》，《建设》第2卷第5期（1920年6月1日）。

垄断于市场者，以致多数物产价值不能以劳力之原理范围之，而反为资本利益所左右，实大违马克斯（思）价值原理之意思也"，而"因垄断而生之价格，是人造成，当视为有违价值之公例"①。显而易见，马克思主义经济学的基本原理被林云陔奉为了评判和衡量社会经济现象的价值尺度和准绳。

（三）对剩余价值学说的深入研究和细致阐发

林云陔对马克思的剩余价值学说有着异于他人的深入研究，正因如此，他所作的思想阐发也是独具匠心、饶有新意的。

林云陔在其文章中写道：

> 资本工业之目的，是由工人之工作能力而抽取其剩余价值。此之意思，虽非自马克斯（思）发明，然自经马克斯（思）由经济上潮流解释其价值之性质，其意义更显。②

这里说剩余价值"非自马克斯（思）发明"，看似与恩格斯《在马克思墓前的讲话》中所谓马克思发现了唯物史观和剩余价值的说法相矛盾，实则不然。林云陔此之所谓"发明"，系指剩余价值这一社会经济的事实和现象本身，而剩余价值作为一种社会经济事实和现象，学界一般都认为它是由英国古典政治经济学创始人威廉·配第发现和予以揭示的；恩格斯所说的发现，则是从全面系统的科学分析与理论建构的更高层面着眼和立论的。

关于马克思剩余价值学说的核心意涵，林云陔首先从何为剩余价值谈起。对此，他通过举例来说明，其云：

> 譬如资本家由工人而买取之工作，每日十点钟，但工人每日作工五点钟所生之价值，已等于其工资。彼为工人者，尚须多作五点钟，一工人每日所生之价值，岂不二倍其工资！但工人所得者，只五点钟之工资，而其余之一倍工资，则为资本家所得。反而言之，资本家所予之工资，只等于五点钟之所产，而其余五点钟之所产，即剩余价值之显然者也。③

这番话，从工人劳多得少和资本家予少取多两个方面揭示了剩余价值的秘密，较之其他各种关于剩余价值的举例说明，显然要更为全面和透彻。

关于剩余价值的分配，既往的相关介绍一般都是笼统地说到资本家为

---

① 林云陔：《劳力与资本制之关系》，《建设》杂志第2卷第5期（1920年6月1日）。
② 林云陔：《劳力与资本制之关系》，《建设》第2卷第5期（1920年6月1日）。
③ 林云陔：《劳力与资本制之关系》，《建设》第2卷第5期（1920年6月1日）。

止，林云陔则在此基础上作了更为具体的解释。他说：

> 在一切资本工业制度之下，……若资本家雇用工人五千，则每日除其已给之工资外，必收取五千点钟之所产而无庸给值。此之所得，于是变为资本之入息。倘工地、机器与生货皆为资本家一人所有，又无别项负担，此之剩余价值，即归于资本家一人。但通常工业少有工地、机器、非（与）生货皆为资本家一人所有者，故其所租之工地，则须给地主以地租，其所借之资本，则须纳利息。所以剩余价值之所得，必须分为地租、利息与溢利三项，而以工人之剩余价值，分与地主、资本家、债务者等等。①

就是说，资本家从工人那里"阴夺"的剩余价值，通常情况下是在资本家、地主、债务者之间进行分配，换言之，资本家、地主、债务者都是"阴夺"工人血汗的罪犯。林云陔强调，"马克斯（思）剩余价值之原理，对于地租、利息、溢利三项，皆以为由劳力之所产，而被营利派阴夺以为己有"，"此之见解"是无可置疑的。有人站出来为资本家辩解（"附会"），其说辞是："资本家对于溢利之取得，本为应享之权利，因投资经营事业，难保其必无失败。其失败也，资本家必负其责，其赢余也，资本当收其利。故此溢利之取得，为投资营事者之冒险保证。"对此，林云陔指出："此不过由一方面观察之言，但就他方面观之，劳动者以其身体生命为冒险以行生产，尚不获享受其生产之完全利益，岂非不平！同是冒险也，在资本家则取他人之生产以为己之保证，在劳动者则反失其应享权利，一得一失，显然见矣。"②这里，林云陔为马克思主义经济学挺身辩护和为劳动阶级仗义执言的立场、态度极其鲜明，而透过现象看本质、戳穿谎言揭示真理的眼光和才能也是难能可贵的！

综上所述，林云陔基于自己扎实的理论功底和过硬的文字表达能力，不仅很好地实现了马克思主义经济学特别是剩余价值学说基本理论的准确理解和阐扬，而且面对一些人的质疑和非难，毫不畏惧积极应战，对形形色色的错误观点和论调进行了切中肯綮地揭露和批驳，从而辨明了是非、澄清了真相，也在马克思主义经济学特别是剩余价值学说传播史上留下了值得深入阐发的重要文本。

---

① 林云陔：《劳力与资本制之关系》，《建设》第2卷第5期（1920年6月1日）。
② 林云陔：《劳力与资本制之关系》，《建设》第2卷第5期（1920年6月1日）。

第五章 《建设》中的科学社会主义思想

科学社会主义是与历史上的空想社会主义相对而言的。作为马克思主义的三个组成部分之一,科学社会主义以社会主义的本质、性质、特征和发展规律为基本研究对象,是关于社会主义产生和发展规律的科学理论。科学社会主义是由马克思恩格斯于19世纪40年代创立的,其标志就是1848年他们合著的《共产党宣言》的发表,而19世纪初期的欧文、圣西门、傅立叶三大空想社会主义者的学说则是科学社会主义的直接思想之源。马克思恩格斯创立的科学社会主义既是科学的理论,也是革命的理论,是科学性和革命性的高度统一的理论;与此同时,它不是一成不变的,而是不断发展的,随着时代条件的变化和社会历史的前进而不断实现着自身内容的丰富和完善。

在马克思主义的中国传播历史进程中,科学社会主义一直是其中十分活跃的一个组成部分,不过与此同时,鱼龙混杂、泥沙俱下的情况也最为突出,形形色色的非马克思主义的社会主义思潮和流派竞相亮相,其中造成一定社会影响的就有无政府主义、基尔特社会主义、空想社会主义、社会民主主义等,它们大都扯大旗作虎皮,惯于借用马克思主义经典作家的只言片语来为兜售自己的观点和主张架桥铺路,因而极富欺骗性和迷惑性。由于本书旨在梳理和揭示从最初到《建设》杂志停刊这一时段马克思主义思想理论在中国的早期传播,故此非科学社会主义或曰非马克思主义社会主义的相关情况,一般径予从略。

一、科学社会主义的初传和发展

有学者认为,"中国人开始接触社会主义理论是在19世纪末,接触到科学社会主义理论则是在俄国十月革命之后"[①]。不过似乎更多的学者看法与之

---

① 王伟光主编:《社会主义通史》第3卷,北京:人民出版社,2011年版,第399页。

不同，他们大都接受和认可十月革命前科学社会主义传入中国的观点，比如其中有人指出："俄国十月革命以前，……由于科学社会主义已在欧美和日本广为传播，并且对这些国家社会生活的各个方面都发生重大影响，因此不能不引起中国先进人士的注意。在当时中国的历史条件下，中国的先进人士虽然还不能对科学社会主义有真正的理解，但是也把它作为西方的一种新思想，开始零星地、片断地介绍到了中国。"①以笔者之见，如果把中国人自觉学习、研究和宣传、运用科学社会主义理论界定在十月革命之后，尚且说得过去，而把中国人"接触到"科学社会主义理论的上线划到这里，则显然是不符合客观事实的。那么，中国人究竟从什么时候开始"接触到"科学社会主义的？20世纪最初的十几年科学社会主义又是如何在中国传播的？在展开关于《建设》杂志科学社会主义传播的探讨之前，有必要先就此略作追述。

（一）19、20世纪之交科学社会主义的初传

一百多年前"西学东渐"背景下的"舶来品"——社会主义，作为一种社会思潮，可谓是形形色色、五花八门。在这种情况下，我们如何把马克思主义的科学社会主义从林林总总的社会主义思想史料中识别出来呢？办法只有一个，那就是把握好形式与内容的统一，即既要看是否具有马克思主义经典作家的名字和经典文献中的论断，又要看所阐发的思想观点是否与科学社会主义理论相契合。当然，科学社会主义的传播有一个从模糊到清晰、从简略到丰富、从零散到系统的演进过程，因而在尺度和标准的具体把握上应该适当灵活、有所变通，基本原则就是宽前严后，并且越是往后就越要严格。

在上一章中已经指出，马克思主义在中国的早期传播，肇始于马克思的经济学论断，其具体标志，则是1899年2月英国传教士李提摩太翻译、《万国公报》华文主笔蔡尔康"属文"的《大同学》之第一章《今日景象》在《万国公报》第121期上的发表。事实上，时隔一个月，即1899年4月，《万国公报》第123期刊载的《大同学》第三章《相争相进之理》中，再一次出现了马克思（文中作"马客偲"）的名字，并且把他与"美国之爵而治""英国之法（今译费边）"等相提并论，指认他们为"近代学派"中的"讲求安民新学之一

---

① 中共中央党校科学社会主义教研室《社会主义思想史》编写组：《社会主义思想史》（下册），北京：中共中央党校出版社，1988年版，第302页。

家"。原文是这样表述的:

  试稽近代学派,有讲求安民新学之一家。如德国之马客偲,主于资本者也;美国之爵而治,主于救贫者也。美洲又有柏辣弥,主于均富也;英国之法便,尤以能文著。皆言人隶律法下,虽皆平等,人得操举官之权,亦皆平等,独至贫富之相去,竟若天渊。

  "安民新学"系对社会主义各流派思想学说的通称。"爵而治",今译亨利·乔治,19世纪后期美国著名思想家,著有《进步与贫困》等书,主张进行土地制度改革和实行土地国有。"柏辣弥",今译贝拉米,与亨利·乔治差不多同时,著有《百年一觉》,美国著名作家和空想社会主义者。"法便",今译费边,公元前3世纪古罗马将军,以主张实行等待时机、避免决战的战略而著称,因而被乔治·肖伯纳、悉尼·韦伯等主张采取渐进措施对资本主义进行改良的英国社会主义者作为他们结社的名称,费边社是19世纪后期在英国影响较大的一个社团,出版有数百部著作。李提摩太和蔡尔康把马克思与亨利·乔治、贝拉米等人以及费边这一主张渐进社会主义的社团混作一谈,显然并不可取,但是他们把"主于资本"的马克思作为"安民新学"中的一家加以标举,客观上就起到了对马克思的社会主义学说亦即科学社会主义的宣传作用。正是在这个意义上,可以说它以模糊甚至并不准确的表述拉开了科学社会主义在中国传播的大幕。

  时隔两年,马克思的名字及其社会主义学说开始被国人在自己的文章中言及,其标志性人物是梁启超。1902年10月,梁启超以"中国之新民"的笔名在《新民丛报》第18号上发表了一篇题为《进化论革命者颉德之学说》的介绍性文章,文中不仅提到了马克思的名字"麦喀士",而且用括注的方式对这位"日耳曼人"的思想史地位给出了极高的肯定性评价——"社会主义之泰斗也"。此外,文中还有这样的内容:"今之德国,有最占势力之二大思想,一曰麦喀士之社会主义,二曰尼志埃之个人主义,……麦喀士谓今日社会之弊,在多数之弱者为少数之强者所压伏",言及了马克思社会主义学说在德国的巨大影响及其对"今日社会之弊"的揭露和批判。此后不久,梁启超先后在《新大陆游记》和《二十世纪之巨灵托辣斯》中两度提及马克思,前者称之曰"麦克士",谓其"德国人,社会主义之泰斗",并描述了在美国所见"社会主义党员"对马克思"所著书""崇拜之,信奉之,如耶稣教人之崇信新旧约然"①之情状；后者称之曰"麦喀士"，谓其"社会主义之鼻祖，德国人，著书甚多"②。1904年2月14日，梁启超在《新民丛报》第46—48号合刊上发表的题为"中国之社会主义"的短文中，先是以"土地归公，资本归公，专以劳力为百物价值之原泉"来概括社会主义这一"近百年来世界之特产物"的"最要之义"，后又引述了"麦喀士"即马克思"现今之经济社会，实少数人掠夺多数人之土地而组成之者也"的论断，无疑是对马克思的科学社会主义理论的正面阐发。

继梁启超之后，马君武于1903年2月15日在《译书汇编》第11期发表了《社会主义与进化论比较》一文，文中写道："社会主义者（Socialism），发源于法兰西人圣西门（Saint-Simon），……极盛于德意志人拉沙勒（Ferdinand Lassalle）、马克司（Karl Marx）。"把"马克司"即马克思标举为社会主义学说发展到"极盛"的代表人物。同年10—11月"大我"发表在《浙江潮》第9、10两期上的《新社会之理论》，在"新社会之主义"题下写道："社会主义者，将以增人间之福祉而消除其厄难"，当今时代，"社会主义之披靡欧美，为雷奔电掣山摧海啸之奇观"，造成"共产主义"之"现象"，它"创于法人罢勃（Baboeuf），其后劲则犹太人埋蛤司（Karl Marx）也。"马君武和"大我"，一个将马克思译为"马克司"，一个译为"埋蛤司"，相同之处则在于，二人都是通过简述社会主义学说的发展史而给予马克思以社会主义"极盛"时期或"后劲"之代表的地位评判，从中亦可见对于马克思及其社会主义学说即科学社会主义的推重。

在1903年前后出现的日本学者社会主义著述中译本纷纷出版的热潮中，中国达识译社翻译的幸德秋水所著《社会主义神髓》，以其对马克思的社会主义即科学社会主义的阐扬而值得关注。该书于1903年7月在日本出版，它的中译本同年10月即被推出，创造了日文著作中译出版的最快记录。根据幸德秋水的自序可知，马克思恩格斯合著的《共产党宣言》、马克思的《资本论》、恩格斯的《社会主义从空想到科学的发展》等，是他撰写此书的重要参考书目，而检诸该书，这三部马克思主义经典之作中的经典论断均曾被加以引述。有

---

① 梁启超：《新大陆游记》，北京：商务印书馆，2016年版，第42页。
② 《梁启超全集》第2册，北京：北京出版社，1999年版，第1110页。

学者指出："此译本贯穿全书的主旨，围绕着说明马克思的科学社会主义"，"此译本以说明马克思的科学社会主义为其立足点"[①]。尽管该书并非纯粹的科学社会主义读本，其中也"夹杂许多非马克思主义的社会主义观点"[②]，但是毕竟有不少关于科学社会主义原理和主张的正面阐述，即此而言，该书在当时出版的多种社会主义译著中，无疑属于"出乎其类，拔乎其萃"的代表之作。

（二）辛亥革命前后科学社会主义的接续传播

尽管幸德秋水《社会主义神髓》的中译本旨在"说明马克思的科学社会主义"，并且出版后在国内产生了极大影响，以至于1906和1907年又相继出版了两个中译本，但是它毕竟属于译著，反映的主要还是原著者的观点和看法。1906年，情况发生了重大的转变，其标志就是朱执信《德意志社会革命家列传》的发表。

前已述及，朱执信此文是以"蛰伸"的笔名，于1906年1月和4月在《民报》第2和第3号上连载。在这篇文章中，朱执信在讲述"马尔克"（即马克思）生平的时候，多次提及社会主义。比如1842年，马克思入职莱茵报社，"既为主笔，始读社会主义书而悦之"；在巴黎，马克思"始研究国家经济学，而探社会主义奥窔，深好笃信之，于《德法年报》大昌厥词"；来到布鲁塞尔，与恩格斯"相与播其学说"，受共产主义者同盟之邀起草同盟纲领，"是为《共产主义宣言》"，"万国共产同盟会奉以为金科玉律"，马克思因之名声大振，"言共产主义者群宗之"；等等。对于马克思的社会主义学说，朱执信在此文中也作了具体阐述，这里特别值得一提的是，他对马克思的社会主义与"前乎马尔克（马克思）"的社会主义作了明确的区分，指出："前乎马尔克（马克思），言社会主义而攻击资本者亦大有人。然能言其毒害之所由来，与谋所以去之之道何自者，盖未有闻也。故空言无所裨"，而既然如此，"资本家因讪笑之，以为乌托邦固空想，未可得蕲至也"。就是说，"前乎马尔克（马克思）"的空想社会主义虽然也揭露和批判资本家阶级，但是对于

[①] 谈敏：《回溯历史——马克思主义经济学在中国的传播前史》（上册），上海：上海财经大学出版社，2008年版，第262—263页。

[②] 谈敏：《回溯历史——马克思主义经济学在中国的传播前史》（上册），上海：上海财经大学出版社，2008年版，第263页。

"其毒害"的根源所在以及从根本上消除的具体办法却不曾言及,正因如此,资本家阶级根本不以为意。马克思的社会主义则"异于是",所异者何?就在于马克思把矛头直接指向了为资本家阶级的贪婪和掠夺保驾护航的资本主义制度,同时提出了通过阶级斗争推翻资本主义、建立社会主义的路径选择,即如朱执信所言:

马尔克(马克思)之意,以为阶级争斗,自历史来,其胜若败必有所基。彼资本家者,啖粱肉,剌齿肥,饱食以嬉,至于今兹,曾无复保其势位之能力,其端倪亦即朕矣。故推往知来,富族之必折而侪于吾齐民,不待龟筮而了也。故其宣言曰:"自草昧混沌而降,至于吾今有生,所谓史者,何一非阶级争斗之陈迹乎。"

在朱执信看来,只要劳动者阶级"悉力以从事焉,则共产之事易易耳",用《宣言》中的话说就是:"压制吾辈、轻侮吾辈之众,将于吾侪之勇进焉砉伏。于是世界为平民的,而乐恺之声,乃将达于渊泉。"[①]其对社会主义之未来前途的信心跃然纸上。虽然在该文中朱执信没有使用科学社会主义的表述,但是这种关于"前乎马尔克(马克思)"之社会主义和"马尔克(马克思)"之社会主义的区分,显然意味着在他的观念世界里,两者之间存在着实质性的不同,这就为随后科学社会主义提法的提出和使用奠定了思想认识基础。

时隔一个月,朱执信以"县解"的笔名,在《民报》第5号上发表了《论社会革命当与政治革命并行》一文。在这篇文章中,针对那些"目不通欧文,师友无长者"而又"冲口辄曰:'世界学者之公论,世界学者之公论'"的所谓"论者"对社会主义的排斥之声,朱执信掷地有声地说道:"顾自马尔克(马克思)以来,学说皆变,渐趋实行,世称科学的社会主义(Scientific Socialism)。学者大率无致绝对非难,论者独未之知耳。"[②]查考可知,这是国人在自己的论著中首次提出和使用"科学的社会主义"的概念,而朱执信也以自己的这一贡献在科学社会主义的中国传播史上成为了一个标志性和里程碑式的人物。当然,朱执信对科学社会主义内涵的理解不尽正确,"他将造成或扩大社会的贫富差距,归咎于社会经济组织的'不完全',归咎于'放任

---

① 以上均引自《朱执信集》(上册),北京:中华书局,1979年版,第10—12页。
② 《朱执信集》(上册),北京:中华书局,1979年版,第55页。

竞争'和'绝对承认私有财产权'的制度,以及由此衍生出来的各种辩护性观点,这并不完全符合马克思学说的本意",但他"对于马克思科学社会主义原理的认识,引导他超越眼光只是停留于贫富差距现象的流行观念,深入到社会经济组织中去探索其经济制度方面的原因","将矛头指向私有财产制和放任竞争",触及了"资本主义基本矛盾的若干主要表现形式"①,其价值是值得充分肯定的。

与朱执信差不多同时,资产阶级革命派中的其他一些成员在传播科学社会主义方面也曾做过一些有益的工作。比如宋教仁,他曾于1906年6月在《民报》第5号上发表了《万国社会党大会略史》一文,其中关于《共产党宣言》结束语的译文——"吾人之目的,一依颠覆现时一切之社会组织而达者,须使权力阶级战栗恐惧于共产的革命之前,盖平民所决者,惟铁锁耳,而所得者,则全世界也","万国劳动者其团结"②,相较于既有的翻译,要"更加贴近其原文意思"③,这对于扩大科学社会主义理论的影响,无疑具有积极的作用。廖仲恺则先后从美国学者威廉·布利斯所著《社会主义手册》中节译了《社会主义史大纲》和《无政府主义与社会主义》等部分内容,发表在1906年9月和12月出版的《民报》第7和第9号上,其中有言:"麦喀氏(马克思)、英盖尔(恩格斯)等,导其先路,遂成一八四八年之《共产党宣言》。虽然,民岩犹洪水焉,一决其堤,浩浩滔天,势莫能御,于是一八四九年,乃有政治的及社会的革命之爆发。""社会主义之运动,为国民的同时而为万国的,此不可不知也。万国劳动者同盟,为万国联合运动之第一步,近年所开诸万国大会,则有步步引人入胜之观。……若是乎人为的万国连合,遂得为自然的万国连合,所谓人巧果夺天工者欤!"④译文中传达出对马克思主义和社会主义乐见其成的态度。

当时,无政府主义者为兜售其政治主张,也曾积极开展对于马克思主义

---

① 谈敏:《回溯历史——马克思主义经济学在中国的传播前史》(上册),上海:上海财经大学出版社,2008年版,第484页。

② 《宋教仁集》(上册),北京:中华书局,1981年版,第44页。

③ 谈敏:《回溯历史——马克思主义经济学在中国的传播前史》(上册),上海:上海财经大学出版社,2008年版,第500页。

④ 廖仲恺、何香凝:《双清文集》(上册),北京:人民出版社,1985年版,第13—15页。按:"麦喀氏"即马克思,"英盖尔"即恩格斯。

和科学社会主义的研究和传播。他们主办的《天义》报曾刊载《共产党宣言》的部分译文，《新世界》杂志则以"理想社会主义与实行社会主义"为题连载了恩格斯所著科学社会主义经典著作——《社会主义从空想到科学的发展》的译文。有学者指出，"这是该书在中国最早的译文"①。《新世界》杂志1912年第2期发表的《社会主义大家马儿克（马克思）之学说》，是在朱执信《德意志社会革命家列传》这篇译述文章基础上的"重治"，尽管如此，它把马克思作为社会主义"大家"来看待，并"在中国第一次将马克思学说作为社会主义理论的主要代表而加以赞扬"②，因而在马克思主义和科学社会主义传播史上还是具有一定价值的。

（三）十月革命后早期共产主义者对科学社会主义的全面传播

毛泽东曾经说过："十月革命一声炮响，给我们送来了马克思列宁主义。"③一个时期当中，曾有人以十月革命之前就有留学生等通过日本和欧美等渠道把马克思恩格斯的思想学说传入国内而对毛泽东的这一论断提出质疑和否定，不少学者则以毛泽东所指"不是马克思、恩格斯的名字和马克思主义这个词"，而是指"那时中国人中，还没有人真正了解马克思、恩格斯和马克思主义"，而且毛泽东本人也曾直接言及，"以前有人如梁启超、朱执信，也曾提过马克思主义"，"不过以前在中国并没有人真正知道马克思主义的共产主义"④，来对质疑和否定的声音作出回应和反击。其实，对于这种质疑和否定，大可不必感到紧张，因为毛泽东自己的表述本来就很明确，他是说"马克思列宁主义"而并非仅仅是马克思、恩格斯的名字或思想学说，也并非仅仅是马克思主义，在这里，"马克思列宁主义"是马克思和列宁这两个代表性符号缺一不可的整体，表征的是当时世界无产阶级所尊崇和用为行动指南的科学思想体系，而这样一个科学的思想体系，无疑是在"十月革命一声炮响"之后才真正传入了中国。

具体到马克思主义的科学社会主义而言，十月革命的"一声炮响"同样

---

① 章显培、王惠群、肖贵毓主编：《社会主义思想史》，北京：中共中央党校出版社，1993年版，第294—295页。
② 王伟光主编：《社会主义通史》第3卷，北京：人民出版社，2011年版，第401页。
③ 《毛泽东选集》第4卷，北京：人民出版社，1991年版，第1471页。
④ 林茂生：《马克思主义在中国的传播》，北京：书目文献出版社，1984年版，第2—3页。

也表征了其在中国的传播进入了不同既往的新时代。概而言之，科学社会主义在中国，十月革命前大量的都是"我注六经"式的理解和传播，各种关于社会主义的著述虽然铺天盖地，但其中不少都塞入了传播者自己的非马克思主义的私货，这以无政府主义者最具典型性和代表性，而真正的比较客观、准确的理解和传播并不太多，这是其一；其二，当时的传播基本上还局限于零星的科学社会主义理论知识或思想观点的传播，只是到了十月革命之后，科学社会主义的基本原理和世界社会主义运动和苏俄社会主义实践才成为重要的传播内容。

十月革命后科学社会主义在中国的传播，如同同一时期的马克思主义经济学一样，仍以李大钊最具代表性。李大钊连载于《新青年》杂志1919年第6卷第5和第6号的《我的马克思主义观》这篇雄文，是中国人关于马克思主义理论体系的最早的系统性认识和阐述，而科学社会主义与唯物史观、马克思主义经济学的基本思想和理论，共同构成了它的丰富内容。关于马克思主义的理论体系，李大钊指出："他的学说是完全自成一个有机的有系统的组织，都有不能分离不容割裂的关系"，具体说来"可大别为三部"："一为关于过去的理论，就是他的历史论，也称社会组织进化论；二为关于现在的理论，就是他的经济论，也称资本主义的经济论；三为关于将来的理论，就是他的政策论，也称社会主义运动论"。李大钊强调："离了他的特有的史观，去考他的社会主义，简直的是不可能。因为他根据他的史观，确定社会组织是由如何的根本原因变化而来的；然后根据这个确定的原理，以观察现在的经济状态，就把资本主义的经济组织，为分析的、解剖的研究，豫言现在资本主义的组织不久必移入社会主义的组织，是必然的命运；然后更根据这个预见，断定实现社会主义的手段、方法仍在最后的阶级竞争。他这三部理论，都有不可分的关系，而阶级竞争说恰如一条金线，把这三大原理从根本上联络起来。"① 关于唯物史观、马克思主义的经济学和社会主义学说之间的辩证关系，李大钊的上述一番分析和阐述在中国的马克思主义研究和传播史上是前所未有的，无疑是他的一大创造和贡献。

科学社会主义作为"研究改变资本主义世界、建设社会主义世界的一般

---

① 《李大钊选集》，北京：人民出版社，1959年版，第176—177页。

规律的科学"①，动员无产阶级和其他一切被压迫阶级团结起来，推翻资本主义、建设社会主义是它的基本目标，而要实现这一目标，就必须开展同资产阶级的阶级斗争。为此，李大钊基于马克思主义基本原理，首先明确肯定了工人阶级和广大人民群众的历史创造者地位和作用，指出：

自马氏（马克思）与昂格思（恩格斯）合布《共产者宣言》，大声疾呼，檄告举世的劳工阶级，促他们联合起来，推倒资本主义，大家才知道社会主义的实现，离开人民本身，是万万作不到的，这是马克思主义一个绝大的功绩。②

这可以说是对科学社会主义关于革命和建设主体力量学说的积极阐扬。关于马克思的阶级斗争学说，李大钊在文章中更是用了整整一个部分的篇幅作了具体阐述。他指出，马克思"并非承认这阶级竞争是与人类历史相终始的，他只把他的阶级竞争说应用于人类历史的前史，不是通用于过去、现在、未来的全部"。即是说，在马克思看来，阶级斗争是社会发展到一定阶段、与私有制相伴而生的产物，它既不是从来就有的，也不是永远存在的，而是伴随着私有制的消亡终将退出历史的舞台。在此基础上，李大钊阐述了科学社会主义关于阶级斗争的基本观点，指出：马克思"谓阶级竞争之所由起，全因为土地共有制崩坏以后，经济的构造都建在阶级对立之上"，"属于一阶级的，知道他们对于别的阶级，到底是立于不相容的地位，阶级竞争是他们不能避的命运，就是有了阶级的自觉，阶级间就起了竞争。当初只是经济的竞争，争经济上的利益，后来更进而为政治的竞争，争政治上的权力，直至那建在阶级对立上的经济的构造自己进化，发生了一种新变化为止"。即是说，私有制的产生导致了阶级对立的形成和随之而来的阶级斗争的发生，而处于被压迫地位的阶级随着自身的觉醒，斗争的目标由单纯的经济利益逐渐扩展到了政治权利的领域。这番话，简要揭示了阶级斗争的历史演进与阶段性特点。具体到资本主义社会，资本家阶级和无产阶级的阶级矛盾比之前任何一个时代对立阶级之间的矛盾都要尖锐，不过他们之间的斗争也将是阶级斗争的最后形态，即如李大钊所

---

① 高放、李景治、蒲国良主编：《科学社会主义的理论与实践》，北京：中国人民大学出版社，2014年版，第26页。
② 《李大钊选集》，北京：人民出版社，1959年版，第191页。按：引文中的"马氏"即马克思，"昂格思"即恩格斯。

说:"资本家的生产方法,是社会的生产方法中采敌对形式的最后","阶级竞争也将与这资本家的生产方法同时告终"①。当年7月,李大钊还以"守常"之名在《每周评论》第29号上发表了《阶级竞争与互助》一文,其中写道:"到了生产力非常发展的时候,与现存的社会组织不相应,最后的阶级争斗,就成了改造社会、消泯阶级的最后手段";"这最后的阶级竞争,是阶级社会自灭的途辙,必须经过的,必不能避免的"。即是说,阶级斗争是消灭阶级和阶级社会的必由之路("途辙")和"最后手段",伴随着阶级斗争的消亡,没有了阶级剥削和压迫的"崭新光明的互助的世界"就会到来,人类社会便会开辟和进入"一个真历史的新纪元"②。以上所论,无疑是李大钊对科学社会主义重要原理的忠实阐扬。

李大钊在积极阐扬科学社会主义重要原理的同时,对科学社会主义在俄国的实践也给予了高度关注和热情宣传。俄国十月社会主义革命取得成功的消息传入国内之后,在"吾邦人士,亦多窃窃焉为之抱杞忧"之时,李大钊即兴奋地断定:"俄国今日之革命,诚与昔者法兰西革命同为影响于未来世纪文明之绝大变动"。对于十月革命的性质,他指出:"俄罗斯之革命是二十世纪初期之革命,是立于社会主义上之革命",我们需要做的,"唯有翘首以迎其世界新文明之曙光,倾耳以迎其建于自由、人道上之新俄罗斯之消息,而求所以适应此世界的新潮流,勿徒以其目前一时之乱象遽为之抱悲观也"③。在十月革命胜利一周年之际,李大钊接连发表文章,激情澎湃地称赞道:"一九一七年的俄国革命,是二十世纪中世界革命的先声"④;俄国革命"是二十世纪式的革命。像这般滔滔滚滚的潮流,实非现在资本家的政府所能防遏得住的。因为二十世纪的群众运动,是合世界人类全体为一大群众。……在这世界的群众运动的中间,历史上残余的东西,什么皇帝咧,贵族咧,军阀咧,官僚咧,军国主义咧,资本主义咧,——凡可以障阻这新运动的进路的,必夹雷霆万钧的力量摧拉他们。……由今以后,到处所见的,都是Bolshevism⑤战胜的旗。

---

① 《李大钊选集》,北京:人民出版社,1959年版,第188—189页。
② 《李大钊选集》,北京:人民出版社,1959年版,第223—224页。
③ 《李大钊选集》,北京:人民出版社,1959年版,第101—104页。
④ 《李大钊选集》,北京:人民出版社,1959年版,第111页。
⑤ Bolshevism即布尔什维主义。

到处所闻的，都是Bolshevism的凯歌的声"。他由衷地预言："人道的警钟响了！自由的曙光现了！试看将来的环球，必是赤旗的世界！"①通过对十月革命胜利的这种无尽赞美，传达出了其对科学社会主义光明前途的坚定信心。

五四时期，胡适等资产阶级改良派以反对空谈主义为幌子，试图阻挠马克思的科学社会主义等在中国的传播，李大钊立即撰文予以回击。他旗帜鲜明地指出："我们的社会运动，一方面固然要研究实际的问题，一方面也要宣传理想的主义。这是交相为用的，这是并行不悖的。"而"大凡一个主义，都有理想与实用两面。例如民主主义的理想，不论在那一国，大致都很相同。把这个理想适用到实际的政治上去，那就因时、因所、因事的性质情形，有些不同"。他进而把话题引到科学社会主义学说上来，写道："社会主义，亦复如是。他那互助友谊的精神，不论是科学派、空想派，都拿他来作基础。把这个精神适用到实际的方法上去，又都不同。我们只要把这个那个的主义，拿来作工具，用以为实际的运动，他会因时、因所、因事的性质情形生一种适应环境的变化。"在文章的最后，针对社会问题的根本解决，李大钊直言不讳地表明了自己的主张，他说：一方面要"依马克思的唯物史观"，致力于"经济问题的解决"这一"根本解决"，同时"于他的第二说，就是阶级竞争说"，"用这个学理作工具"，去推动开展"工人联合的实际运动"。总之就是要付诸行动，而不"天天只是在群众里传布那集产制必然的降临的福音，结果除去等着集产制必然的成熟以外，一点的预备也没有作"，因为问题的根本解决、目标的如期实现，"须有相当的准备活动"即脚踏实地的积极奋斗"才是"②。

除了李大钊而外，中国早期马克思主义者陈独秀、李达等也积极致力于科学社会主义的传播。1919年4月，当听到英美两国可能要宣布承认列宁领导的布尔什维克政权的消息之后，陈独秀按捺不住激动的心情，提笔为"二十世纪俄罗斯的社会革命"大声叫好，肯定它是"人类社会变动和进化的大关键"③，具有非凡的世界意义和历史意义。针对一些青年人"妄想拿主观的理想来自由改造"复杂的现实社会这种情况，他一针见血地指出："有机体的复杂社会不是一个面粉团子能够让我们自由改造的，近代空想的社会主义和

---

① 《李大钊选集》，北京：人民出版社，1959年版，第117页。
② 《李大钊选集》，北京：人民出版社，1959年版，第228—234页。
③ 《陈独秀文章选编》（上册），北京：三联书店，1984年版，第381页。

科学的社会主义之重要的区别就在此一点",科学社会主义所主张的改造社会"是要在实际上把他的弊病一点一滴、一桩一件、一层一层渐渐的消灭去,不是用一个根本改造底方法,能够叫他立时消灭的",而所谓的"立时消灭"只是空想家们的一厢情愿①。当胡适用"少谈些主义"来排斥和反对马克思主义和科学社会主义的传播时,陈独秀也果断站出来,表明了自己的立场和观点,他说:"我看见有许多青年只是把主义挂在口上不去做实际的努力",因此曾说"无论在何种制度之下,人类底幸福,社会底文明,都是一点一滴地努力创造出来的,不是像魔术师画符一般把制度改了,那文明和幸福就会从天上落下来"。"但现在有一班妄人误会了我的意思,主张办实事,不要谈什么主义什么制度",在他看来这真是岂有此理! 他打了一个比喻:"主义制度好比行船底方向,行船不定方向,若一味盲目的努力",势必要"碰在礁石上",落得个船毁人亡,因此说,"改造社会和行船一样,定方向与努力二者缺一不可"②。这番话看似平淡无奇,却把之所以既要坚持科学社会主义基本原理同时又要脚踏实致力于社会现实的改造之道理讲得清清楚楚,收到了辨明是非、捍卫"主义"的良好效果。

李达于1919年6月18日在上海《民国日报》副刊《觉悟》,以"鹤"为名发表了一篇题为《什么叫社会主义?》的文章。在这篇文章中,他概括了社会主义的四大特征:一是"反对个人竞争主义,主张万人协同主义";二是"反对资本万能主义,主张劳动万能主义";三是"反对个人独占主义,主张社会公有主义";四是"打破经济的束缚,恢复群众的自由"。这一概括可以说把社会主义区别于资本主义的几个根本特征揭示了出来,令人一目了然。进而他辨析了社会主义与共产主义的关系,指出"共产主义是社会主义终极的理想";剖析了社会主义与无政府主义的本质不同,"无政府主义全然不承认有'国家的组织'",目的是要"打破国家政府","主张社会主义的人,虽然也是不承认现在这样的国家,这样的政府,但是也要设一种代表社会的中央机关,用着他统一社会产业"③。经过他的这样一番阐释,对于什么是社会主义,什么是共产主义,什么是无政府主义,人们便可以获得一种清晰的认知。

---

① 《陈独秀文集》第2卷,北京:人民出版社,2013年版,第70—71页。
② 《陈独秀文集》第2卷,北京:人民出版社,2013年版,第93页。
③ 《李达文集》第1卷,北京:人民出版社,1980年版,第1—2页。

在次日发表的《社会主义的目的》一文中，李达指出：我们要"改掉十九世纪的文明弊病"，社会主义不啻是"一帖对症的良药"，"社会主义有两面最鲜明的旗帜，一面是救济经济上的不平均，一面是恢复人类真正平等的状态"①。几天后，当"'鼓吹新思想'的书生"陈独秀被北京政府逮捕的消息传来，李达即刻撰文揭露说：这是"顽固守旧思想的政府，要想对'新思想'杀个下马威"，但是，"今日世界里面的国家，若是没有把'新思想'来建设改造了'新国家'，恐怕不能够立足在二十世纪！北京政府若能觉悟这个意思，快回复'无罪的'、'有新思想的'、'鼓吹新思想'的陈先生的自由来，给他自由'鼓吹新思想'，帮助中国文明的进步"。既而他又不禁长叹："咳！我说到这里，又是'对牛弹琴'咧！"②这里以陈独秀被捕之事为由头，发出了对科学社会主义"新思想"予以开禁，以便"把'新思想'来建设改造了'新国家'"、"帮助中国文明的进步"，从而使中国这个东方大国"立足在二十世纪"的热切呼唤，字里行间充溢着对科学社会主义的深挚情感和强烈信念。

二、《建设》传播科学社会主义概说

历史唯物主义是科学社会主义的理论基础，科学社会主义以实现无产阶级的解放为根本宗旨③。在《建设》杂志创办期间，基于唯物史观的广泛传播和知识界对人的解放问题的关注，有关科学社会主义的讨论也开始出现在《建设》杂志上。当然，这一时期，因知识人士对马克思主义和科学社会主义的了解还较为浅显，因而《建设》杂志所刊发的关于科学社会主义的文章不仅数量较少，而且就质量而言也明显存在马克思主义早期传播阶段所难以避免的不足和谬误。当然，对于这一状况，我们不应以苛求前人的姿态和挑剔的眼光来看待，而是应当从马克思主义在中国传播和发展的视角观察科学社会主义的理论生长点在中国逐渐形成的情况。从这个意义上说，我们对《建设》杂志相关内容的考察才具有现实的理论意义。

这一时期，《建设》杂志刊登了诸多冠之以"社会主义"，或者虽未以

---

① 《李达文集》第1卷，北京：人民出版社，1980年版，第4—5页。
② 《李达文集》第1卷，北京：人民出版社，1980年版，第6—8页。
③ 孙代尧：《世界历史视野下的中国经验》，《中国社会科学报》2019年2月28日。

社会主义命名但却讨论社会主义的文章，然而就"科学社会主义"而言，则不能不着重关注林云陔的相关文章以及徐苏中的有关译文。

（一）研究科学社会主义的有关内容

本书第一章的相关统计表明，林云陔合计为《建设》杂志撰写过19篇文章，在《建设》杂志的发稿数量仅次于朱执信和胡汉民而位居第三。在他所刊发的文章中，涉及社会主义的就有《近代社会主义之思潮》《社会主义国家之建设概略》《近代社会主义进行之动机》和《社会主义与社会改良之现行》凡4篇。从某种程度上说，林云陔是在《建设》杂志发表文章的作者当中，对社会主义关注最多、研究最深、发表成果也最为集中的人士。而且他的这4篇文章各有特点，从中也反映了林云陔对于社会主义的认知和态度。

在这4篇文章中，与科学社会主义关系最密切的是《近代社会主义之思潮》一文。该文发表于《建设》第2卷第3期，文章写道：

> 因工业革命之结果，机械之发明，英法普诸国工商业更形发达，市场亦日渐扩张，资本家势力因之增长，而工人遂隶属于其指挥之下，生活状况亦随之以愈苦，加以近时托辣（拉）斯出现，垄断世界市场，不独工人之状况加苦，而小工商业之经营亦几被吸收以至于不能自存，阶级之斗争因以愈烈，社会之秩序因以愈扰，非人类幸福之现象也。①

基于文中所述的这一状况，社会主义思想得以在世界范围内广泛萌发。林云陔认为，依据代表人物的不同，社会主义思想可以分为前后两个时期，前期称为理想派，以"奥永为最著"，"后者称为科学派，以马克斯（思）为领袖"②。虽然作者对社会主义思想作了前后两个时期的划分，但是在文章中，作者并没有从思想史的角度，按照年代对社会主义思想的发展进程作出梳理，而是围绕"财产分配之论议""社会党之国家观念""大世界社会主义之趋势""社会主义与爱国心""社会主义与世界和平""国内社会和平之思想""机会之均等""社会主义与自由""社会主义与家庭制度"和"社会状况之前后观"等总共十个议题，阐述了作者对社会主义的认知及其社会主义观。此举为我们观察林云陔的社会主义思想提供了直接的考察对象，因而具有

---

① 林云陔：《近代社会主义之思潮》，《建设》第2卷第3期（1920年4月1日）。
② 林云陔：《近代社会主义之思潮》，《建设》第2卷第3期（1920年4月1日）。

重要的思想史价值。

《社会主义国家之建设概略》一文发表于《建设》第2卷第1期。与《近代社会主义之思潮》不同，该文致力于对未来社会主义的国家形态作出构想和展望。虽然作者的构想也是建立在对相关社会主义学说的理解和掌握的基础之上，但正如文章开篇所说：

及读马克斯（思）所著之社会主义专书，未尝示以应如何建设方法，则又未免失望。……然不知自社会理想家兴起以来，社会主义之进行，日渐增长，而后起者亦破除其思想之习惯，渐趋实用主义，……其详明之计划虽无一定而根本上之办法，总以社会主义为归宿。①

即是说，作者虽然参考了马克思等社会主义者的相关论说，但更多的是在综合他们观点的基础上，根据自己的认识撰写而成了这篇文章。因此，也就难怪在文章的结尾，作者认为"当社会主义国家成立后，实行其所主张，使幼有所长，长有所学，壮有所用，老有所养，鳏寡孤独废疾者皆得其所，而一切人民之生活不至为政府所蹂躏，只为政府所经理，不为强造之法律所操纵，只供自由活动，是所望于社会主义国家之建设矣"②。以此来看，作者的观点实际上并未超出中国古代民本思想的范畴，而不过赶了赶时髦，套上了社会主义的崭新"外衣"而已。

《近代社会主义进行之动机》发表于《建设》第2卷第4号。该文虽然花费了大量篇幅详细介绍了自马克思恩格斯创立第一国际以来直至20世纪初的国际共产主义运动的历史，然而这篇文章的落脚点却并不在于此。在文章的结尾部分，林云陔较为充分地论证了中国走社会主义道路的必要性，批判了那些反对中国走社会主义道路的声音，并以苏俄的现实案例和社会主义的优越性来证明中国应当而且必须紧跟世界潮流迈向社会主义。由此而言，这篇文章虽然在理论层面的阐发不多，但是在历史和实践层面，鲜明的思想导向和丰富的国际共产主义运动史实使得这篇文章在当时中国的思想环境下极具启发意义和影响力，因此可以说，这篇文章对于科学社会主义思想在中国的传播有着不限于文章本身的积极价值。

---

① 林云陔：《社会主义国家建设概略》，《建设》第2卷第1期（1920年2月1日）。
② 林云陔：《社会主义国家建设概略》，《建设》第2卷第1期（1920年2月1日）。

《社会主义与社会改良之现行》发表于《建设》第2卷第2号，该文与《近代社会主义进行之动机》的内容有一定的相似之处，即都以较大篇幅介绍了国际共产主义运动的历史。除此之外，该文还集中介绍了各国社会党对待社会主义与改良主义的不同态度，从而将当时各种社会思潮给社会主义政党所带来的影响作了一定的揭示。

（二）译介科学社会主义思想

《科学的社会主义与唯物史观》一文是徐苏中在河上肇摘译恩格斯撰写的《反杜林论》"社会主义编"和《社会主义从空想到科学的发展》这两篇文章的基础上形成的译文，该译文也是当时体现科学社会主义思想的代表性著作。通过这篇文章，《反杜林论》的相关内容第一次传入了中国。即此而言，其在科学社会主义传播史上的地位也是值得充分肯定的。鉴于这篇文章在前文中已经作过介绍，此处就不再赘述了。

三、林云陔著述中的科学社会主义观念

在《建设》杂志的作者群体中，林云陔是为数不多的对社会主义作出过较多研究的人士。如前所述，在所撰《近代社会主义之思潮》《社会主义国家之建设概略》《近代社会主义进行之动机》《社会主义与社会改良之现行》等文章中，林云陔较为详细地阐述了他对社会主义的认知。虽然林云陔的阐释很难全部归结到科学社会主义的思想范畴之内，但在他的相关论述中，举凡社会主义产生的原因、不同流派的社会主义学说、社会主义国家应具备的条件，以及中国走社会主义道路的必要性等问题，都得到了较为详细的阐释，从中，科学社会主义的思想因子也部分地反映和呈现出来。鉴于林云陔发表在《建设》杂志上的这几篇文章对社会主义所作出的较为集中的阐述具有无可替代的代表性，这里拟具体围绕林云陔相关文章中的科学社会主义思想因素作一番探讨。

（一）对科学社会主义的阐释

在《近代社会主义之思潮》一文中，林云陔区分了各类社会主义思想，其中也涉及了对马克思所创立的科学社会主义的分析和评价。林云陔已然认识到社会主义分为不同的流派，比如"各社会主义学子之思想用以改造社会之方法亦有前后之异，前者称为理想派，以奥永为最著者。后者称为科学派，以马

克斯（思）为领袖"①。在林云陔看来，以马克思为领袖的科学派的社会主义主张"以科学之眼光，考察社会情形而行改造，其方法或由政治上之动作进行之，但其改造之意思，尤以对于经济之状况为要"②。他认为：

（马克思）不主张在君主政府之下而行工业公有，因君主政体多为资本家所左右故也。而其计划在使政府为人民所有，而后行产业公有制度，人人必须藉劳动以营生，是人人皆为生产之人，亦即全国皆工人之意也。③

又说：

马克斯（思）之社会主义以科学的之社会主义见称，彼意以为当考察现在情形与以往比较之，而后可定将来社会进化之程序。无他，现在者为以往之子，亦为将来之母，故欲定将来之进行而不察现在情形，断不可能之事。④

在这些表述中，林云陔勾勒出了他对科学社会主义的基本认知。应当看到，林云陔对马克思创立的科学社会主义的评价不可谓不高。毕竟，五四新文化运动时期，中国思想界发生了深刻变化，这一时期思想界的一个重要变化就是科学主义的形成、发展和唯科学倾向的产生。在1915年创刊的《科学》杂志《发刊词》中，时任《科学》主编的任鸿隽就急切地呼吁说："继兹以往，代兴于神州学术之林，而为芸芸众生所托命者，其唯科学乎，其唯科学乎！"⑤自此之后，在社会大环境的影响下，科学崇拜逐渐成为中国思想界的一个鲜明的思想倾向，而科学主义也"作为一种理念，深入五四新文化同人及其同盟军的内心，坚不可摧"⑥。及至后来，这种对科学的崇拜更是进一步推动了"科玄论战"的发生，并为科学的马克思主义在中国的传播铺就了道路。基于这一历史发展脉络，林云陔对马克思的相关学说作出的"科学派""科学之眼光"的描述，显然已从价值评判层面标示了他对马克思学说的认可和推崇。

此外，林云陔注意到，相比于政治因素，马克思对经济的重视程度更

---

① 林云陔：《近代社会主义之思潮》，《建设》第2卷第3期（1920年4月1日）。
② 林云陔：《近代社会主义之思潮》，《建设》第2卷第3期（1920年4月1日）。
③ 林云陔：《近代社会主义之思潮》，《建设》第2卷第3期（1920年4月1日）。
④ 林云陔：《近代社会主义之思潮》，《建设》第2卷第3期（1920年4月1日）。按："马克斯（思）之社会主义以科学的之社会主义见称"句中的后一"之"字，当为衍字。
⑤ 《发刊词》，《科学》第1卷第1期（1915年1月）。
⑥ 刘大胜：《当唯科学主义笼罩一切——五四新文化运动时期的科学观念再阐释》，《河北学刊》2019年第2期。

高，即"其改造之意思，尤以对于经济之状况为要"。马克思从经济分析的角度入手，揭示了资本主义条件下的经济运行规律，发现了隐藏在资本主义制度下剩余价值的秘密，预见到了资本主义制度必将产生的经济危机，以及在经济危机的影响下工人阶级与资产阶级不可调和的阶级矛盾以及由此必然引发的阶级斗争。虽然林云陔并未在该文中具体阐述他对阶级斗争的认知，但是在《建设》第2卷第6期，林云陔专门作有《阶级斗争之研究》一文，从中，林云陔的阶级斗争观也得到了较为全面的呈现。总体来看，林云陔是把阶级斗争建立在社会互助的基础上，把弱势群体的互助与团结看作是阶级斗争的有力武器。

林云陔指出，自从达尔文发现了生物进化论之后，人们倾向于将生存竞争与社会进步联系起来，当时中国思想界广泛流行的社会达尔文主义即明显体现出这一倾向。不过，林云陔从互助的立场出发，对这种论调予以反对。他指出："人多谓为生存而竞争这一个公例，本是达尔文的原理，是可信的，不知此见解是未免敷张达尔文的原理的想像"[①]。在他看来，"竞争不是惯有的，只系出于特别的状况"[②]。林云陔提倡的是克鲁泡特金的互助论，他认为自然科学家、历史学家和社会学家已经证明"动物世界由合力而繁殖"，"人类历史之一部分，由合力而成"[③]。对于中国社会的改造，他同样主张"工业商业等尤非有所联络不能完全发达，故经济的趋向，也要注重合力，免去竞争"[④]。

从经济角度分析阶级问题也是林云陔的一大特点。林云陔注重把阶级分化与经济不平等的社会现象联系起来，将社会主义视为消除贫富差别的手段。同时，由于林云陔把社会主义建立在互助的基础上，因此他提倡通过阶级互助促进社会主义建设。具体而言，林云陔如此这般地分析阶级斗争、社会经济分配和社会主义之间的关系：

首先，林云陔认为阶级斗争与社会互助彼此之间并不冲突。对于那种抵悟"阶级斗争原理为狭隘为残忍为增加社会恶感与阶级怨恨有违反社会互助之意思"的观点，林云陔指出："此之妄断，实对于阶级斗争原理，有不自了解

---

① 云陔：《唯物史观的解释》（续纪念号），《星期评论》第20期（1919年10月19日）。
② 云陔：《唯物史观的解释》（续纪念号），《星期评论》第20期（1919年10月19日）。
③ 云陔：《唯物史观的解释》（续纪念号），《星期评论》第20期（1919年10月19日）。
④ 云陔：《唯物史观的解释》（续纪念号），《星期评论》第20期（1919年10月19日）。

而误认社会主义"，易言之，即阶级斗争是社会进化的公例而不是社会主义者的创造，"在未有社会主义运动千年以前，已有等级制斗争"①，只是这一公例被社会主义者最先发现了，如此而已。

其次，在林云陔看来，阶级是社会经济分化的产物，阶级斗争随着私有财产的产生而出现，也将会随着私有财产的消灭而消失。林云陔结合恩格斯在《共产党宣言》序言中对于阶级斗争的分析，得出以下结论：

（一）阶级分等与阶级斗争是由社会之经济生活产出。（二）自原始共产时代之后，人类已自分为经济阶级，所有一切历史已成为阶级斗争之历史。（三）人类进化之各期历史，不啻皆为治人阶级之现形。（四）被治与被压等人如欲为自己解放起见，社会上断不容有阶级之区别。故阶级斗争，必时继续。②

最后，林云陔认为社会主义旨在消除贫富分化，从而也将消除阶级冲突。结合社会经济运动的规律来看，林云陔指出，"因经济之牵动力"，阶级斗争"可于今称为资本制国中雇主与工人之两阶级见之，而尤以在工业社会中之斗争最为剧烈，其余各等之社会次之"③。他强调，"阶级之区别，总以各阶级之共同经济关系定之，故阶级斗争，亦必不能逃出其共同经济之外"，资本家与工人因经济利益不同而形成不同的社会阶级，彼此之间不免产生冲突，且"多数之劳动所产为少数之逸乐供奉，宜乎阶级之争斗，有愈演愈烈之势也"④。对于这种愈演愈烈的阶级斗争，只有社会主义能够对治，用林云陔的话说就是，"社会主义即欲对于此种之阶级斗争，行根本上之解决"⑤。在林云陔看来，社会主义是一种和平改良的手段，"近代社会主义，即因劳动者之觉悟，而加以智识之诱导，既可使其自体有团结能力，复能使之与其敌体相抗，而后以其组织再进而入于实行运动，如此，社会之和平改进景象自无不达到矣"⑥。这样的一种观点和论断，反映了其对科学社会主义理论并未做到全

---

① 林云陔：《阶级斗争之研究》，《建设》第2卷第6期（1920年8月1日）。
② 林云陔：《阶级斗争之研究》，《建设》第2卷第6期（1920年8月1日）。
③ 林云陔：《阶级斗争之研究》，《建设》第2卷第6期（1920年8月1日）。
④ 林云陔：《劳力与资本制之关系》，《建设》第2卷第5期（1920年7月1日）。
⑤ 林云陔：《阶级斗争之研究》，《建设》第2卷第6期（1920年8月1日）。
⑥ 林云陔：《阶级斗争之研究》，《建设》第2卷第6期（1920年8月1日）。

面准确的理解和把握。

总而言之,阶级斗争起于私有财产之出现而终于私有财产之破灭。当社会主义之进行使得人人皆能自食其力或受社会之供养而无蓄私产之必要,阶级斗争也就将自灭于无形了。

(二)对资本主义的否定和对社会主义的阐扬

法国历史学家雷蒙·阿隆认为,"科学社会主义本质上是一种关于资本主义的科学"①。显然,这一论断并非拥护、赞扬资本主义,而是对资本主义作出否定、消灭和取代的一种思想取向。在林云陔的相关文章中,他对社会主义的分析和设想便建立在对资本主义否定和批判的前提下。在《近代社会主义之思潮》一文中,林云陔就指出:

至十七世纪下半期以后,因工业革命之结果,机械之发明,英法普诸国工商业更形发达,市场亦日渐扩张,资本家势力,因之增长,而工人随隶属于其指挥之下,生活状况亦随之以愈苦,加以近时托辣斯出现,垄断世界市场,不独工人之状况加苦,而小工商业之经营亦几被吸收以至于不能自存。阶级之斗争,因以愈烈,社会之秩序因以愈扰,非人类幸福之现象也。

夫生产机关为资本家所垄断,资本家取其厚利,工人所得不足以补其血汗,土地为大地主所占有,大地主坐享其租金,农人所得不足以自给其生活,此社会上之恶现象也。②

而在《近代社会主义进行之动机》一文中,林云陔更是把资本主义的剥削和压榨视为社会主义政党兴起和阶级斗争必将激化的动因,指出:

今者手工艺术之时期已过,机器之产物日形加增,大资本家所经营之事业将操纵经济大权,握持多数工人生命。故欧美各国社会党对于此种新状况,不得不实其行新政策以为之救济,或组织共党以为保护,或从事立法以行整理,而他之提议以为根本上解决者,则又主张集产制度,以免私人垄断,此之事功,尚有待于方来社会主义之领袖,合工党之希望与志向,同向一鹄而行,使社会上人无有不足之心,此最大之救济也。

又言:

---

① [法]雷蒙·阿隆:《历史讲演录》,上海:上海译文出版社,2016年版,第36页。
② 林云陔:《近代社会主义之思潮》,《建设》第2卷第3期(1920年4月1日)。

资本家兴起，继即资本家倾倒，但资本家兴起，其来也由渐大，资（本）家与小资本家竞（争），大资本家胜而小资本家灭，大（资）本家与更大之资本家竞（争），更大之资本家胜而大资本家灭，如此竞争，不难本所有财富所有工业，集中于少数人之手。因此少数人操纵经济生命，为工人者必因之愈为苦痛，积苦痛而成怨恨，联合权势必因之以愈固，如不及早图社会之改造，恐待时机之到，激烈之社会革命兴起，必不能免。①

笔者注意到，在相关文章中，林云陔往往将批判、否定资本主义的内容置于文章的开篇位置，并由此引出所要讨论的社会主义内容。然而，就林云陔对资本主义的认识来说，他不仅对资本主义压榨、剥削劳动人民的事实有着清醒的判断，而且业已洞察到资本主义已经进入到帝国主义阶段，而这一阶段将导致权利和财富高度集中在少数人手中，并由此触发劳资阶级的对立和阶级斗争的爆发。

应当看到，林云陔批判资本主义的目的在于肯定和宣扬社会主义。在《社会主义国家之建设概略》一文中，林云陔就指出，社会主义国家的财富生产和分配"须有良善机关，筹划财富之发展，须为一般人民公利，不为少数资本家所操纵是也"②。林云陔得出这一认识的一个现实原因在于，他看到了西方资本主义国家所面临的弊端以及他们试图通过不采取社会主义的方法就实现修补资本主义的意图，然而实际上，这一做法并不理想。因此，林云陔指出：

今日之社会主义思想，有非今日之社会情形所能达到者。今日欧美各国，欲略为救正社会弊害，曾设法以保护工人，抑压资本家，而社会利益仍为少数人所断，未能达社会主义条目之万一，然所望于将来者，当社会主义国家成立后，实行其所主张。③

林云陔通过对资本主义弊端的揭示和分析，认识到资本主义制度的落后性和资本主义社会存在的无法克服的矛盾，进而坚定了对社会主义的信心。在他的文章中，他历数空想社会主义、马克思的科学社会主义，以及马克思时代和后马克思时代的国际共产主义运动，在这当中，林云陔对马克思的科学社会主义学说的评价最正面、认可度最高。虽然严格来说，林云陔推崇的社会主

---

① 林云陔：《近代社会进行之动机》，《建设》第2卷第4期（1920年5月1日）。
② 林云陔：《社会主义国家之建设概略》，《建设》第2卷第1期（1920年2月1日）。
③ 林云陔：《社会主义国家之建设概略》，《建设》第2卷第1期（1920年2月1日）。

思想并不纯粹是马克思的科学社会主义，而更多的是民主主义的社会主义，但是通过他的一系列相关文章的阐发，资本主义的负面形象和科学社会主义的正面形象得以在林云陔的笔下呈现出来，从而就为科学社会主义在中国的传播起到了积极的推动作用。

（三）期冀通过社会革命走上社会主义道路

在五四时期的林云陔那里，否定资本主义并不是最终目的，建立社会主义才是他所追求的终极目标。在走向社会主义的过程中，通过什么样的方式结束资本主义的统治，成为当时许多知识人士讨论的话题。林云陔在这方面也有其个人的思考。林云陔曾指出：

> 夫社会改良之政策，转言之，即社会革命，亦即由劳动者之联合奋斗所生之结果也。善观时变者，必须根据于维持劳动者之利益与增高其地位，而联结之方，足称为有实力之竞争，而成一有势力之革命。较之其他对于社会状况，时感不平，又不为之实力改进，徒留劳动者以希望待至困苦颠连之极，而后行革命者，似胜一筹矣。近代社会主义，如马克斯（思）者，其意思亦为社会革命所生之结果，此之结果，即是转移资本家之社会而入于社会党之社会。若此者，无论其为和平之进行，抑为流血之改革，均可名之曰革命而已。①

从以上表述来看，林云陔对社会革命的认识可概括为以下三个方面：

其一，社会改良等同于社会革命。在林云陔看来，只要能实现社会主义，选择社会改良还是社会革命并没有本质上的区别。应当看到，林云陔的这一认识有着明显的阶级调和成分。前文曾论及，"互助的阶级斗争"是林云陔关于阶级斗争的核心观点，而这一观点延伸到社会革命领域，就表现为混淆了社会改良与社会革命的区别而想当然地认为它们具有一致性，这显然是大错特错的。

其二，不论和平改革还是流血改革，都可称之为社会革命。在前一认识的基础上也就引申出了林云陔对社会革命的这第二层认识。显然，林云陔并不清楚"革命"在当时中国思想语境下的特定含义，从而对"革命"作出了调和性的理解。事实上，不独林云陔，早期国民党人对"革命"的认知均有不准确之处，从根本上说，这是缘于国民党人对阶级斗争的模糊理解和把握。比如，

---

① 林云陔：《社会主义与社会改良之现形》，《建设》第2卷第2期（1920年3月1日）。

针对胡适质疑阶级斗争"有违反社会互助之意思"[①]，当时的国民党人不但没有作出正确的回应与解释，反而在对待阶级斗争的态度上趋于保守，进而陷入与胡适相同的误解之中。他们提出了"为生存的竞争，为竞争的互助"，以及互助"就是阶级斗争的本意"[②]等错误观点，并试图通过鼓励资本家与劳动者之间展开互助以缓和社会矛盾，从而达到预防和杜绝激烈的社会冲突之目的。这种打了折扣的阶级斗争观也为国民党人最终走向反马克思主义的立场埋下了伏笔。

其三，劳动人民也即无产阶级是社会革命的主体。虽然林云陔对社会改良抱有幻想，但其思想立场仍站在劳动人民一边，一个明显的体现就是林云陔并未放弃流血革命这一选项。当然，我们也很难将林云陔所表现出的思想立场归为无产阶级立场，确切来说，他的思想体现得更多的是中国传统的民本主义。在《社会主义国家之建设概略》一文中，林云陔便为将来的社会主义国家设计了颇具中国传统文化意味和特色的架构——"使幼有所长，长有所学，壮有所用，老有所养，鳏寡孤独废疾者皆得其所，而一切人民之生活不至为政府所蹂躏，只为政府所经理；不为强造之法律所操纵，只供自由活动，是所望于社会主义国家之建设矣"[③]。其中前面的几句话，大多是《礼记·礼运》记述古代大同理想之文字的照抄照搬。

通过以上三点可以看出，林云陔对科学社会主义的实质并未作出准确的理解，至于实现科学社会主义的具体路径，他更无法提出切实可行的意见和主张。非但如此，他的观点还多有失当之处。当然，我们也应当承认，虽然林云陔对社会主义的理解存在不少偏差甚至错误，但是他的观点和论断仍有一些可取之处，对此，我们应当辩证地看待，并给予足够的肯定。

（四）论证中国走社会主义道路的必要性

五四时期，社会主义思潮在中国风起云涌，受此影响，社会主义成为知识界持续热烈讨论的一个话题。在论及社会主义的概念、特征、类型之余，不少知识人士亦纷纷关注中国是否可以实行社会主义。在这一问题上，林云陔表达了自己的鲜明立场。他坚定地认为中国不仅具有实行社会主义的条件，而且

---

① 林云陔：《阶级斗争之研究》，《建设》第2卷第6期（1920年7月1日）。
② 季陶：《上海的同盟罢工》，《星期评论》第48期"劳动纪念号"（1920年5月1日）。
③ 林云陔：《社会主义国家之建设概略》，《建设》第2卷第1期（1920年2月1日）。

应当主动选择走社会主义的道路。针对当时许多人质疑中国资本主义发展不充分、资产阶级与工人阶级的对立不明显，因而不具备实现社会主义的条件之类的说辞，林云陔指出：

> 世界自机器发达汽船交通以来，资本家利用工业以图利，野心家利用资本家以行侵略，世界各国莫不受其经济所支配，而尤以中国为甚。机器之运用，手工业者无以营生，工业品之输进，土货日形减色，外资之投入，阴夺民生权利，我中国虽无伟大资本家与工业家，足以握人生命，但无不倚外国资本家工业家以存在，无论外国资本家之侵入足以为害，即中国现在之资本家难保不有日加增长起而宰制中国普通人民之生命之时，况有外国资本家为之助长乎。①

除了国际资本主义的因素外，林云陔发现，"近年以来，中国各都市之工业已渐萌芽，工厂亦日增多，因资本家以工价低廉希获厚利起见，所雇佣之工人，既多系童年男女，且工作时刻又无一定限制，不特于个人之身体受莫大之痛苦，且于普通社会人民之健康有大影响，至彼年长者反多无工栖身，因以流为游民，此为中国近时各都会之现象，亦犹十八世纪末期英国工业革命之现象也"②。由上可见，林云陔揭示了中国不仅正在遭受国际资本主义的压榨，而且中国自身也已经出现了资本主义雇工现象和资本主义剥削，人们的生活因之痛苦的情况。基于这两点，所谓中国不存在资本主义剥削、阶级对立不明显的说辞也便不攻自破了。

对于中国是否应该走社会主义的道路，林云陔的态度十分鲜明。他指出：

> 如谓社会主义必须待工业发达与资本家专制至于极点而后可行，谓德之革命，因其工业发达与资本家专制之故，有不得不改革之势，近来各国同盟罢工之骚扰，亦由其工业发达资本家专制而成，又何以如俄国者，全国土地多属农民而工业又远不及英德美等国，能一举以成大功，劳农政府且日渐巩固，彼等又将何以自解？吾谓社会主义，其目的在生产公享，利益平等，以人道公理言之，已非私有阶级制度所可同日而语。况世界经济之现象，有视此共同鹄的

---

① 林云陔：《近代社会主义进行之动机》，《建设》第2卷第4期（1920年5月1日）。
② 林云陔：《近代社会主义进行之动机》，《建设》第2卷第4期（1920年5月1日）。

之趋势，为世界一部分之中国，决不能自为风气，适应于时势以图改革。……今世界各国人民为社会主义之运动而奋斗者，犹日进不已。有已得如愿而偿者，有现在尚在奋斗中者，无不以社会主义足为多数人民之幸福之故。近十余年来，中国人民思想之进步有日增之势，加以学者之研究，书报所鼓吹，一般人民当无不知审顾各国社会党之行动，择善而从矣。①

在林云陔看来，落后的俄国能够先于发达的英法美德等国进入社会主义并开始享受社会主义的红利，这一事实表明，同样落后的中国有充足的理由采取社会主义这一跨越式发展的路径来实现"弯道超车"。对于个中的道理，林云陔举了铁路建设的例子加以说明：

中国知铁路之用大，当开办时，直用铁轨，未当经过木轨之时期。彼谓社会主义必待经过资本家工业时期而后适用，又何以异谓创办铁路必须经过木轨之时期耶。②

林云陔对将来中国走上社会主义的道路表达了乐见其成的坚定态度。他的这一态度既是鉴于英法美德等资本主义国家对其他弱势国家的剥削和压榨，更是因了同样落后的俄国在走上社会主义道路之后所展现出的蒸蒸日上的国家面貌。当然，仅从事实层面而不是从科学社会主义的理论层面来看待中国与社会主义的结合，这一构想本身很难说没有现实主义和功利主义的影响，但是在五四时期，在绝大多数知识人士仍然对社会主义持有未知、怀疑、甚至反感和反对的态度时，林云陔能够坚定地赞成和支持社会主义，这一事实本身便已表明，林云陔在当时的社会条件下站在了时代潮流发展的最前沿，对此我们也应给予充分的肯定。

---

① 林云陔：《近代社会主义进行之动机》，《建设》第2卷第4期（1920年5月1日）。
② 林云陔：《近代社会主义进行之动机》，《建设》第2卷第4期（1920年5月1日）。

第六章 《建设》学人对非难马克思主义声音的回应及其马克思主义观

《建设》杂志是孙中山领导的中华革命党在新文化运动影响下创办的一份重要理论刊物。由于该刊以传播新知识新思潮为己任,而马克思主义作为五四运动后中国思想界炙手可热的新思想,自然就进入了《建设》学人的研究视野。《建设》学人研究马克思主义,明显带有革命党人的意图。不过,其可贵之处在于,他们在追逐革命理想和建国目标的同时,还自觉把马克思主义理论中可资借鉴的内容与革命党人的社会革命实践结合起来,积极应对那些非难马克思主义的声音,同时主动与早期共产主义者合作。从这个意义上说,《建设》虽为中华革命党所创办,但是从他们对马克思主义坚决维护的态度上可以看出,《建设》学人是认同马克思主义特别是唯物史观和剩余价值学说的。当然,我们也应当承认,就其阶级立场而言,《建设》学人不可能把马克思主义升华为自己的理论信仰,他们对马克思主义的理解和认识也存在不少的偏差和偏颇,只是从马克思主义在中国早期传播的特定视角看,他们的确作出了不可忽视的重要贡献。

一、积极回应非难马克思主义的声音

《建设》传播马克思主义,不仅表现为对马克思主义理论的理解、接受、阐释和运用,更为重要的是《建设》学人在认真研究马克思主义的基础上,主动回应当时思想界各种非难马克思主义的声音,坚定地维护马克思主义。

(一)反驳"阶级斗争不适用于中国"的观点

在早期马克思主义传播者的努力下,马克思的思想学说广为传布,马克思关于阶级和阶级斗争的观点和论断随之得到阐扬。诚然,历史证明阶级斗争是指导中国革命取得胜利的宝贵经验,但是在这一思想传入之初,阶级斗争理论却并不见容于当时的中国思想界,而"阶级斗争不适用于中国"①随之亦成为当时反马克思主义者的共同执念。早在阶级斗争学说初传之时,《建设》同人就曾在这一理论问题上,比较鲜明地表达了支持的声音,并且正面回击了舆论界对于阶级斗争理论的质疑。

一种观点认为,阶级斗争激化了资本家与劳动阶级之间的矛盾,使本来可以互助的两个阶级不可避免地走向竞争。在问题与主义的讨论中,胡适就鲜明地表达了反对"阶级战争说"的立场,他在一篇文章中写道:

这种学说,太偏向申明"阶级的自觉心",一方面,无形之中养成一种阶级的仇视心,不但使劳动者认定资本家为不能并立的仇敌,并且使许多资本家也觉劳动者真是一种敌人。这种仇视心的结果,使社会上本来应该互助而且可以互助的两种大势力,成为两座对垒的敌营,使许多建设的救济方法成为不可能,使历史上演出许多本不须有的惨剧。②

从胡适的言论中可以看出,他站在阶级调和的立场上,企图运用社会改良的方式规避阶级间的冲突。对于胡适的错误理解,戴季陶毫不客气地辩驳道:

胡适之教授曾经批判马克斯(思)的"阶级斗争说",说是因为有阶级斗争说发现,于是本来可以互助的两个大阶级,都成了生死冤家。许多调和的方法,都归于无用。这个批评从事实上学理上看,本来都不是精密的合理批评。③

林云陔也指出:这种"诋阶级斗争原理为狭隘为残忍为增加社会恶感与阶级怨恨有违反社会互助之意思"的观点,"实对于阶级斗争原理,有不自了解而误认社会主义,足以产生阶级憎恶也"④。

那么,《建设》学人对阶级斗争是如何理解的呢?对此,林云陔撰文作了解释,他写道:

阶级斗争何自而起乎?起于阶级之权利与义务之不均,阶级之权利与义务之不均,由于彼此自称为上等阶级者之过于私利,而此之所称为下等阶级者

---

① 景藏:《吾国之阶级斗争》,《东方杂志》第17卷第9期(1920年5月)。
② 胡适:《四论问题与主义》,《每周评论》第37期(1919年8月31日)。
③ 季陶:《新年告商界诸君》,《星期评论》第32期(1920年1月11日)。
④ 林云陔:《阶级斗争之研究》,《建设》第2卷第6期(1920年7月1日)。

又不甘居压抑，故至演成彼此冲突。①

这说明，阶级斗争与不平等的社会等级相关联，它是历史中存在的客观事实，并不是自马克思发现阶级斗争以后才开始的。戴季陶也是从这个角度着眼，澄清了把阶级斗争视作社会矛盾导火索的错误判断，明确指出阶级斗争不过是"历史上的一个重大事实，被马克斯（思）的灵心炯眼认识了，从一切历史的社会关系里面，抽象了出来"，因此，世人"不能倒因为果，说是因为马克斯（思）主张了'阶级斗争说'，于是资本劳动两阶级，便受这个学说的影响，冲突起来"②。林云陔打了个形象的比方：马克思发现阶级斗争，"亦犹牛顿之于地心吸力"，"地心吸力之公例为牛顿所发明，不能谓为牛顿所创造。在未有社会主义运动千年以前，已有等级制斗争，彼以为社会主义足以产出阶级斗争与憎恶者，实为背谬"③。

戴季陶、林云陔等人运用唯物主义的历史观分析阶级斗争问题，正确地将阶级斗争置于人类历史发展的长河中加以考察，这就使他们有可能体会到阶级斗争作为"社会进化之公例"④，在历史发展中所具有的客观推动力。他们知道马克思的历史功绩在于发现了社会历史发展的奥秘，因此，不能将阶级斗争误读为马克思的创制，更不能将资本家与劳动阶级之间的矛盾归罪于马克思。

另外一种观点认为，"我国雄厚之资本家既不多见，而劳动阶级组合能力之薄弱，尤在零点以下。则震撼全球之劳动阶级战争，在吾国目前之极短时期，除野心家煽动不计外，决不致成吃紧之问题"⑤。《民铎》杂志的这种观点从当时我国资本主义的发展状况着眼，认为中国资本主义发展不明显，劳动阶级与资本家之间的矛盾不仅不像西方国家那般紧张，甚至可以说中国的劳动阶级还没有与资本家对抗的能力，因此，当时的中国社会并不存在阶级斗争的生长土壤，鼓吹阶级斗争不过是野心家利己的图谋。类似的看法在后来中国思想界关于社会主义的论战中屡见不鲜。不过值得注意的是，在这之前，早期国

---

① 林云陔：《阶级斗争之研究》，《建设》第2卷第6期（1920年7月1日）。
② 季陶：《新年告商界诸君》，《星期评论》第32期（1920年1月11日）。
③ 林云陔：《阶级斗争之研究》，《建设》第2卷第6期（1920年7月1日）。
④ 林云陔：《阶级斗争之研究》，《建设》第2卷第6期（1920年7月1日）。
⑤ 执信：《野心家与劳动阶级》，《建设》第2卷第2期（1920年3月1日）。

民党理论家朱执信已经雄辩地指出了中国劳动阶级的受压迫状况。他毫不客气地驳斥了《民铎》杂志的错误看法，强调指出：

> 阶级斗争成不成问题，是看资本家取得余剩价值多少和劳动者生产工作条件如何。现如中国虽没有雄厚的大资本家，这小资本家的取得余剩价值的手段要比欧美的大资本家凶十倍，中国的劳动者虽没有力量，他所受的痛苦压迫比别的国民也要加多几倍。①

朱执信不是从资本主义的总体发展水平，而是从资本家剥削劳动者的程度判断中国社会阶级斗争的现状，进而得出中国的劳动阶级所受的剥削、压迫并不比西方国家少的结论。

戴季陶、林云陔与朱执信分别从不同的角度，回应了所谓中国资本主义不发达、没有进行阶级斗争之必要的非难。他们虽然没有直接参与早期共产党人与张东荪、梁启超等人关于社会主义的论战，不过他们的研究与早期共产党人的观察相互补益，应当说为早期共产党人参与关于社会主义的论战提供了一定的思想资源。

（二）反对中国"没有行社会主义的必要"

在马克思主义遭遇的非难中，还有一种论点聚焦于当时的中国能否发展社会主义。我们知道，关于中国能否发展社会主义的问题，中国的马克思主义者曾与基尔特派、无政府派展开过论战。通过论战，年轻的共产党人关于发展社会主义的主张得到广泛传播。中国共产党人倡导社会主义的进步理念已为我们所熟知，不过检诸五四时期的进步刊物，可以发现，《建设》的作者群体也曾倡言社会主义，并且对那些反对在中国发展社会主义的论点给予了反驳。

在反对中国发展社会主义的言论中，一种最流行的观点认为当时的中国实业不发达、资本主义发展程度低、劳动阶级缺少觉悟，因此应首先发展资本主义而不是社会主义。比如，戴季陶敏锐地发现，一些"受过满恰斯塔尔主义——近代资本家主义洗礼的人"，说"我们中国的情形和外国是不同的。我们现在连资本都还没有发达，讲甚么劳动运动，说甚么社会主义"②。对此，戴季陶反驳指出：

---

① 执信：《野心家与劳动阶级》，《建设》第2卷第2期（1920年3月1日）。
② 季陶：《劳动运动的发生及其归趣（一）》，《星期评论》第41期（1920年3月14日）。

中国是东方一个很大的市场,是欧美日本等强国所分割占领了的。世界大战之后,也当然随着全世界的革命潮流,和国内产业界的新机运,发生劳动者之"阶级的觉悟"。这个觉悟,就眼前的情形说,虽是因为中国产业组织幼稚,和劳动阶级知识低级的关系,所表现的事实,色彩还不能很鲜明。但是感受较强、知识较高的心力劳动者当中,这种革命的思潮,已经输入不少了。①

林云陔也赞同戴季陶的这一看法,主张"中国现在为世界的一部分,应当加入社会主义的潮流,不能因中国无大资本家,无大地主、大工商业之发达为借口"②。

戴季陶、林云陔的言论,总体来说都是将中国的社会发展置于世界资本主义发展的大背景下进行观察,既然中国作为世界的一部分,自然无法避免资本主义在世界范围内的剥削,因此中国就无法在世界资本主义体系中独善其身。况且,从中国资本主义发展的内部环境来看,戴季陶、林云陔均已观察到,随着劳动者阶级意识的觉醒,国内资本家与劳动阶级的敌对状态也日趋紧张。为此,戴季陶曾对报刊上有关工人运动的报道数据作了统计,发现"去年上海的同盟罢工次数,共有二十起,大都系经济上的原因,结果都得增加工资10%~40%,使得平复。'同盟罢工'这一个名词,说明劳动者与资本家的斗争,非常明显,比英文的strike含义,还要充分"③。林云陔也根据马克思主义政治经济学分析各国资本主义状况,得出了"多数之劳动所产为少数之逸乐供奉,宜乎阶级之争斗,有愈演愈烈之势也"④的结论。因此,《建设》同人作出如下判断:"我们中国国民生活受着外国大工业的压迫","我们中国现在确是缺乏资本,但是我们中国所缺乏的,却并不是资本家"⑤。

在反对社会主义的论调中,还有一种观点强调由资本主义进入社会主义是马克思主义唯物史观的内在要求,"世界并没有不经过资本阶级而能到社会主义的,中国若想社会主义实现,不得不提倡资本主义"⑥。这种观点仍然从

---

① 季陶:《上海的同盟罢工》,《星期评论》第48期(1920年5月1日)。
② 林云陔:《近代社会主义进行之动机》,《建设》第2卷第4期(1920年5月1日)。
③ 季陶:《上海的同盟罢工》,《星期评论》第48期(1920年5月1日)。
④ 林云陔:《劳力与资本制之关系》,《建设》第2卷第5期(1920年6月1日)。
⑤ 季陶:《劳动运动的发生及其归趣(一)》,《星期评论》第41期(1920年3月14日)。
⑥ 李季:《社会主义与中国》,《新青年》第8卷第6期(1921年4月1日)。

中国资本主义的发展水平着眼，同时机械地照搬马克思主义的唯物史观，鼓吹在中国资本主义不发达的现阶段，中国应首先发展资本主义，而不能一步跨越到社会主义。

鉴于当时社会主义制度已经率先在资本主义并不十分发达的苏俄建成，这给国内提倡社会主义的爱国人士以极大的鼓舞。面对反对社会主义跨越发展的论调，林云陔以无可辩驳的逻辑论证道："如谓社会主义必须待工业发达与资本家专制至于极点而后可行，谓德之革命，因其工业发达与资本家专制之故，有不得不改革之势，近来各国同盟罢工之骚扰，亦由其工业发达资本家专制而成。又何以如俄国者，全国土地多属农民而工业又远不及英德美等国，能一举以成大功。劳农政府且日渐巩固，彼等又将何以自解？"①他还援引中国铁路事业升级发展的成功先例，进一步形象地说明个中的道理："譬如欧洲初办火车之时，曾用木轨，后因木轨易于损坏并多危险也，遂进而改用铁轨。中国知铁路之为用大，当开办时，直用铁轨，未尝经过木轨之时期。彼谓社会主义，必待经过资本家工业时期而后适用，又何以异谓创办铁路，必须经过木轨之时期耶。"②虽然社会的发展极其复杂，绝非铁路建设所可比拟，但是从中仍可以看出林云陔对中国超越资本主义阶段发展社会主义的热切期待。

二、《建设》学人的马克思主义观

根据前面的考察和阐述可知，1919—1920年间，《建设》杂志发表了为数可观的有关马克思主义唯物史观、政治经济学和科学社会主义的文章，扩大了马克思主义的影响力，与此同时，对于各种非难马克思主义的声音，《建设》学人也主动站出来，积极予以回应，这对于减少阻力、扫清道路，推动马克思主义的传播，同样具有重要的意义和作用。尽管如此，由于受时代条件和阶级立场的限制，《建设》学人对马克思主义的认知，毋庸讳言，不免带有较为明显的主观倾向，存在显而易见的偏差。在《建设》学人看来，唯物史观是"以经济为中心的历史观"，这是马克思主义传入中国的初始阶段时人普遍的理解范式；他们也谈论阶级斗争，只是与此同时又为阶级斗争学说调入了互助

---

① 林云陔：《近代社会主义进行之动机》，《建设》第2卷第4期（1920年5月1日）。
② 林云陔：《近代社会主义进行之动机》，《建设》第2卷第4期（1920年5月1日）。

论的底色,一再强调调和劳资矛盾以预防将来激烈的阶级竞争的出现;社会主义对于他们则是一个总体的概念、一个理想的社会愿景。

(一)"以经济为中心的历史观"

唯物史观是五四时期马克思主义传播的重点内容,《建设》杂志自创刊起就对其积极关注并进行研究。在《建设》杂志作者群体中,胡汉民、戴季陶、林云陔等均对唯物史观作了专门性的理论阐发,虽然各自的关注点不同,但总体而论,他们都选择把唯物史观理解为经济史观,从经济因素去考察社会历史的兴衰变迁。

胡汉民把唯物史观与社会历史发展联系起来,指出马克思主义唯物史观"发明人类历史的进步的原因",认为"人类因社会生产力而定社会的经济关系。以经济关系为基础,而定法律上政治上的关系,更左右其社会个人的思想感情意见,其间社会一切形式的变化都属于经济行程自然的变化,以此立经济一元论的历史观"。这里,胡汉民把唯物史观理解为"经济的历史观",甚至夸大为"经济一元论的历史观"[①]。

戴季陶也主张唯物史观是"经济的历史观",认为经济的问题是社会的基本问题,从经济上可以解释社会矛盾产生的原因。比如,戴季陶从经济上考察中国的乱源,认为"无论一个甚么问题,没有不和'生活'有关系的",他还举例说,"比如寻常个人对个人间的争斗或是纷纠,我们如果细心去考察他的内部情形,一定可以发现出他们的争斗纷纠原因是在'生活'上"。虽然政治的压迫往往让人误以为是社会动乱的原因,其实"生活的压迫并不只是由经济上的方法表现出来,有一大部分却是由政治上的方法表现出来,使一般观察的人很容易着迷,误认这些政治的压迫是原因。实在并不是原因,乃是结果"[②]。

在《建设》杂志上,林云陔并没有发表唯物史观方面的文章,不过在同时期的另一份刊物《星期评论》上,他先后发表了《唯物史观的解释》和《唯物史观的解释》(续纪念号)两篇文章,集中阐发了他对唯物史观的理解。总体而言,林云陔的认知也没有跳出经济史观的范畴。对于经济因素在人类历

---

① 胡汉民:《唯物史观批评之批评》,《建设》第1卷第5期(1919年12月1日)。
② 戴季陶:《从经济上观察中国的乱源》,《建设》第1卷第2期(1919年9月1日)。

史发展中的作用,林云陔将其概括为"经济的状况能统管历史的发达",结合历史的发展轨迹,"就经济的根本在社会上进化的要因说,他们的原理,在经济上的成功,已经多过历史了"。林云陔认为唯物史观以物质的生活为基础,从经济因素考察历史变迁能够科学地解释历史,因此唯物史观是"'科学的历史'的原料"①。不过,与其他人相比,林云陔突出强调了唯物史观不是"经济决定论","经济"不是唯一的物质要素,精神的因素也同样不可忽视。不仅如此,林云陔还看到了即使物质的要素也不能仅仅局限在经济的范围内。从这一点来看,林云陔的认识无疑较胡汉民、戴季陶要更加全面一些。

(二)互助的阶级竞争观

马克思主义认为,阶级斗争是阶级社会发展的直接动力。从两千年的封建传统中走来的近代中国社会,残留了深厚的封建毒素,阶级差别明显。《建设》杂志既以传播民主自由的观念为标榜,阶级问题自然成为他们关注并急欲解决的社会问题。

在阶级问题上,马克思认为:"(1)阶级的存在仅仅同生产发展的一定历史阶段相联系;(2)阶级斗争必然要导致无产阶级专政;(3)这个专政不过是达到消灭一切阶级和进入无阶级社会的过渡。"②《建设》学人的确理解、接受了马克思关于阶级斗争的论断,不过在吸收的过程中,他们刻意淡化甚至剔除了马克思主义阶级斗争学说中的对抗性因素,从而把马克思主义阶级斗争学说折中为互助的阶级竞争观。

关于社会的阶级矛盾,朱执信、戴季陶、林云陔均有各自的理论阐发,他们一方面相信随着社会矛盾的激化,阶级斗争是不可避免的,另一方面又极力试图借助调和、修补的方式,预防和杜绝激烈的阶级斗争的局面出现。

朱执信认为阶级的产生与经济密不可分,阶级斗争主要表现为经济的斗争。联系当时中国社会日趋激烈的阶级分化,朱执信呼吁"打破经济的阶级"③,否则"将来经济上阶级斗争"④是不可避免的。不过朱执信对那种激烈对抗的阶级斗争观念提出了批评,指出一些人"以为聚众要挟、杀人放火,

---

① 云陔:《唯物史观的解释》,《星期评论》纪念号(1919年10月10日)。
② 《马克思恩格斯选集》第4卷,北京:人民出版社,2012年版,第426页。
③ 朱执信:《兵的改造及其心理》(下),《建设》第3卷 第1期(1920年12月1日)。
④ 执信:《野心家与劳动阶级》,《建设》第2卷第2期(1920年3月1日)。

是阶级斗争","他不晓得罢工、罢市、怠业,也是阶级斗争"①。朱执信还引用法国大革命作为例证,指出法国的革命"就是第三阶级反对僧侣贵族的斗争。当事的市民,决没有把第四阶级放在心上。这一种不彻底的平等,才弄出一百多年的阶级斗争"②。那么中国还要重蹈这种覆辙吗?朱执信强调说,中国要引以为鉴,把中等社会的权利重新分配,使全体劳动人民享有平等的权利,这样就能够避免激烈的阶级斗争的发生。戴季陶则"总是希望和平,不希望斗争"③。对于阶级斗争,他"不愿意这种事例将来发生在中国,常常主张阶级的互让,主张渐进的改革"④,甚至"明晓得这个和平是得不到的,这个斗争是不能免的,也免不了要去希望他"⑤。林云陔作有《阶级斗争之研究》一文,在这篇文章中,他专门阐述了自己对阶级斗争问题的认知。总体来看,林云陔亦把阶级斗争建立在社会互助的基础上,把弱势群体的互助与团结看作是阶级斗争的有力武器,因此,在阶级问题上,他秉持的也是互助的阶级竞争观。基于这一认知,对于中国的社会改造问题,林云陔同样主张"工业商业等尤非有所联络不能完全发达,故经济的趋向,也要注重合力,免去竞争"⑥。

与互助的阶级竞争观形成鲜明对比的是,早期共产党人蔡和森认为"社会主义真为改造现世界对症之方"⑦,"主张马克思主义及俄式革命",对于"俄式革命"的基本意涵和特征,他也作了具体解释,这就是:"俄社会革命出发点=唯物史观。方法=阶级战争+阶级专政。目的=创造共产主义的社会;无阶级无反动社会组织完成世界组织完成(列宁及共产党屡次如此宣言时),取消国家"⑧。参照俄国革命的方式,把处于社会最底层的人们发动起来,以暴力对抗反动阶级的压迫,建立无产阶级专政,是中国共产党人对马克

---

① 广东省哲学社会科学研究所历史研究室:《朱执信集》(下册),北京:中华书局,1979年版,第880页。
② 朱执信:《中等社会的结合》,《建设》第2卷第3期(1920年4月1日)。
③ 季陶:《新年告商界诸君》,《星期评论》第32期(1920年1月11日)。
④ 戴传贤:《革命!何故?为何?——复康君白情的信》,《建设》第1卷第3期(1919年10月1日)。
⑤ 季陶:《新年告商界诸君》,《星期评论》第32期(1920年1月11日)。
⑥ 云陔:《唯物史观的解释》(续纪念号),《星期评论》第20期(1919年10月19日)。
⑦ 蔡和森:《蔡林彬给毛泽东》(1920年8月13日),《蔡和森文集》,北京:人民出版社,1980年版,第50页。
⑧ 蔡和森:《蔡林彬给毛泽东》(1920年9月16日),《蔡和森文集》,北京:人民出版社,1980年版,第63—64页。

思主义阶级斗争理论的理解和运用。两相对比不难看出，《建设》学人虽然承认社会上日渐形成了尖锐的阶级矛盾，但是对于化解阶级间存在的矛盾的具体途径，他们都主张通过阶级间的互助，"为生存的竞争，为竞争的互助"。然而，如果从阶级互助的角度理解阶级斗争，也就事实上消弭了这一理念的阶级性，使阶级斗争化身为普泛的阶级利益，使对立的双方找到互助的合作基础，阶级斗争成为修补社会矛盾的工具，从而失去了变革社会生产、消除社会矛盾的革命性。

（三）笼统而非科学的社会主义观

早在19世纪末20世纪初，伴随着西学东渐的风潮，社会主义学说传入了中国。五四运动后，随着新思潮的涌入，社会主义的传播势头更加迅猛。诞生于此时的《建设》杂志亦刊载了数量可观的社会主义著述。不过值得注意的是，尽管《建设》刊载的这类著述颇为可观，但仔细甄别不难发现，著述中鲜有对马克思主义科学社会主义理论的客观阐述，而更多的是一种笼统的社会主义观念。

结合《建设》学人对社会主义内涵的理解来看，胡汉民认为"无论那一个说社会主义的，都有自由平等的理想，尤其有救济社会多数人的目的。所以说明社会主义的由来，有人追寻到希腊的柏拉图，有人就附和上基督教义，从那共通了一点看来，也不是张冠李戴的事。"①对于社会主义各流派，胡汉民没有作出细致的区分，在他看来，自由平等、均富济贫是社会主义的共同点。林云陔认为："社会主义之意思，许人人有平等机会，即人人有相等之自由。个人之自由，以他人之自由为界，个人对于社会，以社会之自由为限。生产公有，人皆可以独立营生，不至受来（束）缚之苦矣。"②从林云陔的理解看，社会主义即民主主义，即所谓"社会主义之于民主主义，犹影之于光，相依而存者也"③，自由、平等、独立、均富是社会主义的主要特征。戴季陶在《世界的时代精神与民族的适应》一文中更是直截了当地指出："'社会主义'这个主义，照我看来并不是一个严格的主义，只是一个世界的时代精神。"④在

---

① 汉民：《孟子与社会主义》，《建设》第1卷第1期（1919年8月1日）。
② 林云陔：《近代社会主义之思潮》，《建设》第2卷第3期（1920年4月1日）。
③ 林云陔：《社会主义国家之建设概略》，《建设》第2卷第1期（1920年2月1日）。
④ 季陶：《世界的时代精神与民族的适应》，《星期评论》第17期（1919年9月28日）。

这种主流思潮的指引下，民族国家应该顺应时代潮流，至于如何具体实践、建设社会主义，各个国家则应与各自的民族特色相结合。他还讲道："我对于社会主义，希望中国人多研究以马克斯（思）经济学为骨干的科学的社会主义。更希望大家研究英国的劳动组合，法国的劳动总同盟，美国的L.W.W等具体的组织。至于俄国波尔色（布尔什）维克的建设，在政治组织上和经济组织上是很切实的模范，我们尤其不能不切实研究。"[①]

从以上他们对社会主义的理解可以看出，胡汉民、林云陔、戴季陶等人仅把社会主义视为一种笼统的思想观念而未对各种社会主义思想流派作出严格的区分。他们虽然推崇马克思及其主义，但同时也不排斥吸收其他社会主义思想流派的观点。作为孙中山的追随者，他们不可能完全按照马克思关于社会主义的理论构想践行社会主义，马克思主义只是他们对于三民主义尤其是民生主义阐释的理论素材。对此，我们必须保持清醒的认识。

---

① 林云陔：《近代社会主义之思潮》，《建设》第2卷 第3期（1920年4月1日）。

第七章　《建设》马克思主义传播的再评价

《建设》作为中华革命党（后改为中国国民党）的理论刊物，在思想上以三民主义为宗。《建设》学人虽然比较早地传播马克思主义，但是不容否认，他们研究马克思主义和其他西方新思想，在价值理念上仍然是为阐扬三民主义服务。《建设》学人撷取马克思主义或社会主义思想中能为宣扬孙中山的革命理论和建国方略提供理论支撑的部分内容加以阐释，在理论阐发上体现出明显的主观选择性，在理论来源上并不局限于马克思主义经典作家而是广采各派社会主义观点，在传播目的上则是服务于以孙中山为代表的资产阶级革命派的建国目标。不过尽管如此，我们也不能不承认，在客观效果上，《建设》杂志确实起到了助力马克思主义早期传播的作用。

一、马克思主义传播的早期阵地

"一九一七年的俄国革命唤醒了中国人，中国人学得了一样新的东西，这就是马克思列宁主义。"[①]在这之后，社会主义思想在中国的传播有了长足的发展。1919年5月，李大钊率先在《新青年》开设"马克思主义研究"专号，同时发表《我的马克思主义观》这篇雄文，从而开启了马克思主义科学传播的序幕。时隔不久，《建设》杂志创刊，马克思主义随即成为该刊关注的重要内容。在《建设》从创刊到终刊近一年半的时间中，时常刊载有关马克思主义的文章，内容则涵盖了马克思主义理论、社会主义问题、国际共产主义运动等各个方面。

（一）《建设》传播马克思主义的时间向度

1919年8月1日，《建设》在其创刊号上即刊载了胡汉民所撰《孟子与社

[①] 《毛泽东选集》第4卷，北京：人民出版社，1991年版，第1514页。

会主义》一文。该文虽不是研究马克思主义的专论文章，不过文章明确提及"近世社会主义，大半是因工业大革命之后，社会上的生活不安。他们对于现在社会经济的组织，认为不合。要拿他理想的组织，来行根本的改革。就像马克斯（思）的社会主义，说'不应该有了社会的生产，还用着个人的分配'"①。可以说，《建设》创刊伊始，就将马克思主义作为一种新学说而加以关注。9月1日，《建设》第2期刊载了戴季陶所撰《从经济上观察中国的乱原》，在这篇文章中，戴季陶称赞马克思和恩格斯"发现那一种很深邃的'唯物史观'"②。用唯物史观的理论分析问题，戴季陶得出中国社会动乱的根源在经济上这一结论。在这之后，《建设》几乎在每一期都刊发有关马克思主义的文章，有学者曾作了统计，得出的结果是："《建设》刊载各类文章110多篇，其中宣传社会主义、马克思主义的文章有33篇，约占文章总数的30%"③。而在这些文章中，撰稿人基本上都是站在维护和运用马克思主义的立场上。据此可以说，《建设》已然成为传播马克思主义的重要舆论阵地。

  与同时期其他宣传马克思主义的期刊相比，《建设》对马克思主义的传播在起始时间上也名列前茅。《新青年》《每周评论》以及改良后的《晨报副刊》均是此期传播马克思主义的"领头雁"。《新青年》是五四时期最进步的刊物，1918年11月，李大钊在该刊第5卷第5期发表《庶民的胜利》和《Bolshevism的胜利》，开始关注苏俄革命；1919年5月，李大钊在该刊第6卷第5期开设"马克思主义研究"专号，并发表《我的马克思主义观》，从此，《新青年》成为研究马克思主义的主要阵地。1918年12月22日，陈独秀、李大钊等人在北京创办《每周评论》，传播新思想。1919年4月6日，《每周评论》刊登《共产党宣言》的部分节译内容，初步介绍了马克思主义的思想观点。李大钊还"协助《晨报》开辟'马克思研究'专栏"④，自1919年4月起，该报先后发表《近世社会主义鼻祖马克思之奋斗生涯》《马克思的唯物史观》《马氏资本论释义》等文章，介绍马克思主义。紧跟上述刊物之后，1919年8月1日，《建设》在其第1卷第1期就载文论及"马克斯（思）的社会主义"。由此

---

① 汉民：《孟子与社会主义》，《建设》第1卷 第1期（1919年8月1日）。
② 戴季陶：《从经济上观察中国的乱原》，《建设》第1卷第2期（1919年9月1日）。
③ 田子渝：《马克思主义在中国初期传播史（1918—1922）》，北京：学习出版社，2012年版，第346页。
④ 张静如等：《李大钊生平史料编年》，上海：上海人民出版社，1984年版，第75页。

可见,《建设》创刊伊始就已敏锐注意到当时思想界言说马克思主义的势头,并受此影响开启了马克思主义的研究。此后,《建设》密切关注新文化发展的趋向,大力传播马克思主义,逐渐成为马克思主义传播的又一舆论重镇。

(二)《建设》传播马克思主义的内涵维度

《建设》对马克思主义的传播,兼顾了马克思主义理论研究与社会主义实践阐发两个方面,此外,他们还将马克思主义与革命党人的社会改造目标联系起来,用马克思主义理论考察分析中国的实际问题。

《建设》对马克思主义理论范畴的研究综合全面。通过前面几章的考察和阐释可知,《建设》杂志传播马克思主义,内容涵盖了马克思主义的唯物史观、政治经济学和科学社会主义等各个方面。具体说来,《唯物史观批评之批评》《见于资本论的唯物史观》等探究了马克思主义的唯物史观;《马克斯(思)资本论解说》《劳力与资本制之关系》等讨论了马克思主义的经济理论;《阶级斗争之研究》表达了对马克思阶级斗争观点的看法;《科学的社会主义与唯物史观》阐述了马克思的科学社会主义思想。《建设》杂志对马克思主义理论多视角、全方位的阐发,体现了他们综合全面地传播马克思主义这一鲜明和显著的特点。

《建设》杂志注意跟踪国际共产主义运动的发展历史和实践动向。该刊对国际共产主义运动史的介绍,集中体现在《社会主义与社会改良之现形》《近代社会主义之思潮》《近代社会主义进行之动机》等几篇文章中,文中概述了德国、法国、英国、美国、比利时、瑞典等西方各国的社会主义运动,论及了拉萨尔、倍倍尔、李卜克内西等社会主义发展史上的重要人物,关注了1864年成立的国际工人协会、1889年在巴黎召开的社会主义者代表大会、1900年第二国际巴黎大会决定在布鲁塞尔成立社会党国际局等社会主义运动史上的重大事件。《建设》杂志不仅研究国际共产主义运动、回顾社会主义发展史,它还将目光汇聚当下,不时关注苏联社会主义建设的最新动态。例如,《建设》载译了《俄国劳动法规》,试图借鉴苏俄的经验解决中国的劳动问题;在《近代社会主义进行之动机》中,以苏俄革命成功为据,反驳了顽固派所持的中国不能发展社会主义等错误观点。

《建设》杂志注重运用马克思主义考察中国的实际问题。《建设》学人既研究马克思主义,又自觉把马克思主义与中国的具体问题联系起来,得出了一些不同于前人的新观点、新看法。在《中国哲学之惟（唯）物的研究》一文中，胡汉民运用唯物史观考察中国古代哲学的变动，看到春秋战国时期井田制的瓦解和封建制度的确立是引起思想争鸣的基本原因，而之后社会制度稳固，中国哲学则没有出现大的纷争。除了运用唯物史观重新思考历史问题，《建设》学人也将马克思主义与中国社会的现实问题结合起来进行考察。例如戴季陶在多篇文章中分析革命的动因、朱执信撰文考察阶级斗争问题、林云陔阐述社会主义问题等等，均能够运用马克思主义的立场、观点和方法，得出从经济上根本改造社会、当时中国社会阶级矛盾凸显、在中国发展社会主义等具有重要价值的结论。

二、"工具"导向下的思想传播

此之所谓"工具"，具体是指对马克思主义理论的并非基于信仰的心悦诚服而是偏重实用和追求事功的一种态度和做法。事实上，这一心态并不为《建设》杂志马克思主义传播者所独有，在中国马克思主义早期传播的特定历史阶段，上述现象是比较普遍地存在的。对于今天的研究者来说，在梳理和总结这一历史进程过程中，我们不可以以苛责的态度对待前人，须知，这种状况原本就是马克思主义在中国早期传播过程中所不可避免的，或者说是必经的一个阶段。如果没有这一阶段的铺垫，也就不可能有真正的早期马克思主义者的出现。

然而，包括《建设》同人在内的诸多国民党人何以会采取"工具"的方式来对待马克思主义呢？事实上，学界的许多研究者都在相当程度上做到了"知其然"，但也都在相当程度上没有做到"知其所以然"。有鉴于此，笔者拟就这一现象作一番具体的分析。

戴季陶在谈及五四时期的另一本进步期刊——《星期评论》时，曾经说道：

> 执信先生是尼采和马克斯（思）的合成人格，汉俊是马克斯（思）主义者，展堂先生是马克斯（思）研究者，我只可以算是马克斯（思）主义的介绍者吧。①

---

① ［德］考茨基：《资本论解说》，戴季陶译、胡汉民补译，上海：民智书局，1927年版，第1页。

戴季陶此言固然有表示谦逊的意思，但他对其他同人的评价却并非没有道理。从历史事实来看也的确如此——除李汉俊外，其他人并没有成为马克思主义者。当然，这一情况并没有因为戴季陶等人编辑《星期评论》《建设》等期刊而有所改观，应当说，在创办这些期刊之前，包括戴季陶、胡汉民、朱执信、林云陔等人就已经不可能成为马克思主义者了，而究其原因，冯自由在阐释用社会主义解决中国政治问题时曾表示说："我的提倡社会主义，乃是秉承着十七年前同盟会的民族民权民生三大主义的精神，始终一贯，丝毫不变。"① 有学者指出："在这样一个思想基础上，民国八、九年他们乐于迎接社会主义的狂飙，是很自然的事情。"② 从这个意义上说，他们对社会主义的讨论始终是有限度、有范围、带着"紧箍咒"的讨论，而这一限度、范围和"紧箍咒"，就是三民主义。

在三民主义的范围内，胡汉民对唯物史观的探讨、戴季陶对经济问题的分析，以及林云陔对社会主义国家的展望等，才有了研究的目标指归。实事求是地讲，就研究水平而言，胡汉民、戴季陶、林云陔等人所做的工作是比较出色的。有中国台湾学者认为：

胡汉民可说是近代中国第一位以唯物史观研究中国历史、哲学及伦理制度的人。这一时期当大部分知识分子对新思潮还在一知半解、模糊不清的阶段，胡氏对马克思唯物思想的认识则已达到令人吃惊的程度，这可以从两方面看出：（一）他这段时间有关社会主义的文章六篇，篇篇都是引经据典用心之作，绝非当时一味转贩东洋或西洋学问者可比。（二）从引用有关社会主义的东西方文献看，不只范围广泛，人物众多，并且大多数属于这一方面的名家专门之作，如无相当造诣，绝难臻此。③

即便是大陆学者，在考察胡汉民对唯物史观的研究时，也曾肯定地指出：

《唯物史观批评之批评》是胡汉民论述唯物史观的最重要文章，也是这

---

① 冯自由：《社会主义与中国》，香港：社会主义研究所，1920年版，第25页。
② 吕芳上：《革命之再起——中国国民党改组前对新思潮的回应（1914—1924）》，台北："中央研究院"近代史研究所，1989年版，第289页。
③ 吕芳上：《革命之再起——中国国民党改组前对新思潮的回应（1914—1924）》，台北："中央研究院"近代史研究所，1989年版，第295页。

一时期在介绍马克思主义哲学中颇有理论深度的文章。……如果说《唯物史观批评之批评》的发表，是马克思主义哲学史的研究在中国的开篇，那么《中国哲学史之唯物的研究》则可以说是应用唯物史观研究中国哲学史的开篇。……从这些文章中，可以看到，胡汉民已经相当自觉地在应用唯物史观，联系世界经济发展的趋势，分析中国的历史与现状，力图在理论联系实际中找到中国的出路。……在理论的把握上，他是当时比较全面和比较深刻的。①

不独胡汉民，同样的褒扬也屡屡出现在对戴季陶、朱执信等人的评价上。应当讲，胡汉民、戴季陶、朱执信等人对马克思主义相关学说的研究，是一种基于兴趣又寄托着某种工具性期望的"综合体"，在这一"综合体"的推动下，他们对研究马克思主义的相关学说，或者运用马克思主义相关学说研究实际问题，抱有较高的热情。比如，《戴季陶言行录》就记录了胡汉民与戴季陶商讨以唯物史观研究中国思想变迁的生动过程，为阐述之便，这里不妨将这番对话全文引述出来：

前天见着展堂先生，他忽然告诉我说："季陶！我想要做一篇文章，不过是我觉得太胆大，因为我的研究还没有成熟；但是我觉得我的所见，总没有十分大错；所以我想尽我的力量，去做这胆大的工作。"我问：他（那）你想讲的是甚么问题呢？展堂说："我以为中国一切思想的变迁，并不是甚么精神生活的影响，都是经济生活的影响。你看中国经济制度上的最大变迁，岂不是要算井田制的破坏吗？因为这一个土地均享的制度破坏，于是一切社会组织国家组织的根底，完全动摇；结果遂发生出一个全体的生活根本上大动摇来；所以就有周秦诸子的各种学说发生，后来一切思想的萌芽，差不多在这个时代。当时种种政治上的专横，社会上的压迫，都是由经济组织的根本变易而生的；所以我想大胆的把从古代到现在中国经济组织的变迁和思想的变迁，合在一处来研究。现在先把大要的历史观，写了出来，你说怎么样？"我听见了这个话，欢喜得了不得，很希望这个"中国史之唯物的研究"，能够得一般学问的注意和协作，便是思想的大解放了。②

这段对话生动地反映了胡汉民的所思所想，而胡汉民强烈的运用唯物史

---

① 杨河、胡海涛、张炳奎：《马克思主义哲学的传入与研究》，福州：福建人民出版社，2006年版，第104—111页。

② 时希圣：《戴季陶言行录》，上海：广益书局，1929年版，第19—20页。

观研究中国思想变迁的愿望，显然是溢于言表的。不过需要注意的是，在胡汉民看来，他的这一举动不仅不出格，反而是忠诚于三民主义的。胡汉民后来曾回忆说：

> 我向来的见解：学术的研究，应该恢广而不应该狭隘，所以纯学术的研究与探讨，所谓"思想自由"的原则，应该确立，应该维护，以我自身来讲，在十多年前，我就应用今日一部份（分）与国内青年所尽称的唯物的辩证法，来解剖中国过去的伦理。到民国十五年，我还部份（分）的介绍贝尔（Max Beer）这部《社会斗争通史》，想提示研究社会问题者以唯物史观的方法之运用。我以为要是我们的信仰不错，三民主义的本身真确，则一切学说与方法，都是我们应用的材料，这些学说与方法不但不能损我，而且还足以增加三民主义的坚确性。所以我说：不否定唯物论者的学说，正如我不否定唯心论者的学说一般，亦正如孙中山先生不否定唯物论与唯心论者的学说一般。①

由此来看，胡汉民服膺三民主义的立场是坚定、明确的，并无任何改变的可能。对于戴季陶、林云陔等人，这一结论同样也是适用的。

那么问题还在于，在戴季陶、胡汉民等人看来，三民主义与马克思主义的关系究竟如何，三民主义在他们传播、研究马克思主义的过程中究竟起了什么样的作用呢？解答这些问题，我们需要从孙中山对社会主义的认识谈起。

孙中山是中国革命的先行者，同时也是较早接触社会主义并对社会主义表示赞赏的人士。早在1905年，孙中山造访第二国际期间，他就表示说，中国人"深知欧洲无产者在资本主义生产方式下遭受的苦难，他们不愿意成为机器的奴隶。中国社会主义者为采用机器生产，必须同它带来的种种弊端和缺陷作大力的斗争。他们想一举建立新的社会结构，想从文明的进步中取其利而避其害。总而言之，他们深信可以直接从中世纪的行会制度过渡到社会主义的生产组织，而不必经历资本主义制度带来的艰难困苦"②。孙中山虽然期待社会主义并且相信将来能够实现社会主义，但是他对中国走社会主义道路的认识却仅限于"防患于未然"地避免在中国重蹈资本主义国家出现的社会问题。正如他于1912年4月11日在武汉各界欢迎会上所言：

---

① 中国国民党中央委员会党史委员会：《胡汉民先生文集》第2册，台北：中国国民党中央委员会党史委员会，1978年版，第562—563页。

② 黄彦编注：《论民生主义与社会主义》，广州：广东人民出版社，2008年版，第7—8页。

今之反对社会革命者，谓中国之当急者乃政治问题，至社会问题则相去尚远。盖吾国生活程度低，资本家未尝发见，欧美现象与吾相反，社会主义且忧其捍格不入，奚言吾国？为此言者，真浅见之徒，不足与言治也。……诸君只知欧美今日社会上补苴罅陋（漏）之政策，为应于社会问题而起，而不悟倘欧美早百年注意社会问题，而今日补苴罅陋（漏）之政策可不发生，甚矣，其疏陋也！①

孙中山虽然因部分中国人的短视而大声疾呼，但是他给出的解决问题的方案却也仅限于民生主义中的平均地权一项，而且平均地权的思想与其说是孙中山的原创，不如说是他在相当程度上参考借鉴了美国学者亨利·乔治的单税社会主义思想，对此，孙中山本人并不讳言。他在1912年4月4日与上海《文汇报》记者的谈话中就表示说：

余实为社会党人，颇信亨利佐治所操之主义，……深信新政府之必置此策于实行。②

然而，真正的问题在于，不论是反对成为机器的奴隶，提早采取社会主义措施避免社会问题，还是推行平均地权，孙中山对社会主义的认知几乎完全局限在这一有限的范围内，质言之，孙中山所接触到的社会主义并不是马克思主义的科学社会主义，而是业已遭到修正的社会主义学说。以这样的思想学说为指导来统领中华革命党以及之后的中国国民党，那么与孙中山志同道合的党徒自然服膺这一思想学说，因此也就心甘情愿地受其"框定"。在这个过程中，即便马克思主义在知识界思想界风靡一时，在国民党人看来，这也仅是一种不同于他们所信仰的三民主义的异质思想，这一异质思想显然是不可能动摇他们所坚信的理论的。

此外，尽管孙中山革命功绩卓著，但他对马克思的阶级斗争学说却并不感兴趣。针对民国初年"破坏人才多，建设人才少"③的情况，孙中山不仅谋划创办《建设》杂志并亲自担任建设社社长，通过传播新文化新思想，为现实

---

① 黄彦编注：《论民生主义与社会主义》，广州：广东人民出版社，2008年版，第24—25页。
② 黄彦编注：《论民生主义与社会主义》，广州：广东人民出版社，2008年版，第21页。按："亨利佐治"即亨利·乔治，美国学者，单一税理论即单税社会主义的提出者。该理论是指，在土地国有的基础上，只征收地价税，并且归公共所有，废除一切其他税收，使社会财富趋于平均。
③ 陈青选：《本周刊之使命》，《国民党周刊》1923年第3期。

的社会建设寻求出路。在当时的情形下，他们认为传播新思想、进行思想改革就是社会革命，因此激进的、破坏性的变革方式也就难以进入孙中山的视线之内，而受孙中山的影响，胡汉民、戴季陶等人自然也就不会对阶级斗争等激进的思想学说发出与孙中山不一致的声音了。

综上所述，国民党人虽然在《建设》杂志上刊发了多篇讨论马克思主义、社会主义的文章，而且撰写这些文章也的确是他们的研究兴趣使然，但是他们内心始终非常清楚，他们研究马克思主义、运用马克思主义，实际上只是将马克思主义作为一种工具，这种工具可以拿来使用，也可以弃之不用。因此，这也就意味着，不论在什么时候和什么条件下，在他们的心中，马克思主义都不可能取代作为其根本指导思想的三民主义。

附录1 《建设》所载马克思主义传播与研究重要篇目

胡汉民：《孟子与社会主义》，第1卷第1期。
朱执信：《答一心社友函（共产主义与自由恋爱）》，第1卷第1期。
朱执信：《国家主义之发生及其变态》，第1卷第2期。
戴季陶：《从经济上观察中国的乱原》，第1卷第2期。
胡汉民：《中国哲学史之惟（唯）物的研究》，第1卷第3、4期。
戴季陶：《革命！何故？为何？——复康君白情的信》，第1卷第3期。
考茨基：《马克斯资本论解说》，戴传贤译，第1卷第4—6期，第2卷第2、3、5期，第3卷第1期。
胡汉民：《唯物史观批评之批评》，第1卷第5期。
胡汉民：《阶级与道德学说》，第1卷第6期。
民意：《答刘凤鸣函》（关于《社会主义之检讨》），第1卷第6期。
林云陔：《社会主义国家之建设概略》，第2卷第1期。
戴季陶：《致陈竞存论革命的信》，第2卷第1期。
林云陔：《社会主义与社会改良之现行》，第2卷第2期。
戴季陶：《劳动者解放运动与女子解放运动的交点》，第2卷第2期。
执信：《野心家与劳动阶级》，第2卷第2期。
林云陔：《近代社会主义之思潮》，第2卷第3期。
林云陔：《利用人力问题》，第2卷第4期。
林云陔：《近代社会主义进行之动机》，第2卷第4期。
李大钊：《"五一"May Day运动史》，第2卷第4期。
胡汉民：《从经济的基础观察家族制度》，第2卷第4期。

罗利亚：《道德底经济的基础》，汉俊译，第2卷第4、5期。

林云陔：《劳力与资本制之关系》，第2卷第5期。

季陶：《协作制度的效用》，第2卷第5期。

林云陔：《阶级斗争之研究》，第2卷第6期。

胡汉民：《考茨基底伦理观与罗利亚底伦理观》，第2卷第6期。

河上肇：《见于资本论的唯物史观》，苏中译，第2卷第6期。

季陶：《到湖州后的感想》，第2卷第6期。

阴格尔：《科学的社会主义与唯物史观》，苏中译，第3卷第1期。

《俄国劳动法规》，云陔译，第3卷第1期。

附录2 《建设》其他重要载文篇目

孙文：《发刊辞》，第1卷第1期。

孙文：《发展实业计划》，第1卷第1—6期，第2卷第1—6期，第3卷第1期。

《建设社章程》，第1卷第1期。

廖仲恺：《中国人民和领土在新国家建设上之关系》，第1卷第1、2期。

威尔确斯：《全民政治论》，仲恺译，第1卷第1—6期，第2卷第1—4期。

罗威尔：《公意与民治》，孙科译，第1卷第1、3、4、6期，第2卷第2期。

汉民：《吕邦的"群众心理"》，第1卷第1期。

季陶：《我的日本观》，第1卷第1期。

伯尔尼：《创制权复决权罢官权之作用》，民意译，第1卷第1期。

执信：《民意战胜金钱武力》，第1卷第1期。

执信：《神圣不可侵与偶像打破》，第1卷第1期。

执信：《舆论与煽动》，第1卷第1期。

海滨：《赌祸》，第1卷第1、3期。

胡汉民：《惯习之打破》，第1卷第2期。

林云陔：《欧美市制概论》，第1卷第2期。

孙科：《广告心理学概论》，第1卷第2期。

海凯尔：《精神不灭论》，古湘芹译，第1卷第2期。

《孤立之日本》，林云陔译，第1卷第2—6期，第2卷第1期。

汉民：《儒教排他之态度及其手段》，第1卷第2期。

民意：《中国米的生产及消费》，第1卷第2期。

朱执信：《中国古代之纸币》，第1卷第3期。

廖仲恺：《钱币革命与建设》，第1卷第3期。

林云陔：《市政与二十世纪之国家》，第1卷第3期。

《瑞士之直接民权》，民意译，第1卷第3期。

仲九：《五四运动的回顾》，第1卷第3期。

马君武：《民食问题》，第1卷第4期。

高格劳：《民主主义为世界和平之真基础》，云陔译，第1卷第4期。

民意：《国会之非代表性及其救济方法》，第1卷第4期。

民意：《朝鲜代表在和会之请愿》，第1卷第4期，第2卷第2期。

朱执信：《伯达铁路之过去及将来》，第1卷第4、6期。

陈群：《欧洲十九世纪文学思潮一瞥》，第1卷第4期。

孔祥柯：《欧洲战和与公理》，第1卷第4期。

孙科：《都市规划论》，第1卷第5期。

苍园：《童权》，第1卷第5期。

朱执信：《英国与波斯之新协约》，第1卷第5期。

易白沙：《帝王春秋》，第1卷第5期，第2卷第1—3、6期，第3卷第1期。

朱执信：《世界中都计划》，第1卷第5期。

仲恺：《立法部之两院制、国民全体议决制及财政监督》，第1卷第5期。

精卫：《巴黎和会与中日问题》，第1卷第6期，第2卷第1期。

精卫：《人类之共存》，第1卷第6期。

沈觐鼎：《中国茶叶改良私见》，第1卷第6期。

耿佐军：《对于卢梭自然教育之批评》，第1卷第6期。

李人杰：《改造要全部改造》，第1卷第6期。

吴敬恒：《海外中国大学末议》，第1卷第6期，第2卷第1期。

任鸿隽：《科学基本概念之应用》，第2卷第1期。

许崇清：《实际主义哲学的社会观》，第2卷第1期。

《井田制度有无之研究》，第2卷第1、2、5期。

戴季陶：《世界战争与中国》，第2卷第1期。

孙文：《地方自治开始实行法》，第2卷第2期。

朱执信：《直隶湾筑港之计划》，第2卷第2期。

姚伯麟：《自医学上所见之社会改造》，第2卷第2、3、6期。

林云陔：《万国联盟与帝国主义》，第2卷第2期。

执信：《千贺博士之金本位废止论》，第2卷第2期。

执信：《匈俄苏域政府的兵》，第2卷第2期。

执信：《女学生应该承袭的财产》，第2卷第2期。

森户辰男：《克鲁泡特金社会思想之研究》，树德译，第2卷第3期。

吴尚鹰：《无感情的社会不自然的家庭和我的救济主张》，第2卷第3期。

执信：《米本位说之批评》，第2卷第3期。

侯伟：《为民而设之都市》，云陔译，第2卷第3期。

廖仲恺：《再论钱币革命》，第2卷第3期。

《国民生计政策》，马君武译，第2卷第3、6期，第3卷第1期。

李石曾：《社会革新之两大要素》，第2卷第3期。

诸常恺：《合作银行论》，第2卷第4期。

谭熙鸿：《奋斗的研究》，第2卷第4期。

来庭：《巴黎和议与各国财政状况》，第2卷第4、5期。

侯伟：《社会化之交通计策》民意译，第2卷第4期。

叔平：《巴黎和会与各国军政之过去将来》，第2卷第5期。

朱执信：《兵的改造与其心理》，第2卷第5期，第3卷第1期。

江绍原：《英译巴利文大般涅槃经和三支那译涅槃经之比较》，第2卷第6期，第3卷第1期。

吕思勉：《论货币与井田》，第2卷第6期。

季陶：《几德氏政治经济学的批评》，第3卷第1期。

醴元：《今后邦交之趋势》，第3卷第1期。

季陶：《怀朱执信先生》，第3卷第1期。

主要参考文献

一、马克思主义经典著作

[1] 中共中央马克思恩格斯列宁斯大林著作编译局. 马克思恩格斯选集(第1—4卷)[M]. 北京: 人民出版社, 2012.

[2] 马克思, 恩格斯. 共产党宣言[M]. 北京: 人民出版社, 2014.

[3] 马克思, 恩格斯. 神圣家族[M]. 北京: 人民出版社, 1958.

[4] 马克思. 哲学的贫困[M]. 北京: 人民出版社, 1961.

[5] 马克思. 政治经济学批判[M]. 北京: 人民出版社, 1976.

[6] 马克思. 雇佣劳动与资本[M]. 北京: 人民出版社, 1961.

[7] 马克思. 路易·波拿巴的雾月十八日[M]. 北京: 人民出版社, 2001.

[8] 马克思. 《政治经济学批判》序言、导言[M]. 北京: 人民出版社, 1971.

[9] 马克思. 资本论(第1—3卷)[M]. 北京: 人民出版社, 2004.

[10] 马克思. 剩余价值学说史(第1—3卷)[M]. 北京: 人民出版社, 1978.

[11] 恩格斯. 英国工人阶级状况[M]. 北京: 人民出版社, 1956.

[12] 恩格斯. 反杜林论[M]. 北京: 人民出版社, 1999.

[13] 恩格斯. 社会主义从空想到科学的发展[M]. 北京: 人民出版社, 2014.

[14] 列宁全集(第4卷)[M]. 北京: 人民出版社, 1984.

[15] 毛泽东选集(第1—4卷)[M]. 北京: 人民出版社, 1991.

二、早期马克思主义传播文献

[1] [英]李提摩太, 蔡尔康. 大同学. 万国公报[J]. 1899(121-124).

[2] [日]福井准造. 近世社会主义[M]. 赵必振, 译. 上海: 广智书局, 1903.

[3] [日]幸德秋水. 社会主义神髓. 中国达识译社译本[M]. 《浙江潮》编辑所发行, 1903.

[4] 马君武. 社会主义与进化论之比较(附社会党巨子所著书记)[J]. 译书汇编,

1903, 2(11).

[5] 中国之新民(梁启超). 二十世纪之巨灵托辣斯[J]. 新民丛报, 1903-11-02—12-02.

[6] 梁启超. 中国之社会主义[N]. 新民丛报(46-48号合刊), 1904-02-14.

[7] 蛰伸. 德意志社会革命家小传[J]. 民报(第2号), 1905-11.

[8] 宋教仁. 万国社会党大会略史[J]. 民报(第5号), 1906-06.

[9] 发刊词[J]. 科学, 1915, 1(1).

[10] 守常. 法俄革命之比较观[J]. 言治季刊, 1918(3).

[11] 李大钊. 庶民的胜利[J]. 新青年, 1919, 5(5).

[12] 李大钊. Bolshevism的胜利[J]. 新青年, 1919, 5(5).

[13] 李大钊. 我的马克思主义观(上)[J]. 新青年, 1919, 6(5).

[14] 凌霜. 马克思学说的批评[J]. 新青年, 1919, 6(5).

[15] 顾兆熊. 马克思学说[J]. 新青年, 1919, 6(5).

[16] 李大钊. 我的马克思主义观(下)[J]. 新青年, 1919, 6(6).

[17] 李季. 社会主义与中国[J]. 新青年, 1921, 8(6).

[18] 守常. 阶级竞争与互助[J]. 每周评论, 1919(29).

[19] 马氏唯物史观的批评[N]. 晨报, 1919-07-25—1919-08-05.

[20] 李大钊. 再论问题与主义[J]. 每周评论, 1919(35).

[21] 季陶. 随便谈[J]. 星期评论, 1919(11).

[22] 胡适. 四论问题与主义[J]. 每周评论, 1919(37).

[23] 季陶. 世界的时代精神与民族的适应[J]. 星期评论, 1919(17).

[24] 季陶. 我和一个朋友的谈话[J]. 星期评论, 1919(17).

[25] 云陔. 唯物史观的解释(续纪念号)[J]. 星期评论, 1919(20).

[26] 季陶. 旧伦理的崩溃和新伦理的建设[J]. 星期评论, 1919(25).

[27] 季陶. 新年告商界诸君[J]. 星期评论, 1920(32).

[28] 季陶. 劳动运动的发生及其归趣(一)[J]. 星期评论, 1920(41).

[29] 季陶. 上海的同盟罢工[J]. 星期评论, 1920(48).

[30] 景藏. 吾国之阶级斗争[J]. 东方杂志, 1920, 17(9).

[31] 蔡林彬给毛泽东(1920年8月13日), 蔡和森文集[M]. 北京: 人民出版社, 1980: 50.

[32] 蔡林彬给毛泽东（1920年9月16日），蔡和森文集[M]. 北京: 人民出版社, 1980: 63-64.

[33] 李大钊. 唯物史观在现代史学上的价值（1920年），李大钊文集（下）[M]. 北京: 人民出版社, 1984.

[34] 冯自由. 社会主义与中国[M]. 香港: 社会主义研究所, 1920.

[35] 建设（第1卷第1—6期）[M]. 北京: 人民出版社, 1980.

[36] 建设（第2卷第1—6期）[M]. 北京: 人民出版社, 1980.

[37] 建设（第3卷第16期）[M]. 北京: 人民出版社, 1980.

[38] 建设碎金（第1编）[M]. 上海: 民智书局, 1926.

[39] 建设碎金（第2编）[M]. 上海: 民智书局, 1927.

[40] [德]考茨基. 资本论解说[M]. 戴季陶, 译; 胡汉民, 补译. 上海: 民智书局, 1927.

[41] 时希圣. 戴季陶言行录[M]. 上海: 广益书局, 1929.

[42] 胡汉民. 革命理论与革命工作[M]. 上海: 民治书局, 1932.

[43] 胡汉民先生文集[M]. 台北: 中国国民党中央委员会党史委员会, 1978.

[44] 朱执信集[M]. 北京: 中华书局, 1979.

[45] 李达文集（第1卷）[M]. 北京: 人民出版社, 1980.

[46] 戴季陶集（1909—1920）[M]. 武汉: 华中师范大学出版社, 1990.

[47] 梁启超全集（第2册）[M]. 北京: 北京出版社, 1999.

[48] 陈独秀文集（第2卷）[M]. 北京: 人民出版社, 2013.

三、现当代学术著作

[1] 洪大里. 民元来我国之工业[M]//朱思煌. 民国经济史. 银行学会编印, 1948.

[2] 张静庐辑注. 中国现代出版史料·甲编[M]. 北京: 中华书局, 1954.

[3] 张郁兰. 中国银行业发展史[M]. 上海: 上海人民出版社, 1957.

[4] 周秀鸾. 第一次世界大战时期中国民族工业的发展[M]. 上海: 上海人民出版社, 1958.

[5] [美]周策纵. 五四运动: 现代中国的思想革命[M]. 周子平, 等译. 南京: 江苏人民出版社, 1996.

[6] [日]河上肇. 河上肇自传[M]. 储元熹, 译. 北京: 商务印书馆, 1963.

[7] 罗家伦. 国父年谱[M]. 台北: 中国国民党中央党史史料编纂委员会, 1965.

[8] 孙中山年谱[M]. 北京: 中华书局, 1976.

[9] 五四时期期刊介绍(第1集)[M]. 北京: 三联书店, 1978.

[10] 中国近代史[M]. 北京: 中华书局, 1979.

[11] 胡绳. 从鸦片战争到五四运动[M]. 北京: 人民出版社, 1981.

[12] 汪原放. 回忆亚东图书馆[M]. 上海: 学林出版社, 1983.

[13] 张静如等. 李大钊生平史料编年[M]. 上海: 上海人民出版社, 1984.

[14] 林茂生. 马克思主义在中国的传播[M]. 北京: 书目文献出版社, 1984.

[15] 廖仲恺, 何香凝. 双清文集[M]. 北京: 人民出版社, 1985.

[16] 李云汉. 中国近代史[M]. 台北: 三民书局, 1985.

[17] 许焕隆. 中国现代新闻史简编[M]. 郑州: 河南人民出版社, 1988.

[18] 吕芳上. 革命之再起——中国国民党改组前对新思潮的回应(1914—1924)[M]. 台北: "中央研究院"近代史研究所, 1989.

[19] 周聿峨, 陈红民. 胡汉民评传[M]. 广州: 广东人民出版社, 1989.

[20] 刘永明. 国民党人与五四运动[M]. 北京: 中国社会科学出版社, 1990.

[21] 中共中央党校科学社会主义教研室《社会主义思想史》编写组. 社会主义思想史(上册)[M]. 北京: 中共中央党校出版社, 1984.

[22] 《中共中央党校科学社会主义教研室《社会主义思想史》编写组. 社会主义思想史(下册)[M]. 北京: 中共中央党校出版社, 1988.

[23] 章显培, 王惠群, 肖贵毓. 社会主义思想史[M]. 北京: 中共中央党校出版社, 1993.

[24] 李松林. 中国国民党史大辞典[M]. 合肥: 安徽人民出版社, 1993.

[25] 李卫生. 现代革命史上250个第一[M]. 天津: 天津人民出版社, 1993.

[26] 朱汉国. 中国社会通史·民国卷[M]. 太原: 山西教育出版社, 1996.

[27] 曾祥进. 护法之战(1916.6—1921.9)[M]. 作者自印, 1996.

[28] 唐宝林. 马克思主义在中国100年[M]. 合肥: 安徽人民出版社, 1997.

[29] 郭德宏. 中国马克思主义发展史[M]. 北京: 中共中央党校出版社, 2001.

[30] 葛能全. 钱三强年谱[M]. 济南: 山东友谊出版社, 2002.

[31] 张顺昌. 朱执信社会政治思想研究[M]. 贵阳: 贵州人民出版社, 2005.

[32] 孙中山全集[M]. 北京: 中华书局, 2006.

[33] 张静如文集[M]. 深圳: 海天出版社, 2006.

[34] 杨河, 胡海涛, 张炳奎. 马克思主义哲学的传入与研究[M]. 福州: 福建人民出版社, 2006.

[35] 谈敏. 回溯历史——马克思主义经济学在中国的传播前史(上)[M]. 上海: 上海财经大学出版社, 2008.

[36] 黄彦. 论民生主义与社会主义[M]. 广州: 广东人民出版社, 2008.

[37] 张德旺. 新编五四运动史[M]. 哈尔滨: 黑龙江人民出版社, 2009.

[38] 黄兴涛. 中国文化通史·民国卷[M]. 北京: 北京师范大学出版社, 2009.

[39] 林家有, 张金超. 文武兼备的革命家: 朱执信[M]. 广州: 广东人民出版社, 2008.

[40] 王刚. 马克思主义中国化的起源语境研究——20世纪30年代前马克思主义在中国的传播及中国化[M]. 北京: 人民出版社, 2011.

[41] 王伟光. 社会主义通史(第3卷)[M]. 北京: 人民出版社, 2011.

[42] 田子渝. 马克思主义在中国初期传播史(1918—1922)[M]. 北京: 学习出版社, 2012.

[43] 桑兵. 各方致孙中山函电汇编(第5卷)[M]. 北京: 社会科学文献出版社, 2012.

[44] 段云章, 沈晓敏. 孙文与陈炯明史事编年(增订本)[M]. 广州: 广东人民出版社, 2012.

[45] 张珊. 辛亥安徽人物传系列: 群英传[M]. 合肥: 安徽大学出版社, 2012.

[46] 中国社会科学院近代史研究所中华民国史研究室编. 胡适来往书信选[M]. 北京: 社会科学文献出版社, 2013.

[47] 胡汉民自述[M]. 北京: 人民日报出版社, 2013.

[48] 马光仁. 上海新闻史(1850—1949)修订版[M]. 上海: 复旦大学出版社, 2014.

[49] 高放, 李景治, 蒲国良. 科学社会主义的理论与实践[M]. 北京: 中国人民大学出版社, 2014.

[50] 姚颖. 恩格斯《反杜林论》研究读本[M]. 北京: 中央编译出版社, 2014.

[51] 尚明轩. 孙中山全集[M]. 北京: 人民出版社, 2015.

[52] 许锋. 李章达评传[M]. 广州: 广东人民出版社, 2015.

[53] 唐德刚等. 我们的朋友胡适之[M]. 长沙: 岳麓书社, 2015.

[54] [日]武上真理子. 全球史中的《实业计划》——孙中山的中国经济发展计划与工程学[M]. 宋玉梅,译. 上海:上海社会科学院出版社,2015.

[55] 白寿彝. 中国通史(第12卷)近代后编(1919—1949)(上册)[M]. 上海:上海人民出版社,2015.

[56] 白寿彝. 中国通史纲要[M]. 北京:中国友谊出版公司,2016.

[57] 东莞市政协. 李章达[M]. 广州:广东人民出版社,2016.

[58] 傅斯年. 中国人的德行[M]. 北京:中国工人出版社,2016.

[59] 黄华. 语言革命的社会指向——对中国近代史的一种传播学考察[M]. 桂林:广西师范大学出版社,2016.

[60] 梁启超. 新大陆游记[M]. 北京:商务印书馆,2016.

[61] 谈敏. 1917—1919:马克思主义经济学在中国的传播启蒙(中)[M]. 上海:上海财经大学出版社,2016.

[62] 万仕国,刘禾校注. 天义·衡报[M]. 北京:中国人民大学出版社,2016.

[63] 汪耀华. 《新青年》广告研究[M]. 上海:上海书店出版社,2016.

[64] 马君武教育文集[M]. 桂林:广西师范大学出版社,2016.

[65] 朱哲,何欢欢. 马克思主义在中国出场的基础、路径与方式研究[M]. 北京:人民出版社,2017.

四、学术学位论文

[1] 郭圣福. 五四时期国民党人对社会主义学说的介绍和研究[J]. 社会主义研究,1988(1).

[2] 田子渝,陈绍康. 《星期评论》新论[J]. 文史哲,1990(3).

[3] 李占才. 五四时期的《星期评论》[J]. 民国档案,1991(2).

[4] 陶季邑. 五四时期胡汉民对唯物史观的宣传[J]. 贵州师范大学学报(社会科学版),1992(3).

[5] 陶季邑. 五四时期国民党理论家与马克思主义在中国的传播[J]. 湖南师范大学社会科学学报,1993(1).

[6] 陶季邑. 早期国民党人对社会主义的探索与首次国共合作[J]. 湖南城市学院学报,1993(4).

[7] 陶季邑. 早期国民党人对社会主义的探索[J]. 贵州社会科学,1996(4).

[8] 沈绍根,张英智. 从早期国民党人对马克思主义的研究看20世纪初中国现代化

价值取向[J].湘潭师范学院学报(社会科学版),1997(2).

[9] 韩部善.五四时期的社会主义阵地——评《星期评论》[J].徐州师范学院学报(哲学社会科学版),1999(2).

[10] 傅绍昌.辛亥革命促进了社会主义和马克思学说在上海的传介[J].上海大学学报(社会科学版),2001(6).

[11] 沈传亮.五四时期国民党人与马克思主义传播[J].历史教学,2002(8).

[12] 李田贵,赵学琳.二十年代国民党人对马克思主义的传播[J].当代世界社会主义问题,2003(4).

[13] 宋凌迁.试论朱执信对马克思主义的认识与传播[J].广西社会主义学院学报,2004(2).

[14] 李军林.大众传媒在早期马克思主义传播中的作用[J].当代传播,2007(5).

[15] 欧阳军喜.国民党与新文化运动——以《星期评论》《建设》为中心[J].南京大学学报(哲学社会科学版),2009(1).

[16] 董四代.早期国民党人对社会主义术语的阐释[J].平顶山学院学报,2009(6).

[17] 蔺淑英."五四"前后中国先进分子选择唯物史观探源[J].中共党史研究,2009(11).

[18] 王贵仁.从传播"唯物史观"到建构"民生史观"——解析1920年代国民党人对唯物史观态度的转变轨迹[J].社科纵横,2009(11).

[19] 陈明吾.资产阶级革命派对马克思主义在中国早期传播的历史作用[J].湖北社会科学,2010(8).

[20] 杨宏雨,肖妮.试析新中国成立以来对《星期评论》的评价[J].中共党史研究,2010(4).

[21] 俞慰刚.孙中山与戴季陶的《星期评论》[J].华东理工大学学报(社会科学版),2010(5).

[22] 张忠山,费迅.《星期评论》与五四时期的马克思主义传播[J].扬州大学学报(人文社会科学版),2011(1).

[23] 魏少伟.《星期评论》与马克思主义在中国的传播[J].湖南工程学院学报(社会科学版),2011(1).

[24] 杨宏雨,肖妮.五四新文化运动与《星期评论》的创刊[J].历史教学问题,

2011(3).

[25] 杨宏雨,肖妮.《星期评论》——"五四"时期舆论界的明星[J].同济大学学报(社会科学版),2012(5).

[26] 陈绍西,董四代.早期国民党人的马克思主义解读和民生主义阐释[J].长白学刊,2012(4).

[27] 陶季邑.民主革命派客观上对早期马克思主义中国化起了积极作用[J].武汉科技大学学报(社会科学版),2012(4).

[28] 王培利.20世纪早期唯物史观中国化意义的建构方式解析——以资产阶级民主派唯物史观意义建构为例[J].历史教学,2012(9).

[29] 张太原.20世纪30年代知识界言说中的"五四"[J].近代史研究,2013(2).

[30] 张文涛.可能与限度:论五四后期的戴季陶与马克思主义[J].理论月刊,2013(1).

[31] 王刚.论资产阶级革命派对马克思主义的选择性传播[J].马克思主义与现实,2013(4).

[32] 王辉龙.《共产党宣言》中的经济学思想[J].经济学家,2013(11).

[33] 张忠山.论《星期评论》从民主主义向马克思主义的转轨[J].中共党史研究,2014(9).

[34] 鲁法芹,蒋锐.五四时期民主革命派对马克思阶级观点的解读[J].党政研究,2015(5).

[35] 周全华,侯红莲.聆听与对话:孙中山论三民主义与马克思主义[J].湖南社会科学,2015(6).

[36] 江巍.中共创建时期传播马克思主义主要刊物的比较——以《新青年》和《星期评论》为中心[J].现代哲学,2016(3).

[37] 左玉河.国家资本主义:孙中山民生主义的本质[J].史学月刊,2016(11).

[38] 苗清俊.《建设》杂志的主义宣传与新潮因应[D].广州:中山大学,2009.

[39] 蔡丽.马克思主义在中国初期传播的多元性探究[D].武汉:华中师范大学,2011.

[40] 马先睿.《星期评论》与马克思主义在中国的早期传播[D].上海:上海交通大学,2017.